# FRANCIA

"Domaine français"

© Nancy Huston, 2024
Cet ouvrage a été publié avec l'aimable collaboration
de La Nouvelle Agence, Paris
ISBN 978-2-330-18876-4

# NANCY HUSTON

# Francia

roman

*ACTES SUD*

*À Jennifer Alleyn.*

*Le lieu idéal est le lieu où il est le plus naturel de vivre en étranger.*

ITALO CALVINO

*Peu à peu la femme va tirer de ses hurlements une chanson avec laquelle se bercer.*

NICOLÁS BUENAVENTURA VIDAL

*Tu verras, mon petit Momo, quand tu seras grand, qu'il y a des marques extérieures de respect qui ne veulent rien dire, comme les couilles, qui sont un accident de la nature.*

ROMAIN GARY

# Prologue

Mes personnages sont déjà là, dans mon espace de travail.

Ils sont arrivés avant moi, ils ont passé la journée et la nuit à faire les cent pas mais quand je débarque ils font mine de ne pas me voir, comme d'habitude. Mon héroïne a la tête qui bourdonne de trucs importants et ne me prête pas la moindre attention.

J'ai toujours eu envie d'interagir avec mes personnages, mais ils n'ont rien voulu en savoir. J'ai essayé une fois, il y a un petit quart de siècle, dans les premières versions de *L'Empreinte de l'ange*, mais Saffie, Raphaël et... comment s'appelait-il, déjà, le juif hongrois, là ? j'ai oublié, pas facile de se rappeler le nom de tous ceux qu'on invente... ont refusé de me parler et même de me gratifier du moindre regard, ils ont continué de faire comme si je n'existais pas, j'avoue que c'est un peu blessant. Je ne leur demande pas de me remercier de les avoir créés, bien sûr que non, je les crée parce que ça m'amuse, mais bon, ils pourraient au moins reconnaître ma présence de temps en temps par un petit signe, un clin d'œil, je ne sais pas, moi... Non ? C'est trop demander ? Ben oui. C'est trop demander.

Dieu doit avoir le même sentiment par moments. Or j'existe tellement plus que Dieu ! Entre autres parce que j'ai un corps. Ces femmes ont elles aussi un corps, mais le leur est dans ma tête. Pour le moment je peux voir le leur mais je n'arrive pas à faire en sorte qu'elles voient le mien. Ohhhfff tant mieux, peut-être, parce que ça m'étonnerait qu'elles m'approuvent. Vu qu'elles consacrent énormément de temps et d'attention à leur apparence elles me trouveraient sans doute négligée, mal peignée, sous-maquillée et fade : nana toute plate et prosaïque qui sillonne le bois de Boulogne avec ses potes de la camionnette Magdalena.

Plus toute jeune, qui plus est. (Et Dieu il est jeune, peut-être ? Hein ? Vous vous êtes déjà posé la question ?) Mais bon, s'il y a une chose dont je ne suis pas responsable, c'est la date à laquelle, ayant copulé sans capote, mes parents m'ont conçue. Je me sens responsable de beaucoup de choses, je passe mon temps à retourner dans ma tête les événements négatifs pour essayer de comprendre où je me suis gourée, comment j'aurais pu ou dû mieux faire… mais la date de ma conception dépasse même mes capacités à moi de culpabilisation. Mon âge est intangible. Autant il m'est théoriquement possible de me convertir au judaïsme, de prendre la nationalité chinoise ou de payer un chirurgien pour faire de moi un homme, autant je suis née le jour où je suis née et je n'y peux rien, si ce n'est rêver.

Je rêve beaucoup…

Allez. Pas grave, tout ça. Qu'elles m'ignorent, si tel est leur bon plaisir.

András, il s'appelait. Le juif hongrois. Ou le Hongrois juif, si vous préférez. Ah ! *(soupir)* que ne donnerais-je pas pour le croiser dans la rue, celui-là ! En me voyant ses yeux prendraient feu, il me tendrait les bras, me presserait contre son corps, me ramènerait chez lui, m'attirerait dans son lit... C'est un amant merveilleux... du genre qui me manque tant en ce moment. J'étais jeune quand je l'ai inventé... enfin, tout est relatif : j'avais quarante-trois ou quarante-quatre ans et lui trente-cinq, si je me souviens bien ; vu que le temps passe pour moi et pas pour lui, j'ai maintenant deux fois son âge. Si je l'inventais aujourd'hui je ne pourrais guère lui faire habiter la rue du Roi-de-Sicile, le Marais est devenu trop chic et cher pour lui, faudrait l'installer comme moi dans les collines à l'est de la capitale, le 19$^e$ ou le 20$^e$ arrondissement. Bref. Même s'il reste coincé dans un roman publié à la fin du siècle dernier, je peux encore m'en servir. Je peux en faire ce que je veux. Il n'est que paroles mais il est assez épatant, il me plaît encore. Je me demande si je pourrais avoir une aventure avec lui sans que vous le sussiez. (Pardon.)

Et voici maintenant une question délicate, surtout en notre époque de correction politique : de quel droit me glissé-je dans la peau d'un personnage qui me ressemble si peu ? *A priori*, les TDS trans du bois de Boulogne, c'est pas mes putains d'oignons. Certes ce sont comme moi des étrangères... mais pas du même type que moi : elles, ce sont des immigrantes ou des réfugiées, c'est-à-dire des étrangères dotées d'une identité, d'un projet, d'un problème, d'un passé, d'un présent, d'un bizness, moi je ne suis rien de tout cela, rien qu'une espèce de *novelista* névrosée sans foi ni loi ni racine ni pays, perchée sur le bord du néant, et pourtant je me permets de fourrer mon nez partout. Je hume, renifle, épie, écoute aux portes, me mêle en permanence de ce qui ne me regarde pas. Mes oignons consistent précisément à fourrer mon nez dans les oignons des autres.

Ensuite, alors que mon héroïne est une catholique croyante et pratiquante, moi je suis une athée tranquille. Mais sur ce plan je n'ai pas de scrupules, car je crois en elle avec la même ferveur qu'elle en la Vierge Marie ; j'ai fait un pèlerinage dans sa ville natale comme d'autres se rendent à Jérusalem, Lourdes ou Saint-Jacques-de-Compostelle ; je suis devenue en quelque sorte son évangéliste – or Matthieu, Marc, Luc et Jean ont tous écrit leur version de l'histoire de Jésus de longues décennies après sa mort.

Quant au fait de vivre dans la tête d'une hispanophone alors que ma maîtrise de l'espagnol est mettons tâtonnante… il parlait le danois, Shakespeare ? Ma protagoniste est bilingue comme moi, elle parle l'espagnol et le français, moi l'anglais et le français ; à travers le prisme de notre commune langue d'adoption elle devrait pouvoir me raconter son enfance en Colombie, en principe je pourrais lui raconter aussi la mienne au Canada mais ça m'étonnerait que ça l'intéresse.

Enfin, s'il est vrai que j'ai assez peu pratiqué le métier de pute, nos métiers se ressemblent dans le fond : jour après jour, on doit laisser pénétrer en nous des gens qu'on ne connaît pas et, sans se confondre avec eux, chercher à les comprendre. Je suis en quelque sorte une pute du cerveau : du moment que ça "rapporte" (de la matière pour un livre), mon esprit est prêt à se mettre en tandem avec tout ce qui passe.

Bref, c'est décidé : je vais m'immiscer dans l'histoire cette fois-ci, que ça plaise ou non à mes personnages. Je vais surgir devant leurs yeux de temps à autre, tout simplement parce que j'en ai envie et qu'à mon âge je trouve qu'il ne faut rien se refuser, je serai bientôt du compost, autant m'amuser le plus possible en attendant, et peu importe ce qu'en pense la galerie. Elle n'est sans doute même pas là, la galerie, c'est juste un truc que les gens se racontent pour se faire peur.

Je vais m'appeler la Griffonne.

Consultons, une fois n'est pas coutume, quelques dictionnaires en ligne.

> Griffonne, la femelle du griffon. Le griffon ou grype est une créature légendaire présente dans plusieurs cultures anciennes. Il est imaginé et représenté avec le corps d'un aigle (tête, ailes et serres) greffé sur l'arrière d'un lion (abdomen, pattes et queue), et muni d'oreilles de cheval.

En effet, je suis une chimère.

> Griffe, étymologie : XII$^e$ siècle, au masculin. Déverbal de griffer ou emprunté du francique grif, "action de saisir".

Oui, comme au tribunal, la griffe c'est la saisie. Avec mes griffes, j'essaie de saisir, je griffonne furieusement... mais je peux griffer aussi.

> Griffe (anthropologie, histoire) : Individu né de l'union d'une personne noire avec une autre d'origine amérindienne.

La griffe c'est *elle* aussi : ma principale protagoniste aux noms multiples, l'héroïne de cette histoire.

Nonobstant de nombreux flash-back, à commencer par le chapitre 0, toute l'action du livre va se dérouler à Paris France en une seule journée : le *dimanche 12 mai 2019*. Journée excellente pour mon héroïne : en effet, entre onze et vingt-trois heures, elle aura affaire à pas moins de dix-sept clients, dont elle acceptera quatorze. À la faveur de la nuit littéraire, nous pourrons nous glisser dans toutes les têtes, tous les corps et toutes les personnes, grammaticales ou non.

Dernière mise en garde (au Québec on appelle ça un *traumavertissement*) : natures sensibles s'abstenir. OK c'est bon ? On y va ?

# 0

# Silicone

La conscience qui lui revient petit à petit.

Toujours allongée les yeux fermés, elle prend l'air dans ses poumons et laisse l'oxygène voyager jusqu'aux extrémités, ses vingt doigts aux ongles multicolores, les racines noires de ses cheveux orange aux boucles serrées, une allégresse verdienne dans chaque cellule de son nouveau corps – elle adore Verdi – enfin elle ouvre les yeux. Elle ouvre les yeux et sa nouvelle poitrine est là, sublime montagne double aux courbes suaves et régulières, il est franchement épatant ce médecin argentin, le Dr Lofiego ! Contentes de son travail, plusieurs copines le lui avaient recommandé. En plus il n'est pas moche, ce qui ne gâche rien. En ce moment ses mains gantées font des points de suture à petits mouvements vifs mais tranquilles, ça se voit qu'elles en ont l'habitude, elles font un nœud, tranchent le fil avec une lame ultra affûtée, et voilà c'est terminé, une de plus : patient avant l'anesthésie, patiente au réveil. Chirurgie de routine pour lui et, pour l'opérée, révolution existentielle.

Le Dr Lofiego lève les yeux, la jeune infirmière aussi et leurs regards se croisent par-dessus leurs masques, la patiente surprend cet échange silencieux. L'infirmière semble impressionnée, ce doit être sa première expérience d'implants mammaires, elle a du mal à regarder ça sans déglutir, de jalousie ou de terreur difficile à dire, les seins de la patiente font quelque chose comme quatre fois les siens, de vrais ballons de foot, elle rougit et ses belles paupières d'ambre viennent escamoter ses yeux verts.

Le médecin ôte et jette ses gants, recouvre doucement la poitrine d'un drap stérile, se dirige vers la porte.

Rubén/Ruby a vécu.

Pour elle, ce jour marque moins une renaissance qu'une parousie, *una parusía* (sans qu'elle en comprenne le sens précis, la musique de ce mot lui a toujours plu). Voilà sept ans déjà qu'avec l'aide d'Alejandro elle a entamé les recherches pour sa transition – et, même si son amant s'est éloigné d'elle juste au moment où elle commençait les traitements, elle a eu plaisir à suivre ses conseils. "Faut mettre le prix, lui a-t-il dit. Faut faire ça en clinique, pas clandestinement."

Oui car les clandos utilisent le silicone industriel au lieu du silicone médical et c'est l'enfer, ils t'injectent jusqu'à six litres du produit dans chaque fesse et ça se diffuse comme une huile dans tout le corps, ça peut te glisser dans le cerveau, les poumons, le sang, te nécroser la peau, te donner des inflammations, des douleurs, des varices, de la pigmentation, des infections, des abcès, une embolie pulmonaire. La moindre fissure dans la prothèse peut te causer des lymphomes, Ruby a vu ça plusieurs fois… Pour

Romina ça a été terrible, le silicone s'est coincé entre le muscle et la peau et les médecins n'arrivaient pas à le lui enlever, ils ont opéré mais la chirurgie a laissé une plaie atroce, d'autres amies ont vu leur peau se durcir et la fameuse "coque" se former, ou leurs muqueuses se dessécher, de sorte qu'elles n'avaient plus ni salive ni larmes, deux ou trois ont même contracté une polyarthrite rhumatoïde. Mais à force d'avoir des centaines de cobayes à se mettre sous le bistouri, la médecine a fait des progrès et Ruby en profite. Là en principe elle peut compter sur dix années tranquilles avant de changer d'implants. Certes on n'est jamais à l'abri d'un accident, piqûre ou choc, mais bon, on est à l'abri de rien de toute façon, c'est le bon Dieu qui décide en son infinie sagesse, et en attendant elle est vivante et belle, regarde, non mais regarde-moi ces seins sublimes !

Après avoir fait le signe de la croix, elle se redresse précautionneusement dans le lit.

Venues fêter sa parousie avec elle, les copines l'attendent dans la salle des familles au rez-de-chaussée. Toutes sont déjà passées par là, et savent à quel point c'est important de se sentir soutenue, encouragée, alors elles plaisantent ensemble sur les effets de leurs hormones, se font des compliments sur la courbe de leurs seins et de leurs hanches, s'interrogent sur leurs liposuccions – "T'es contente alors ? – Ouais c'est super ! – Ça se passe comment ? – Ben, on aspire la graisse sur les hanches ou les fesses et on te l'injecte dans les seins. Ça laisse pas de cicatrices et en plus c'est écolo, aucun risque de rejet, c'est un don de moi à moi !" – ou leurs épilations –"Ah ma chérie les anti-androgènes c'est la cata, oublie ça !

En plus de te flinguer la libido, ça peut te bousiller le foie. Oublie ça, je te dis !"

En effet, il n'y a pas trente-six solutions pour éliminer barbe et moustache, il faut économiser et s'offrir des séances au laser et à l'électricité, les hyper poilus en requièrent quinze ou vingt, à elle il a suffi de sept car ses ancêtres étaient glabres. La voix par contre lui a demandé beaucoup d'efforts. Aux filles qui deviennent garçons il suffit de prendre de la testostérone pour faire glisser la voix vers les graves, mais l'inverse n'est pas vrai, un garçon aurait beau s'injecter des litres d'œstrogène, sa voix resterait bêtement basse car depuis la puberté il l'a poussée vers le bas afin de jouir de l'autorité du mâle dans la société ; pour se faire une voix moins monocorde, plus chantante, venant non plus de la poitrine mais de la tête, Ruby a donc suivi des séances d'orthophonie, se rendant à sa leçon chaque semaine comme une sage petite fille qui étudie le piano.

Doucement elle se retourne, laisse pendre ses jambes dans le vide et resserre les cuisses sous la chemise bleu clair de la clinique. Le petit coq est toujours là, entre ses cuisses, le Dr Lofiego n'y a pas touché, cette chirurgie-là n'est pas de son ressort, c'est autrement compliqué, ça ne se passe pas en ambulatoire, il faut toute une armada de spécialistes pour te sculpter vagin, clitoris et lèvres à partir d'un pénis et d'un scrotum, elle le fera peut-être un jour mais rien ne presse. Du reste, bombardé d'hormones féminines depuis six ans, le petit coq ne se manifeste que lorsqu'elle le sollicite, lorsqu'elle voit un joli garçon avec qui elle a envie de batifoler, le reste du temps il se tient coi et ne dérange personne.

Une seule mue reste à accomplir, c'est celle du nom. Tout au long de sa transition elle s'est contentée de féminiser en Ruby son Rubén natal, mais à partir d'aujourd'hui elle aura un nouveau prénom. Or elle a tenu bon, fait durer le suspense, refusé de le révéler aux amies avant le grand jour.

L'infirmière l'aide à glisser les pieds dans des pantoufles, puis l'accompagne jusqu'à l'ascenseur en la tenant par le bras. Ce n'est pas commode : non seulement Ruby est une géante mais, de plus, elle boite. "C'est de naissance, murmure-t-elle en souriant (et l'infirmière de rougir, car la patiente a lu dans ses pensées)… ou plutôt, de juste avant la naissance." Et pour meubler le silence dans l'ascenseur, elle raconte l'histoire pour la énième fois mais sans entrer dans trop de détails, se disant qu'une infirmière blanche des quartiers chics de Bogotá aurait du mal à imaginer la maternité du quartier populaire de Girardot où elle a vu le jour, si tant est qu'on puisse appeler maternité cette usine bordélique, ce capharnaüm, cette boucherie braillante : accouchements à la chaîne, médecins rares, infirmières débordées et découragées, les bras ensanglantés jusqu'aux coudes, éreintées à force de courir dans tous les sens. Convoqué en urgence parce que la délivrance de la petite indigène s'annonçait difficile, l'obstétricien avait constaté qu'il s'agissait en effet d'un très gros bébé, se présentant qui plus est par les pieds, et qu'il serait malaisé de le manœuvrer *in utero* pour le mettre tête en bas. Craignant que l'enfant ne reste coincé là des heures durant, lui faisant rater un important match de foot à la télé, le bon docteur avait attrapé un forceps, s'était emparé du pied gauche du bébé et, en le retirant de la grotte sanglante avec trop de brusquerie, lui avait, hélas, définitivement tordu la cheville.

C'est donc à petits pas inégaux et sautillants que, parvenue au rez-de-chaussée, Ruby avance vers ses copines.

Reconnaissant à son approche ce rythme syncopé qui en Colombie s'appelle *paté'cumbia*, celles-ci se retournent.

Elles sont sept comme les doigts d'une main qui souffre de polydactylie : Andrea, Camila, Gabriela, Veronica, Diana, Sara et Angelina. Folles de joie elles l'applaudissent, la félicitent. Émue, Ruby contemple cette pléiade de putes attachantes et bariolées, les grosses et les très grosses, les clopantes et les clopinantes, les maquées et les maquillées, au corps cent fois remis sur le métier. Couchées à six heures du mat', elles ont fait un effort surhumain pour être là à quinze. *"¡Oh! ¡Hermosa, Ruby! ¡Divina, Rubenita! ¡Maravillosa!"* s'exclament les copines, admiratives. Et de la prendre dans leurs bras… mais de façon aérienne, sans serrer, elles se rappellent à quel point, avec des points de suture tout frais aux aisselles, la nouvelle poitrine est sensible.

Elles ont réservé l'arrière-salle du boui-boui voisin, La Casa de Joko, et c'est sublime. D'avance elles ont décoré la salle de fleurs, elles ont dû se ruiner, combien de mecs se sont-elles tapés pour acheter ces merveilles colorées, orchidées et héliconias, roses et bégonias, fleurs de sucre et San Joaquin, géraniums et œillets ? De plus, elles ont fait venir des choses à grignoter, des jus de fruits, trois jolis jeunes instrumentistes et une chanteuse, avec la consigne de jouer des musiques pas trop gigotantes (s'agit pas de secouer les nouveaux seins de leur amie)… et… et… aussi… mais non, ce n'est pas possible, Ruby en a la mâchoire par terre… elles ont fait venir de Girardot… Vivian, sa sœur préférée, *la más pequeña*, treize ans ! Vivian en personne, là, aujourd'hui, devant ses yeux, dans ses bras ! Girardot-Bogotá c'est plusieurs heures de route, ça demande de l'organisation… et la *mamita*, à qui Ruby parle pourtant tous les jours au téléphone, a su garder le secret !

Palpitante, rougissante, la gamine vient se presser doucement contre l'opérée. Peu lui importe que son grand frère soit devenu sa grande sœur, elle l'aime toujours autant, la porte aux nues et la vénère – l'une la cadette, l'autre l'aînée de la fratrie, désormais une *sororie* : plus que des filles !

Peu à peu les cris se calment, les mains et les voix retombent. Silence.

Voici venu le moment de l'annonce.

Doyenne de la compagnie à soixante ans, Angelina est la seule à oser poser frontalement la question. "Alors, ce nouveau nom ?"

Et en un grand arc sonore, levant les bras au ciel – *aïtch*, c'est sûr que ça fait mal, ça tire sur les muscles que le Dr Lofiego vient de malmener en les désinsérant des côtes pour glisser les implants derrière, mais l'opérée tient à ses effets –, écartant ses lèvres carmin pour éblouir ses amies d'un sourire de star, elle lance le prénom qu'elle portera dorénavant – et qui, elle le sent, la portera, elle, la *trans*portera dans sa nouvelle vie, vocable choisi en hommage au pays lointain où elle prévoit de s'installer bientôt, bref, le plus beau nom de l'univers : *"Francia !"*

# I

# Anniversaire

*Le pied du père vient le frapper à la taille, si violemment qu'il le soulève et le projette de l'autre côté de la pièce comme un ballon de foot, oui père et fils sont sur le terrain de foot ensemble et c'est Rubén le ballon, le père court pour le rattraper, prend à nouveau son élan et* vlan *! le fait avancer vers le goal ennemi qui n'est autre que la vulve de sa mère, il veut à toute force l'y faire entrer. "Allez,* rentre, *espèce de* marica *! Rentre dans le corps de ta mère !" Ses coups de pied atteignent le petit garçon à la tête, aux épaules, aux fesses et dans le dos, Rubén se met en boule pour s'en protéger mais ça n'a pour effet que de le faire rouler plus vite. "Tu m'as toujours fait honte ! hurle le père. Un seul fils sur six gosses et il fallait que ce soit une* marica *! OK, sois une tapette si tu veux, je m'en branle ! Tu l'aimes tellement ta mamita,* rentre *dans son ventre ; vas-y ! T'aurais jamais dû en sortir !" Ses coups de pied finissent par le projeter dans l'entrejambe de sa mère. "But ! But !" hurle le père...*

... et Francia de se réveiller avec, sur les lèvres, le mot "dénaître".

Elle se lève et s'asperge tout le corps d'eau froide. C'est son *abuela* adorée, sa grand-mère maternelle, qui lui a appris à faire ça pour chasser les mauvais esprits après un cauchemar. Elle lui a aussi appris à prendre ses rêves au sérieux... Alors il cherchait à lui dire quoi, ce délire ?

C'est tout de même dingue : voilà plus d'une décennie que son père est sous terre et pourtant il est toujours là, dans sa tête, à l'engueuler. Lui qui n'a jamais quitté sa Colombie natale, lui qui ne sait rien de la vie de Francia, même pas qu'elle s'appelle Francia ni qu'elle a quitté le pays, il vient jusqu'à Paris France pour l'emmerder. Elle sent encore ses bottes lui labourer la chair. Il va la persécuter combien de temps encore ?

*Dénaître*. Pas mal, ça.

Oh ! Elle sursaute. Il est quelle heure ? Presque neuf heures déjà, faut partir au taf, allez, debout ! Ahhh merde, il pleut, y aura pas un chat, autant roupiller encore un peu, on est quel jour ? Dimanche 12 mai, tiens...

Mais oui. On est bien le 12 mai 2019, jour anniversaire de sa parousie. Cela fait vingt ans jour pour jour.

Frimant un peu pour se réveiller, elle se mire dans la glace collée sur la porte de sa salle de bains, remue les hanches, se met du rouge, roule l'une sur l'autre ses lèvres carmin et s'envoie un baiser. Canon, la fille ! À la mater, le sang des clients ne fera qu'un tour. C'est pas un peu de flotte qui les empêchera de s'arrêter à sa hauteur.

Elle fait bouillir de l'*aguapanela* pour le petit-déjeuner, découpe des citrons verts...

Même chambre depuis plus de dix ans. Ils augmentent le tarif tous les deux ans. Pour payer la piaule, Francia doit trouver une demi-douzaine de clients chaque jour que Dieu fait, plus deux ou trois pour manger, ensuite les autres c'est pour les chéris au pays, la *mamá*, les *hermanitas* et la ribambelle de neveux et de nièces, à commencer par Xiomara, la fille de sa plus jeune sœur Vivian, à qui elle paie des études de droit depuis l'an dernier : oui, grâce aux baiseries de sa tante, Xio va bientôt pouvoir rejoindre un cabinet d'avocats à Bogotá !

Elle rassemble ses affaires – parapluie, nouvelles godasses, thermos rempli d'*aguapanela* encore presque bouillant, bombe lacrymo, trousse de premiers secours, enceinte aux basses profondes, éléments de son *cambuche* (il lui aura au moins appris ça, le *papá* : à vérifier, en quittant la maison, qu'elle a tout ce qu'il faut pour la journée, tous les outils de son métier) – et émerge dans la grisaille argentée de Montmartre.

Le boulevard de Clichy est tout reluisant de pluie. Un vieux monsieur la salue, c'est le kiosquier d'avant, il a pris sa retraite mais pas quitté le quartier, doit avoir un loyer 1948. Francia s'arrête quelques instants pour papoter, il lui dit qu'elle est toujours aussi belle, que son parapluie fait danser de jolis reflets rouges sur son visage, ça fait plaisir, elle l'embrasse sur les deux joues.

Un café, vite fait – là, le bistrot, sa cantine. Neuf heures et demie un dimanche de pluie c'est hyper tôt, il n'y a que des habitués. Déjà installés au zinc devant une gnôle ou un pastis, ils la saluent d'un signe et reprennent leur commentaire désabusé des actualités et de la vie en général. Ils s'appuient les uns sur les autres. Certes ils se font aussi des crasses parfois, ce ne sont pas des anges (même les anges ne sont sans doute pas des anges), mais rarement des crasses graves. Ce microquartier est comme un village ou une grande famille… enfin, pas la sienne, de famille. Ici, pas de tyran.

*¡Vamos!*

Elle passe devant la chapelle Sainte-Rita, juste en face du Moulin-Rouge : d'un côté de la rue les femmes montrent leurs cuisses, de l'autre leur âme, les deux sont nécessaires. La chapelle ne paie pas de mine : coincée entre un hôtel de passe et une boutique de sex toys, on dirait un immeuble banal – mais, dès qu'on en franchit le seuil, on se sent bien. C'est doux et modeste, comme la petite sainte d'Ombrie elle-même. Les vitraux donnent sur le boulevard de Clichy mais leurs motifs parlent de pluie, de vent et de vagues et diffusent une pâle lumière bleutée. Deux marches conduisent à un autel de bois clair en forme de demi-cercle. Les yeux de Francia se posent d'abord sur une colombe en bois puis sur le curé, un garçon *muy simpático* – trans, lui aussi, ou travesti du moins, avec ses longues jupes. Par petites grappes, les ouailles commencent à entrer et à s'installer sur les bancs. Comme elle n'a pas le temps d'attendre la messe avec eux, Francia pose ses soucis, se met à genoux et remercie Rita. Une fois, une seule, elle a demandé son aide… et la sainte a fait un miracle.

Rita est la sainte patronne des causes désespérées, et comme ce n'est pas ça qui manque chez les travailleuses du sexe, elles viennent là pour la prier depuis des décennies. Elle en a entendu des vertes et des pas mûres, la belle Rita ! Faut dire qu'elle en a vécu aussi : ses parents l'ont mariée de force à un tyran et elle a goûté à la barbarie virile plus souvent qu'à son tour, du coup elle comprend les problèmes des TDS et sait leur donner des forces pour reprendre le taf.

La *mamá* de Francia était comme ça aussi, toujours positive, elle a tout fait pour protéger et rassurer ses gosses, mais le *papá* lui a rendu la tâche impossible.

Juste avant de partir, sans l'avoir décidé à l'avance, Francia allume un cierge en souvenir de son père. Il est venu la voir en rêve, elle peut au moins faire ce geste-là. C'est la première fois.

"Repose en paix, connard", susurre-t-elle, avant de quitter la chapelle.

Ah ! cette flotte ! S'arrêtant devant une échoppe, elle achète trois *empanadas* pour son déjeuner – "Merci monsieur, bonne journée !" – et se dirige vers le métro, station Blanche.

Ligne 2, ligne bleue, moins de rames circulent le dimanche, il y en a pour sept minutes d'attente. Soigneusement organisés en escargot, les vingt arrondissements de Paris se déploient sur le plan du métro derrière son dos, les tout petits premiers au centre et les énormes derniers à la périphérie. Arrivant du sud-est, la Seine décrit en traversant la ville une grande courbe en forme de colline (en fait la Seine ne traverse pas la ville, bien sûr, c'est la ville qui s'est progressivement élaborée autour de la Seine). À l'ouest de la capitale, une boucle du fleuve prend la forme d'une grosse poche et, glissé tel un portefeuille à l'intérieur de cette poche, on voit un rectangle vert qui n'est autre que le bois de Boulogne.

Jadis forêt de chasse royale, imaginée *ex nihilo* et plaquée, *schlack !* le long du 16ᵉ arrondissement, haut lieu, à présent, de tous les plaisirs et loisirs parisiens (tennis, équitation, art, artisanat, manèges, parcs, pavillons, restaurants, bateaux, cygnes, fantaisies et fantasmes en tous genres, oui, vraiment tous), c'est le lieu de travail de Francia qui, pour ses clients, s'appelle Magda.

Si elle préfère bosser de jour c'est que, de jour, les arbres sont verts au lieu de noirs et que c'est une accro de la verdure. Pour les femmes qui viennent de lointaines terres équatoriales à la géographie accidentée, la forêt ravive les racines : elles y sont plus à l'aise que sur le macadam du centre-ville. Et ce qu'annoncent tranquillement leurs habits et accoutrements, tous ces justaucorps aux taches de léopard, vestes en faux boa, plumes et maquillages extravagants, ceintures en écaille, manteaux de fourrure et bijoux toc, c'est que, dans ce bois parisien du xxiᵉ siècle comme dans la forêt primitive, l'humanité renoue avec ses origines animales, végétales et minérales.

La rame arrive. Francia monte en écoutant Ana Gabriel, *Es demasadio tarde*. Le trajet, direct de Blanche à Porte-Dauphine, prend une vingtaine de minutes à tout casser. En fermant les yeux pour écouter la musique, elle se demande soudain si son père allait aux putes et se dit que c'est plus que probable. Oui, encore aujourd'hui, à Girardot, il y a très certainement des filles (des garçons aussi, peut-être, qui sait ?) qui se sont tapé le *papá*... mais apparemment il n'est jamais tombé sur celle, miraculeuse, capable de l'initier au plaisir de faire plaisir.

En émergeant du métro, elle se dirige vers l'allée de la Reine-Marguerite, QG des Latinas. Le bois est une véritable mappemonde : chaque continent ou sous-continent a son turf, son spot, son quartier désigné, ici bossent les filles des pays de l'Est, là les Coréennes, ici les Africaines, là-bas encore les Chinoises. Il arrive que les différentes nationalités se fritent et se chahutent mais quand il le faut elles sont solidaires, comme au mois d'août dernier quand la Péruvienne Vanesa Campos a crié *"¡Todas!"* et que toutes se sont précipitées pour lui venir en aide… mais c'était trop tard, elles n'ont rien pu faire.

Francia installe son *cambuche* : un épais pan de plastique pour le sol, trois pour les murs, comme ça elle peut s'allonger, se coller à l'arbre ou rester debout, selon les besoins du moment. Près du matelas gonflable elle pose une carte plastifiée avec l'image du Sagrado Corazón de Jesús. Pour se remonter le moral et se réparer la gnaque, toutes les TDS viennent au travail avec des breloques pour elles vitales : crucifix ou peluches, licornes roses, colliers en plastique, statuettes en bois peint ; toutes consacrent du temps à allumer des bougies ou à faire des offrandes sur divers autels ; s'adressant à des divinités proches ou lointaines, après une première pensée pour le bonheur de leur famille, toutes prient pour avoir des clients nombreux et gentils, gagner beaucoup de sous et ne pas mourir aujourd'hui.

Bon nombre de Latinas travaillent en camion : accroché au rétroviseur extérieur, un foulard rouge ou orange signale aux clients la particularité du véhicule dont il s'agit. Par rapport à la tente ou au rien, le camion comporte d'évidents avantages : la travailleuse est au chaud et au sec, et elle peut verrouiller les portières si la tête d'un client ne lui revient pas. Francia, elle, reste fidèle à son *cambuche*. D'abord, si elle devait dépenser cinquante euros par jour pour louer un véhicule en plus du prix de sa chambre, il ne lui resterait pas grand-chose pour la famille. Mais il n'y a pas que ça, il y a aussi qu'en camion le contact de la forêt lui manquerait : elle ne sentirait plus l'odeur du terreau, ne verrait plus la couleur changeante des saisons, n'entendrait plus la respiration des plantes.

1

# Normal

Une fois, deux fois, trois fois, Martin M. fait le tour de la place de la Porte-Maillot au volant de sa Clio, il devrait foncer dans l'avenue Charles-de-Gaulle, passer sous Saint-Germain-en-Laye par le tunnel de l'A14, rejoindre l'A13 et poursuivre sa route jusqu'aux Mureaux, où ses parents l'attendent pour le déjeuner. C'est non seulement dimanche, c'est aussi l'anniversaire de sa mère, un anniversaire important : le demi-siècle ça se marque ! ça se fête ! Fils unique, il sait que ses parents comptent sur lui, la table est probablement dressée depuis hier soir, oui il est plus que probable qu'avant de se mettre au lit, sa mère soit venue dans la salle à manger pour ôter d'abord la fausse dentelle en plastique, ensuite la toile cirée qui protège la table ovale en merisier poli, révélant brièvement le bois nu avant de le recouvrir, cette fois d'une mousse absorbante et de la nappe en coton blanc que mamie a brodée pour ses propres noces en 1910 et que la mère réserve pour les occasions spéciales car la faire nettoyer coûte un bras. Ensuite, ouvrant la porte du vaisselier – précautionneusement, pour ne pas faire grincer les gonds et réveiller le père qui, épuisé par sa longue journée de travail chez Renault, dort déjà dans leur chambre à l'étage (ils ont des lits jumeaux mais partagent encore une chambre, n'en ont guère le choix vu que la seule autre chambre est occupée par la mère de Charles, atteinte de démence sénile) –, elle aura sorti quatre assiettes en porcelaine de Limoges au décor millefleurs, achetées par sa belle-mère il y a un demi-siècle sur le catalogue de Manufrance, les aura soigneusement posées des quatre côtés de la table, aura ajouté couverts, carafe, verres à vin et verres à eau, sans parler du set pour condiments Art déco que papa a dégoté jadis dans un vide-grenier.

Martin connaît chacun de ces objets depuis sa prime enfance, il a passé des heures à étudier le miroitement des rayons du soleil dans les facettes roses des verres à pied, pour ne pas mourir d'ennui pendant les interminables déjeuners dominicaux au cours desquels ses parents et sa grand-mère parlaient du sermon qu'ils venaient d'entendre à l'église, ou des prévisions de la météo, ou de l'urgence qu'il y avait à planter une rangée de thuyas le long de leur propriété pour ne pas avoir à contempler, dans le jardin mitoyen, les têtes de bouddhas et autres symboles yin et yang que leurs voisins, après avoir remporté le premier prix d'on ne sait quel concours débile, avaient rapportés de leur voyage en Thaïlande.

Il pleut. Il pleut sans discontinuer et, tandis que Martin fait le tour de la place énorme une fois de plus, les essuie-glaces travaillent à toute vitesse pour chasser les gouttelettes sur le pare-brise et lui procurer un peu de visibilité.

C'est la Clio qui décide. Martin a réellement l'impression que c'est la voiture qui, laissant passer une cinquième fois la sortie avenue Charles-de-Gaulle, prend l'initiative de s'engager dans la route de la Porte-des-Sablons puis l'avenue du Mahatma-Gandhi (on se demande ce que vient faire le chantre famélique de la non-violence dans ce coin du 16e arrondissement très vieille France chicos, saupoudré d'ambassades et de consulats, hérissé de noms de batailles et de généraux).

Brusquement, sur sa gauche, la Fondation Louis-Vuitton surgit telle une vision de rêve : énorme papillon blanc échoué en un amas chaotique immobile de verre translucide et de poutres métalliques. Martin imagine la moue méfiante que feraient ses parents devant cette prouesse de l'architecture contemporaine. Il voit d'ici leurs sourcils froncés d'incompréhension, comme chaque fois qu'ils se sentent dépassés par le monde moderne, agressés par ses agissements incompréhensibles. Les monuments normaux ne leur posent pas de problème, le château de Versailles ils peuvent comprendre, ils l'ont visité dans les années 1990 et sincèrement apprécié. De même, ils ont pu admirer à la télévision le palais de Buckingham, le Taj Mahal, la cathédrale Saint-Paul ou encore la Maison-Blanche, ce sont là des bâtisses d'une splendeur évidente. Mais comment justifier la dépense de sept cent quatre-vingt-dix millions d'euros pour construire une chose qui ressemble à un accident d'avion ?

Il s'arrête brièvement au parking du musée. C'est la collection Courtauld qui est exposée en ce moment, annoncent les affiches : les grands maîtres de l'impressionnisme. Martin est tenté d'y faire un tour. D'un côté ça le mettrait en retard pour le déjeuner d'anniversaire, mais de l'autre ça lui permettrait de frimer demain dans la salle des profs, d'épater ses collègues (nonchalamment) par son appréciation nuancée de Manet, Seurat, Cézanne, Van Gogh, Renoir et Gauguin, épicée de quelques anecdotes à leur sujet qu'il pourrait glaner entretemps sur le net, histoire de leur faire comprendre une fois pour toutes qu'il n'est pas un plouc, qu'on peut naître dans un milieu modeste et avoir tout de même une sérieuse culture artistique. Même si les seules œuvres d'art sur les murs de la maison parentale sont les fleurs, faons et autres colombes que brode sa mère quand, ne trouvant vraiment plus rien à briquer ni à astiquer dans la maison, elle glisse vers ce qu'elle appelle *ses idées noires*, lui, Martin, sait apprécier Seurat et Van Gogh. (Seurat en tout cas. Les traits de pinceau surexcités de Van Gogh, ce fou à l'oreille coupée, cet interné à l'asile, ce délirant suicidé, le mettent un peu mal à l'aise.) Il éteint le moteur et se met à tapoter nerveusement de ses dix doigts sur le volant de la Clio. Tout autour la pluie tombe, rendant le monde invisible.

Il réfléchit.

Non, il ne doit pas aller voir cette expo, Christine ne le lui pardonnerait pas. Vu qu'en l'honneur de sa grand-mère née à Odessa elle s'est justement spécialisée dans la peinture russe de cette période, elle serait furieuse s'il allait voir sans elle la collection Courtauld… même si, objectivement, il y a très peu de chances qu'elle se déplace jusqu'à la Fondation Louis-Vuitton dans les semaines qui viennent car elle allaite Benjamin et c'est tellement prenant, tellement passionnant, on dirait que dans toute l'histoire de l'humanité personne n'a jamais eu l'idée d'allaiter un bébé.

Martin n'ose pas lui dire qu'il trouve ça excessif.

Enfant dans la ferme de ses grands-parents à Lommoye, il a regardé les bouches des veaux agrippées aux pis des vaches, celles des agneaux à ceux des brebis, celles des chevreaux à ceux des biquettes, et ce qu'il pense de l'allaitement en général c'est que c'est naturel, que c'est normal, et que ça devrait aller de soi. Or Christine en fait tout un tintouin : elle passe son temps dans des échanges avec des conseillères en lactation, ou alors des *chats* avec d'autres jeunes mamans. Elles partagent leurs joies et angoisses en la matière, discutent de la meilleure marque de soutien-gorge ouvrable, des compresses qu'il faut y glisser pour absorber le lait qui goutte entre deux tétées, de la pommade pour traiter les crevasses des mamelons, des différentes écoles de pensée au sujet de l'espacement des repas (faut-il nourrir bébé à la demande ou induire la frustration dès la naissance pour lui apprendre les dures réalités de la vie ?), *et cætera, ad nauseam*. Pour avoir la paix, Martin finit souvent par s'enfermer dans la chambre du bébé, où Benjamin roupillant tranquillement à ses côtés il s'acharne à préparer ses cours pour le lendemain.

Il est fier d'être arrivé là où il en est.

On a beau être l'élève le plus brillant de tout le village, recevoir des vingt sur vingt à tour de bras, voir sa bourse renouvelée d'année en année et déceler une larme de fierté dans l'œil du père (comme quoi, troquant les meuglements des vaches contre le tintamarre de la chaîne, il a bien fait d'éloigner la famille de la ferme pour la rapprocher de la capitale)… on est ostracisé quand même. Les filles le sentent, que vous êtes hésitant et insolvable, c'est un tropisme chez elles, une fille ça se tourne vers la confiance et le fric comme un tournesol vers le soleil ou un nouveau-né vers le sein maternel. Martin a appris à ses dépens que pour s'imposer quand on n'est pas du sérail, pas né coiffé, pas *a priori* destiné au parcours du combattant Louis-le-Grand, rue d'Ulm, agrég, prof de lycée, chargé de cours à la fac, maître de conf et enfin, après la thèse (et le recours à diverses acrobaties et manœuvres plus ou moins avouables), prof plein pot jusqu'à la retraite, il faut être dix fois plus fort que les autres. Il faut non seulement assurer mais briller, cogner, écrabouiller. Là, les filles accourent.

Il rallume le contact. Alors qu'il a renoncé à l'idée de voir la collection Courtauld, le fait d'y avoir pensé a créé comme un appel d'air – comme si, une fois envisagé, ce retard devenait désirable pour ne pas dire indispensable, et que, du coup, il lui fallait trouver autre chose pour décaler son départ en Normandie. Oui il a carrément *envie* maintenant de voir sa mère ouvrir la porte qui donne sur le petit perron, qui descend jusqu'au chemin en dalles carrées, qui longe la rangée de thuyas jusqu'à la rue où il vient de garer la Clio, regarder ostensiblement la montre qui enserre son poignet osseux, et lui lancer sur un ton irrité : "On avait dit midi, tu as mal compris ? Ça fait vingt minutes qu'on t'attend ! Sympa, le jour de mon anniversaire !" Envie, oui, de retarder le moment où il retirera du coffre le panier qui contient son cadeau, emballé dans du papier brillant à rayures noires et rouges : une grande boîte rectangulaire porteuse d'un assortiment de crèmes, savons et gels d'une marque aux relents provençaux (oliviers, champs de lavande, pins parasols), cadeau suggéré par Christine dont les aïeuls russes, suite à de sérieuses menaces de mort subies en raison de leurs origines juives, ont débarqué à Nice à la fin du XIX$^e$ siècle et longtemps habité la Côte d'Azur.

Mettant la marche arrière, il quitte sa place au parking, passe la première puis la seconde, et s'enfonce un peu plus loin dans le bois. Après avoir dépassé la mare Saint-James sur sa droite et le Tir aux Pigeons sur sa gauche, il tourne à gauche.

Il en a souvent entendu parler mais il ne les avait jamais vues. Plus incongrues encore que Gandhi le pacifiste collé à l'avenue de la Grande-Armée : des putes travelos dans l'allée de la Reine-Marguerite. Car Margot, d'après tout ce que l'on sait, était très peu portée sur la chose. Répudiée en 1599 par le roi protestant Henri IV pour avoir échoué à lui fabriquer un héritier en vingt-sept ans de vie conjugale, elle s'est mise à organiser des salons littéraires et à chanter les louanges de l'amour platonique. Martin connaît cette histoire par cœur parce que sa thèse de doctorat a justement porté sur la nuit de la Saint-Barthélemy (le psy qu'il fréquentait à cette époque avait suggéré que, rejeton d'un catholique et d'une protestante, il avait voulu en choisissant ce thème mettre fin à la guerre des religions que se livraient ses parents dans sa tête).

Là, pour le coup, il les voit : pâles flashs de fleshs se découpant sur l'ombrage des taillis, elles éclosent à intervalles irréguliers telles des fleurs blanches dans la lumière basse et grise de cette matinée de merde. L'allitération lui plaît. Seul dans la voiture il la répète, d'abord dans sa tête puis tout haut, *cette matinée de merde*, enchanté à l'idée de choquer sa mère et son épouse. Il le dit plus fort, *matinée de mer-de*, puis ajoute *mère-de-Dieu*. Lâché aussi innocemment qu'un pet, le blasphème le ravit au plus haut point.

En fait ce n'est pas une blague. En fait elles sont là pour de vrai. Ponctuant les lisières ombrageuses de la route, le clignotement clair de leur corps quasi nu sous la pluie glaciale lui semble un appel muet... et sa chair à lui de réagir. Il a l'impression de rêver. Ce n'est pas possible. Qu'espèrent-elles ? Plusieurs sont vêtues de blanc, sans doute parce qu'elles ont passé la nuit dehors et que le blanc ressort sur les ténèbres : il voit des shorts très courts, des bottes aux semelles compensées, d'énormes poitrines à peu près nues, des fesses nues barrées de résilles aux mailles larges, des perruques blondes ou noires, des cheveux longs. Franchement, un dimanche pluvieux à onze heures du matin, l'heure de la messe, en prenant la mauvaise sortie à la place de la Porte-Maillot, il ne s'était pas attendu à ça, à sentir ses mains se serrer sur le volant et son sexe se mettre à remuer tout seul, à se ranimer dans son repaire tel un ours à la fin de l'hiver… pour la première fois depuis quand ?

Tout au long de sa grossesse Christine avait repoussé ses avances, celles-ci étant devenues d'abord inutiles ("Ça sert à quoi en fait ? C'est bon, je suis déjà enceinte"), ensuite malvenues ("Faut pas réveiller bébé").

Il ne réfléchit pas. Il a passé sa vie à chercher à bien faire, à obéir, à suivre les règles, à être bon, calme, parfait, à combler voire à dépasser toutes les attentes, à rendre tout le monde fier de lui, son père surtout, non, sa mère surtout, sans parler de Christine, qui s'enorgueillit de vivre avec un prof de fac – "Mais oui, à seulement vingt-huit ans, c'est impressionnant, n'est-ce pas ?" – si jeune, si responsable, sage comme une image, avec ses petites lunettes, ses bulletins scolaires rangés dans l'ordre depuis la primaire jusqu'à l'agrég, ses cahiers, ses livres annotés, son mariage à la mairie du 15$^e$, dans le quartier de Lourmel où Christine a grandi, ses parents à lui mal à l'aise d'acquérir pour bru cette fille d'immigrés russes, juive de surcroît, et soulagés qu'elle ait au moins changé de patronyme en l'épousant, effaçant ainsi toute trace de cette race douteuse, et là, réellement, ce n'est pas la tête de Martin mais ses pieds seuls qui prennent la décision, pied gauche sur l'embrayage, pied droit sur le frein, doucement, passage en seconde, frein, embrayage, contact coupé, cœur qui cogne.

## II

## Fleuve

Francia se lave et revient à son poste.

Le plus souvent ce n'est pas plus compliqué que ça. Bon nombre de clients sont juste des bébés, et elle, leur *mamá* provisoire. Oui il arrive souvent que, redevenus nourrissons dans ses bras, les clients enfouissent le visage entre ses seins, lui chatouillent les tétons, poussent de petits grognements de contentement et abdiquent toute responsabilité, comme s'ils se suçaient le pouce. Ils lui rappellent les chevreaux et agneaux dans son quartier natal à Girardot, abouchés aux pis de leur mère, tirant nourriture et réconfort de ses chairs douces…

Pendant qu'elle est à l'œuvre, elle leur souffle de petites phrases à l'oreille. Mais il y a des mots qu'elle ne prononce pas, c'est comme les lèvres. Une pute ne donne pas ses lèvres, c'est bien connu, et elle ne dit pas *Je t'aime*. *Je t'aime*, c'est sacré. Francia l'a connu, une ou deux fois. Une, surtout. Elle n'oublie pas, et elle ne mélange pas.

Le plus souvent, elle ne pense à rien pendant que ça se passe, c'est bien pour ça que ça s'appelle la passe, ça passe, les minutes glissent, on n'est ni heureuse ni malheureuse mais en suspens, comme les gouttelettes dans l'air.

Elle a dans les oreilles pour toute la vie le bruit des cascades du Magdalena, le fleuve puissant au bas de Girardot. Le *papá* l'amenait pêcher avec lui – Rubén son seul fils, son gamin claudicant et trottinant –, quel âge avait-il alors ? Quatre, cinq ans ? C'était avant d'aller à l'école, c'est sûr.

Il adorait son père dans ces moments-là. C'était un beau jeune Noir très noir et grand et fort et il lui parlait des *bogas*, ces hommes grands et forts et noirs comme lui qui, des siècles durant, avaient conduit les barques sur le Magdalena. Ils devaient ramer à contre-courant, dans l'effort de ramer ils poussaient des gémissements, et au long des âges ces plaintes s'étaient muées en chansons. Le *papá* connaissait les airs des *bogas*, il les chantonnait souvent en lançant la ligne, une ficelle nouée bien serré autour de la main gauche selon la technique ancestrale. Parfois, en attendant que ça mordille, il glissait les doigts de l'autre main dans la tignasse de Rubén et lui grattait le cuir chevelu.

Il lui apprenait à dire l'heure en regardant l'emplacement du soleil dans le ciel. Il ne comprenait pas que les hommes se mettent un bracelet autour du poignet comme une chaîne autour de la cheville. "C'est de l'esclavage ! disait-il. On devient esclave de la montre ! Si on prend l'habitude de demander l'heure à un bracelet, on peut plus la lire dans le ciel." Jamais les pêcheurs n'étaient en avance ni en retard, expliquait-il à Rubén. Ils sentaient l'heure juste pour aller travailler, dormir, sortir et revenir… En gros, il était tard si la lumière baissait, et voilà. Nuit tombante ou nuage de pluie, peu importe, fallait songer à rentrer, et prier pour arriver à bon port. Quant au reste, oh ! le reste…

À la mi-journée, quand le soleil était trop fort, père et fils s'installaient sous le pont pour pêcher. Telle une bête vaste et verte, la forêt s'étendait autour d'eux et ils lui étaient perméables, non, apparentés. Il n'y avait pas ici le dedans, là le dehors, ici les gens, là la nature. Depuis toujours dans ces paysages, l'humain et le non-humain s'interpénétraient. Pour se vêtir et se décorer les hommes prenaient les griffes, crocs, peaux, plumes, écailles et fourrures des animaux. La nuit se déployait en leur âme, eau et lumière s'épousaient, végétation, verdoiement, lianes et lignes de pêche, cycles qui glissent et reglissent, montagne toujours proche, magique.

Souvent, le *papá* lui parlait de la mer bleue de la Caraïbe où il avait grandi. Sa famille vivait grâce à la vente de poisson au marché de Santa Marta, et il était fier d'appartenir à une longue lignée de pêcheurs. Même si le travail de la pêche était dur dans les petites barques, il avait la nostalgie de cet horizon, de cette côte déchiquetée, de ces ciels du couchant, *atardecer*, quand le soleil fait scintiller l'eau comme mille pièces d'or. Rien au monde n'est plus beau que la Bahía Concha à Santa Marta, disait-il.

Mais c'était à mille kilomètres vers le nord.

Le père et la mère avaient dû s'enfuir de là-haut. La raison de cette fuite était difficile à saisir mais, petit à petit, Rubén a compris qu'en fait c'était à cause de lui, c'était parce qu'il avait germé dans le ventre de la *mamita* et qu'il n'aurait pas dû car elle, c'était une Wayúu, et *papá*, un Afro-Colombien descendant d'esclaves. Pour la famille de la *mamá* son amour pour un Noir ne posait aucun problème, mais certaines femmes du village, la trouvant trop jolie, insolente et indépendante, avaient envie de la voir s'éloigner, alors elles ont décrété que la sécheresse était pire que d'habitude parce que cette jeune fille couchait avec un homme d'un autre clan, si bien qu'en fin de compte, une fois la *mamá* enceinte, le couple a dû s'enfuir comme Marie et Joseph, sauf qu'au lieu de voyager à dos d'âne ils ont embarqué dans un bateau avec beaucoup d'autres personnes, et des sacs, et des caisses, et des bêtes, et remonté pendant plusieurs semaines le fleuve Magdalena, se tapant tous les tourbillons et cascades sur mille kilomètres, jusqu'à Girardot.

"Un jour je t'amènerai là-haut, disait-il à Rubén, pour que tu rencontres ma famille, que tu voies où j'ai grandi." Mais jamais le moment n'est venu, jamais Rubén n'a vu la Bahía Concha…

Ce n'est que bien plus tard, elle-même en exil à Paris France, que Francia comprendra quelque chose à l'exil de son père, et imaginera à quel point la perte de la mer des Caraïbes a dû le blesser, le tournebouler.

À mesure que le garçonnet grandit, le père se referme. Il ne raconte plus à Rubén le ciel, le fleuve, le monde et ne glisse plus les doigts dans sa tignasse. Leurs expéditions de pêche s'espacent et finissent par s'interrompre, car la naissance des filles, à raison d'une tous les deux ans pendant une décennie – Antonia, Begonia, Cornelia, Violeta, Vivian –, oblige le père à travailler sept jours sur sept. Devenu maçon, il a contracté un eczéma allergique à force de manipuler seaux et spatules à mains nues. Sa main gauche, brûlée par le ciment, ne supporte plus la ficelle de la pêche. Quand la *mamá* le supplie de porter des gants, ça ne fait que l'énerver. "Explique-moi comment je fais pour lisser le ciment avec des gants ?" Et quand elle insiste pour au moins lui enduire les mains d'huile d'amandes quand il rentre du travail, il la chasse, impatient : tout ce qu'il veut dans les mains en rentrant du travail c'est une bouteille de bière. Et elle a intérêt à être fraîche, la bouteille, sans quoi il peut la faire valser à travers la cuisine, et la *mamá* avec.

Rubén voit cela.

Son père est né en 1949, la même année que Pablo Escobar : c'est tout dire. Même là-haut sur la côte caraïbe, même dans les plus petits villages, même avant l'arrivée de la télévision dans les foyers, les garçons de sa génération avalent la violence de leur pays avec le lait maternel et apprennent qu'être homme c'est encaisser, être toujours sur ses gardes, attaquer et se défendre à l'infini.

Grandissant à Girardot trente-cinq ans plus tard, Rubén observe ce monde viril l'estomac noué. Même s'il est grand pour son âge, il est petit à côté de son père et il ne comprend pas comment un corps aussi petit peut contenir autant de peur. La peur est mille fois plus grande que lui… et pourtant elle est en lui ! Elle le remplit chaque fois que son père est ivre et colérique, chaque fois qu'il crie et tape sur la *mamá*, ou sur une des *hermanitas*, ou sur lui parce qu'il rechigne à venir travailler dans son atelier de maçonnerie.

Ce qu'il aime, lui, Rubén, c'est jouer avec Vivian sa sœur la plus jeune, c'est la confiance qu'elle lui témoigne en lui chuchotant ses secrets à l'oreille, en lui chatouillant la plante des pieds quand il dort trop tard le matin, en lui montrant le coin de la cour où elle nourrit des scarabées, ce qu'il aime c'est aider la *mamá* et les cinq *hermanas* à se préparer pour l'église le dimanche, leur mettre des socquettes blanches, attacher la bride de leurs bonnes chaussures, leur boutonner les robes, leur tresser les nattes, leur attacher ceintures et colliers, leur passer les boucles d'oreilles et, tout à la fin, devant la glace, poser sur leurs cheveux la mantille de dentelle blanche.

Il les envie. Les hommes sont tellement ennuyeux, à la paroisse San Miguel ! Droits debout, chiffres abstraits en noir et blanc, tous pareils avec leurs habits sobres et sombres, la plate nudité de leurs mains et de leur nuque. Les filles, elles, sont de folles fleurs, chacune éclosant en une nuance différente.

Il rêve de se laisser pousser les cheveux, de les peigner et de les soigner, de les sentir lui frôler le front et la nuque… Mais, dès qu'ils commencent à boucler, son père lui rase la tête et il fond en larmes.

Parfois, hors de lui, le père l'arrache à la maison et le traîne jusqu'à l'atelier en lui criant dessus d'un air dégoûté : "T'as pas honte ? Tu sais rien faire ! Tu feras jamais rien de ta vie ! *Rien*, tu m'entends ?" Les mêmes phrases, encore et encore : "T'es qu'une nullité ! Tu sais rien faire ! Tu vaux rien !" Il le frappe avec tout ce qui lui tombe sous la main : tuyau d'arrosage, ceinture, barrette de soudure en cuivre. Quand il le jette enfin dehors, Rubén a souvent du sang sur les jambes. Mais il n'y peut rien : il n'a aucune envie de plonger les mains dans le plâtre.

Au travail du père il préfère celui de la mère, les gestes doux et sensés de la cuisine et du ménage. Tandis que la *panela* rosâtre commence à bouillir, à bouillonner et à déborder la marmite métallique sur le poêle à bois, il regarde les mains aux ongles peints de la *mamita* bercer doucement les boules de pâte, les transformer peu à peu en ces disques plats qui deviendront une fois cuits des *arepas*. Il est rassuré par toutes ces formes arrondies. C'est en rythme, en écoutant de la cumbia à la radio, que sa mère et lui préparent ensemble les *arepas* pour le déjeuner, parfois au poulet mais le plus souvent à rien. Il y a toujours le sac jaune de farine de maïs, on y ajoute de l'eau et on malaxe, on forme les galettes avec les mains et on les fait dorer dans l'huile chauffée. Le samedi est génial parce qu'il n'y a pas d'école et qu'ils sont tous à la maison sauf le *papá*, les pensées de Rubén flottent heureuses parmi les méandres de la cumbia et les instructions de la *mamita*, pendant ce temps ses sœurs s'occupent du ménage ou du jardin.

Un jour le père fait irruption dans la cuisine et surprend Rubén en flagrant délit de préparation d'*arepas*. Le saladier dans lequel il malaxait la pâte de *harina pan* vole à travers les airs et c'est seul, le ventre vide, qu'il doit laver les coulées jaunes sur le mur. Personne ne déjeune ce jour-là. Quand la cuisine est enfin propre, Rubén se glisse dehors. Il va en boitillant jusqu'au grand ceiba, l'arbre sacré qui occupe la moitié de la courette, et s'appuie tout contre elle. L'ombre fraîche de l'arbre lui est bienfaisante, la solidité de son tronc le remet d'aplomb et ses feuilles par leur mouvement qui fait trembler la lumière lui disent qu'il suffit de patienter, que les choses vont s'améliorer, que le temps est long.

Pour frimer, le père inscrit les aînés dans un *colegio*. Il paie les premiers mois de frais scolaires mais n'a plus de quoi payer ensuite et l'école les vire. Les enfants sont la risée de tout le quartier, ils ont honte, alors la *mamá* les inscrit dans le public à une demi-heure à pied de la maison.

Elle ne le saura jamais, mais cette école deviendra le premier enfer de son fils.

Rubén a pris du retard. La lecture lui pose problème, il ne comprend pas le lien entre les formes que dessine la maîtresse au tableau et les sons qui sortent de sa bouche. Or cette femme n'a aucune patience, chaque fois qu'il se trompe elle se met en colère et le tape.

Un jour elle demande à la classe pourquoi, à propos des vieilles bâtisses de la ville, on parle d'architecture *coloniale*. Croyant pour une fois connaître la réponse, Rubén lève la main : "C'est à cause de Cristóbal Colón !" Les autres élèves s'esclaffent et il est mortifié, il sait qu'on va le tourmenter avec ça pendant des mois : "Ah oui, Colón ça a donné colonial, c'est évident !"

Dans toutes les ombres de sa vie rôdent des possibilités d'humiliation.

À la pause du midi, quand les garçons se chamaillent et que les filles sautent à la corde, Rubén va du côté des filles. Un jour sur deux elles l'acceptent et il jubile. Malgré sa cheville tordue c'est un as du saut à la corde : ses pieds savent d'instinct quand quitter le sol, juste après le bruit du contact de la corde sur le bitume, et quand les filles se mettent à tourner la corde plus vite, au lieu de faire un petit saut entre deux grands, il enchaîne les grands. Mais parfois une fillette vicieuse tire la corde vers le haut exprès pour le faire tomber, il s'érafle alors les mains sur les graviers et les gamines le chassent : "Pourquoi tu viens toujours nous embêter, Rubén ? Tu sais bien que c'est pas un jeu pour les garçons !" Il s'éloigne en larmes.

Le voyant seul dans un coin du préau, la maîtresse lui dit d'aller faire le ménage dans les salles de classe : il doit laver le sol à quatre pattes. Là, Rubén est pétrifié, car presque à chaque fois les grands garçons viennent le retrouver à l'intérieur de l'école. Ils le plaquent au sol, s'allongent sur lui et se frottent contre ses fesses en lui sifflant des menaces à voix basse. Parfois ils s'y mettent à deux voire à trois et c'est l'écrasement de tout, l'évaporation du sens : il n'y a plus ni temps ni couleur ni musique, rien que le sol en ciment contre sa joue et leurs mots de plomb et d'aplatissement, insultant le sombre de sa peau, moquant ses ancêtres africains et autochtones.

C'est idiot : elle en pleure encore, Francia. Toutes ces années plus tard, chaque fois qu'elle repense à l'école de Girardot, elle pleure.

# 2

# Fatigue

Dès qu'il tourne la clef de contact d'un mouvement trop vif et entend le couinement qui en résulte, Jean J. a honte. Il sait qu'il ne devrait pas conduire dans l'état où il est, le cœur tambourinant de colère et la sueur perlant aux tempes... Ah ! elles grisonnent déjà, ses tempes ! Il a trente-neuf ans et depuis quelques semaines des fils argentés sont apparus parmi les châtains, comme pour le narguer, lui rappeler, chaque fois qu'il se rase, que sa jeunesse est révolue, qu'il fait du surplace, pourrit sur pied, n'a réalisé aucun de ses rêves.

Le fait est que sa vie stagne et que son épouse l'énerve. Oui elle l'énerve, Manon. Tellement sûre d'elle. Elle a des opinions sur tout – non, pas des opinions, des certitudes – et, qu'il le veuille ou non, elle les lui assène. Elle organise tout comme elle l'entend et si Jean n'est pas précisément là où elle a décidé qu'il devait être en train de faire précisément ce qu'elle désire au moment précis où elle l'a prévu, et bien c'est le drame, la dispute, les reproches à n'en plus finir. C'est déjà humiliant de se faire réprimander par son employeuse au centre social ; retrouver la même situation chez soi est intolérable.

Trop vive, la pression de son pied droit, tant sur l'accélérateur que sur le frein. Il est clair qu'il ne devrait pas être au volant. En même temps, comprimé corps et âme comme il l'est, il éprouve un certain plaisir à violenter la voiture. Il est persuadé que les gens étaient plus heureux quand les rôles sexuels étaient bien distincts. La vie était plus simple. La femme à la maison avec les gosses, l'homme au-dehors avec ses collègues et camarades, chacun son domaine de pouvoir, où était le mal ? Ses parents, qui ont respecté ce schéma, sont toujours ensemble et complices après quarante-cinq ans de mariage alors que lui et Manon sont en guerre après seulement dix. Ces derniers temps, leur vie est devenue infernale.

Jean s'oblige à ralentir.

Jetant un œil sur le tableau de bord, il voit qu'il n'est que midi vingt et ça le sidère. Comment peut-on générer autant de malheur en si peu de temps ?

Sur le coup de onze heures, après avoir débarrassé le petit-déjeuner dominical dans leur T3 rue de la Solidarité, Manon s'est exclamée en regardant son ordinateur : "Hé les mecs ! ils disent que la pluie va s'arrêter ! Si on faisait un tour au Jardin d'Acclimatation ?" Et les trois grands de s'exclamer en chœur "Ouais ! super génial !" et la petite, captant leur excitation, de se mettre à zigzaguer en tous sens dans le salon-salle à manger, et lui, Jean, de sentir son cœur se ratatiner à l'idée d'encore un dimanche foutu, inutile, dilapidé, les heures s'écoulant, s'épandant, se perdant comme l'eau hors d'une cruche brisée... Oui, une fois de plus, on allait l'empêcher de sauver ces heures, de les préserver, de s'en servir à bon escient pour étancher sa soif de sens.

*Il veut peindre.*

Manon, elle, fait ce qu'elle veut. Elle est prof de collège à Bagnolet tout près et ça lui va à la perfection, elle a fait les études, décroché les diplômes et gravi les échelons pour ça, ses parents beaucerons sont fiers d'elle.

Les premiers mois de leur histoire – alors que, méfiants, ses parents fronçaient les sourcils –, Manon non seulement admirait la peinture de Jean, mais elle était carrément émoustillée à l'idée d'épouser un peintre. Romantiques et un peu bohèmes, les images liées au métier d'artiste avaient très certainement rehaussé pour elle l'émoi de leurs premières étreintes. Cahin-caha, les débuts de leur mariage avaient encore été sympas, le couple était sans le sou mais fou amoureux, Jean donnait des cours de dessin et Manon, tout en trimant pour passer le Capes, travaillait à mi-temps comme barmaid.

C'est la naissance de Jacquot qui l'a transformée. Elle s'est mise à donner des ordres, à faire des décrets, à annoncer ses décisions, à distribuer des tâches. Deux ans plus tard, l'arrivée des jumeaux les a contraints à déménager, ils ont dû prendre un prêt logement, s'endetter pour les vingt-cinq années à venir. À partir de là, d'une vie de jeune couple avec ses hauts et ses bas, ses imprévus, son joyeux bordel, leur vie est devenue infernale. Tout fait l'objet d'une planification minutieuse pour ne pas dire maniaque : travaux ménagers, tâches parentales, courses et cuisine, finances surtout.

Ayant décroché son premier poste d'enseignante, Manon a décrété qu'en attendant de s'imposer comme peintre et de bien vendre ses toiles, Jean devait gagner un salaire, donc acquérir au plus vite une formation. Par l'intermédiaire d'une de ses collègues au bahut, elle lui a trouvé un stage intensif en éducation spécialisée.

C'est la mort dans l'âme que Jean s'est plié à cette exigence. Tout en se familiarisant avec les rouages des centres de prévention et de l'Aide à l'enfance, il a suivi des cours de psycho et de socio, réussi sans difficulté les examens et obtenu son diplôme en moins de dix-huit mois. Hélas, le poste auquel on l'a nommé était dans une banlieue lointaine et le couple a dû prendre un deuxième emprunt pour s'acheter une voiture. C'est là qu'a commencé le syndrome des dimanches après-midi, où les seules heures de liberté de Jean étaient chaque fois englouties par les obligations familiales. Le voyant déprimer, parfois au point de se rouler en boule sur leur lit au milieu de la journée, Manon venait lui caresser l'épaule : "Ne t'en fais pas, amour, *please*. Ta peinture est intemporelle, alors que tes enfants, c'est *maintenant* qu'ils sont là ! Il faut profiter de chaque minute… tu comprends ?"

Là, juste devant lui, un jeune homme en survêt traverse la rue. Le pied de Jean appuie brutalement sur le frein et c'est le coup du lapin. Un juron lui échappe.

À trente-cinq ans, alors que la voiture était presque payée, que les jumeaux avaient commencé l'école et que Jean espérait pouvoir enfin réduire sa charge de travail pour revenir à sa passion, Manon lui a annoncé qu'elle était de nouveau enceinte.

Une bombe.

Elle a ajouté qu'elle tenait à garder ce quatrième enfant, qu'il n'était pas question de le faire passer, que c'était à elle et à elle seule de décider : *Our Bodies, Our Selves*, comme le proclamait le manuel féministe qu'elle lui brandissait sous le nez à tout bout de champ. "Mais Manon, a protesté Jean, c'est mon enfant autant que le tien, je devrais avoir mon mot à dire !
– Pars ! lui a-t-elle calmement rétorqué. Tu verras si

tes enfants te coûtent moins cher sous forme de pension alimentaire."

À entendre cette phrase, Jean a haï son épouse pour la première fois.

Née quelques mois plus tard, Kitty est vite devenue sa préférée. N'empêche, année après année, dans l'organisation familiale, l'art a la part congrue. Les chambres de leur T3 étant minuscules, et son salaire ne lui permettant pas de louer un atelier à l'extérieur, Jean a installé son chevalet dans un coin du salon-salle à manger.

Ce n'est que la nuit ou le week-end qu'il peut arracher des heures pour son âme. Caché derrière un paravent, casque sur la tête et musiques fortes dans les oreilles pour ne pas entendre les jingles de la télé et les brailleries de la marmaille, il dessine avec fébrilité – au crayon, au fusain, à la pierre noire, à l'aquarelle, à l'acrylique et au pastel, la peinture à l'huile étant exclue en raison de ses vapeurs puantes et potentiellement cancérigènes. La musique lui traverse le corps pour venir se marier à son souffle, aux mouvements de ses yeux et aux grands gestes de ses bras sur le papier ou la toile. Certains jours, il ressent une vraie tension érotique à ces moments-là et, n'était-ce la proximité de Manon et des mômes, il ferait une pause pour se donner du plaisir comme à l'adolescence. Oh ! mais, déjà à l'époque, ses pulsions étaient gérées par les femmes. Vu que ses parents ne voyaient pas l'intérêt de lui offrir de vrais cours de dessin avec modèles nus, où il aurait pu se familiariser avec l'anatomie féminine, il se rabattait sur des magazines masculins, les jetait ensuite, et glissait ses dessins au fond d'un tiroir de sa commode. Un jour sa mère est tombée sur ces dessins de nus en rangeant sa chambre et les a fait disparaître sans un mot. Impossible de lui faire comprendre à quel point l'art est *soudé* à la libido ! C'est la *même* énergie qui vous traverse le bras, le sexe ou le pinceau, que l'on dessine un corps, que l'on se caresse soi-même ou que l'on caresse une autre...

Jean n'en peut plus. Il a l'impression d'avoir passé sa vie entière sous la tyrannie féminine. Il y a toujours eu une femme derrière son épaule – mère, épouse ou employeuse – pour le surveiller, le tanner, lui coller des blâmes.

Au début de leur histoire, Manon l'a pourtant ému par sa façon de combiner gentillesse et sensualité. C'est tout en douceur qu'elle lui a appris à la faire jouir et Jean est devenu fier de sa dextérité, comme s'il était Eric Clapton et elle sa guitare. Rendue folle par ses caresses, elle s'arc-boutait et bramait de façon géniale. Jean était même jaloux de son plaisir. Elle semblait partir si loin ! Ses propres orgasmes lui semblaient pauvres par contraste.

Aujourd'hui le souvenir de ces belles amours le plonge dans la tristesse. Car entre grossesses, allaitement, stress et, après la naissance de Kitty, une endométriose –, Manon se refusait à lui de plus en plus souvent.

Jetant un coup d'œil sur la météo, au réveil ce matin, Jean s'est dit : Ah, il y aura une belle lumière en début d'après-midi, cette fois je m'y remets sans faute... Quand Manon a lancé l'idée du pique-nique au Jardin d'Acclimatation, il y a opposé son veto sous forme de grognement bruyant, déclenchant une protestation indignée de la part de Manon, ce qui a suscité en retour ses plus plates excuses. À partir de là, impossible d'y couper : il a fallu habiller toute la ribambelle, vérifier le bon état de six paires de bottes en caoutchouc (la nuit ayant été pluvieuse, les pelouses seraient encore trempées), embarquer, outre les clefs de l'auto, la carte de crédit pour les attractions payantes comme les Chevaux galopants, le Petit Carrousel, l'Astrolabe, les Souris mécaniques ou le Rafting Adventure, tout en faisant comprendre aux petits que leurs parents ne roulaient pas sur l'or et qu'il leur faudrait visiter aussi des trucs gratuits comme le Jardin coréen.

Trente-neuf ans, bientôt quarante. Jean a du mal à le croire. Il se rappelle le visage ridé et l'air résigné de ses parents à quarante ans : comme s'ils s'apprêtaient déjà à partir.

La dispute a commencé dès leur arrivée au parking. Manon est partie avec Jacquot acheter les billets d'entrée, Jean s'est emberlificoté dans les boucles du siège auto de Kitty, et pendant ce temps les jumeaux se sont mis à courir comme des fous dans le parking. Se retournant, Manon a lâché un cri militaire "Hé, ho!" pour que les jumeaux se figent, puis elle a lancé à Jean sur un ton accusateur : "Ça va pas la tête ? Ils auraient pu se faire écraser…" À partir de là, Jean a eu l'impression (familière) d'être devenu à toutes fins utiles le cinquième enfant de son épouse. Une vague de fatigue l'a envahi, *whoooosh*, comme un de ces brisants qui le terrorisaient, gamin, en colonie de vacances à Saint-Gilles. Ce matin, pour une fois, il s'est rebiffé. "Et tu trouves que je marche comme il faut, commandante ? a-t-il lancé à Manon. Je me tiens assez droit ? Je respire par le nez ? J'ai la braguette bien remontée et le doigt sur la couture du pantalon ?" Stupéfaite, Manon lui a fait les gros yeux, ce qui n'a eu pour effet que de gonfler encore sa rage.

À sentir monter la tension entre leurs parents, les enfants se sont crispés. Même s'ils en ont l'habitude, ça les stresse à chaque fois et Jean déteste ça. De ses lointains cours de psycho lui sont revenues en mémoire mille phrases décrivant les effets délétères, sur les enfants, des querelles parentales. Mais c'était plus fort que lui, les brisants de sa rage contre Manon montaient de plus en plus haut et, n'était-ce la présence de tiers, il aurait pu s'en prendre à elle physiquement.

Pour finir, il lui a lancé : "Écoute, je ne sais pas pourquoi, mais là tout de suite j'ai pas le goût de m'amuser. Je vais faire un tour. Je reviens dans une heure. – Excellente idée, a rétorqué Manon. – Parfait. – Ciao, connard."

# III

# Maraude

Quarante-cinq euros jusque-là : pas encore de quoi payer sa chambre mais pas loin, et le jeune homme est un peu moins énervé en repartant qu'à son arrivée dix minutes plus tôt... Ah, *non* !

Là, c'est au tour de Francia de s'énerver : elle n'avait pas vu le siège auto à l'arrière de sa voiture. Elle se dit que c'est idiot – pourquoi s'en faire pour des pères de nourrissons plus que pour des pères d'ados ou d'adultes ? – mais c'est ainsi. Elle déteste l'idée que, tout de suite après avoir pris son plaisir dans sa bouche, cet homme ira retrouver son poupon, le faire sauter sur ses genoux, lui chanter *"À dada sur mon bidet"* et l'écouter gargouiller de rire. Ce n'est peut-être pas logique mais ça l'énerve, c'est vrai.

Elle grignote quelques cacahuètes. Manger la calme. La musique aussi la calme. Attrapant son téléphone rose bonbon, elle feuillette les playlists... mmmmm, et si elle mettait un peu de Lucho Bermúdez en l'honneur de sa *mamita* ?

Elle adore la cumbia, musique inventée par et pour les boiteux : à l'origine c'était la danse des esclaves enchaînés par les chevilles, alors ça boite et ça déboite ! Rien à voir avec les rythmes sages du vieux continent, la valse ou la polka ! D'abord flûte et tambour uniquement, mais d'autres instruments sont venus s'y ajouter : clarinette, *trompetas*, accordéon, et *toda percusión que se puede cargar* ! Les Espagnols appelaient ça zamba, c'était une musique de mélange et ils n'aimaient pas les mélanges, dès le début de la traite esclavagiste ils avaient interdit les croisements d'Africains et d'indigènes, ni les corps de ces peuples païens et primitifs ni leurs musiques n'étaient censés se frotter l'un à l'autre. En fait ils appelaient plein de choses zamba, les Espagnols, non seulement la cumbia mais aussi les métissés, les babouins, les cagneux... Francia se reconnaît dans tous les sens du terme.

Midi moins le quart.

Debout, appuyée à un arbre, elle attend tranquillement. Il pleut toujours mais un peu moins. Soudain elle tape dans les mains : elle vient de voir, avançant doucement à travers la brume bruinante, la silhouette d'une camionnette. Super ! C'est Marco et sa fine équipe, la bande à Magdalena. Deux grands pas en direction de la route : elle lève les bras et hèle la camionnette, qui s'arrête.

"Dis donc, Francia, t'es canon ce matin ! Tu les as trouvées où, ces tatanes ?"

Il est chouette, Marco. À chaque fille il trouve un mot gentil à dire.

"Tatanes de chez Tati !" répond Francia, fière de son calembour en français.

Elle les a achetées en solde la semaine dernière, car assorties à ses cheveux du moment, orange fluo. Dérogeant au-dessous des genoux à la loi de la féminité à outrance, les trans ont tendance à porter de solides Doc Martens pointure 44, surtout quand il fait froid et que piétiner en escarpins ou en bottines pourrait se terminer par un aller simple à la morgue.

C'est par amitié pure que Marco lui tend la main pour l'aider à gravir les marches : il sait qu'elle boite, sait aussi qu'elle se débrouille seule sans problème. Dès qu'elle se hisse dans le véhicule, les salutations fusent : *"¡Hola, Francia! – Hola. – Hola. – ¿Cómo estás? – Hola…"*

Parler sa langue, prononcer en espagnol les mots pour "café", "sucre", "capote", "cake", "lubrifiant" ou "thé", voir des sourires, rigoler un coup, c'est déjà comme manger ou comme nager ou comme embrasser quelqu'un, ça fait un bien fou. Encore aujourd'hui, après vingt ans de vie à Paris France, Francia rêve et réfléchit pour l'essentiel en espagnol. Parfois la nostalgie de sa langue maternelle est si forte que, toute seule dans sa chambre, elle organise de grands plateaux télé en espagnol, faisant les questions et les réponses, les attaques et les défenses.

Elle se dirige vers le fond du véhicule, s'installe derrière la table rectangulaire vissée au sol, accepte une tasse de thé et enfourne dans sa bouche, entière, la généreuse tranche de cake que Marco vient de lui passer.

"Mmmh que ça fait du bien ! fait-elle, la bouche pleine. Le froid, ça donne faim !"

Dans la camionnette ce matin, ou plutôt ce midi, mais pour eux c'est toujours le matin, à part Marco, son fils Davide au volant et Carmen qui distribue le thé – elle-même ex-TDS, trans opérée jusqu'au bout, meilleure amie de Francia –, il y a une jeune

Cubaine survoltée du nom d'Adriana et une drôle de vieille baba cool mi-figue mi-raisin qui, assise sur le siège face à la portière, griffonne furieusement dans un carnet.

"Saloperie de flotte, dit Carmen.

— Les arbres en ont besoin, dit Marco. Les oiseaux aussi."

J'éternue, range mon carnet et accepte moi aussi une tasse de thé. "En anglais, on dit « Beau temps, si t'es un canard », lancé-je à tout hasard, mais personne ne rit.

— Pourquoi ils aimeraient la pluie plus que les autres, les connards ?" dit Francia, et tout le monde rit.

Adriana la petite Cubaine semble se crisper : "Une nouvelle ? demande-t-elle en me désignant d'un mouvement de la tête.

— Non, une vieille, rigole Marco. Une vieille amie, je veux dire.

— C'est rien qu'une Griffonne, dit Carmen, ça porte pas à conséquence.

— Tu vois bien que c'est pas une pro, elle a pas de lolos !" dit Francia. Puis, pour changer de sujet, elle ajoute à mon intention : "Si jamais tu te fais faire des implants, ma jolie, fais gaffe à ce qu'on te les remplisse de bon silicone, pas de sérum phy. C'est important, ici à Paris, où les saisons sont extrêmes. Y a des lolos qui deviennent durs comme pierre en hiver, d'autres qui s'affaissent pendant les canicules. Les miens sont toujours impec, ils bougent pas. Tu veux tâter ?"

Carmen et Marco explosent de rire, mais Adriana reste méfiante.

"Je sais pas si ça me plaît, insiste-t-elle. Regarde, elle prend des notes, là, avec son petit calepin.

C'est peut-être une journaliste, non ? ou une fliquette en civil !

— T'inquiète, ma belle, fait Marco. Je connais bien la Griffonne, elle ferait pas de mal à une mouche.

— Elle s'appelle comment ?

— Parce que tu crois que les noms sont vrais ?" rigole Marco, et une nouvelle salve de rires m'évite d'avoir à fournir une réponse.

Il m'a expliqué la chose il y a longtemps : de même qu'une comédienne peut prendre un nom de scène puis des dizaines de noms de personnages, chaque TDS trans a différents prénoms selon qu'il ou elle a changé une ou plusieurs fois de sexe, de pays, d'idée. Chacune a au moins son nom de naissance, son nom de renaissance et son nom de guerre, parfois pour se taquiner les copines s'interpellent par leur lointain nom de garçon… "On peut dire que c'est la forêt des prénoms ici !" m'a dit Marco en rigolant.

Bon, c'est déjà pas mal : après toutes ces années et plusieurs tentatives ratées, j'ai enfin réussi à me mettre en scène parmi mes personnages.

C'est en 2002, il y a dix-sept ans, par une journée de mai comme aujourd'hui, que Francia et Marco ont noué connaissance. Marco venait d'emménager avec sa famille à Boulogne-Billancourt. Au cours de sa séance de jogging ce matin-là, il est tombé sur Francia qui, assise sur son tabouret de camping, le débordant de toutes parts, écoutait *Norma* à la radio tout en piochant des croquettes dans un sac à ses pieds pour nourrir les chats errants. Interloqué pour ne pas dire médusé, il a interrompu son footing pour prendre langue avec elle.

Au début il l'a clairement prise pour une femme, et elle l'a tout aussi clairement pris pour un client.

"Verdi ?

— Pourquoi vendredi, *mi amor* ? Pourquoi pas tout de suite ?

— Pardon, c'est bien *Norma* ?

— Non, non, je m'appelle Magda, *mi amor*. Mais on peut m'appeler comme on veut, du moment qu'on paie."

Ils sourient.

Petit silence, puis Marco relance. "Vous avez un chat ?

— Oui, mais loin.

— Chez vous ?

— Chez moi.

— C'est-à-dire ?

— À Girardot, en Colombie. Ça fait à peu près huit mille kilomètres, mais je le verrai tout à l'heure !

— Ah bon ?

— Oui, avec ma *mamá* on se fait un petit Skype tous les dimanches.

— Moi aussi j'avais un chat, dit Marco, en lui offrant une cigarette et du feu. Une chatte, plutôt. Perle, elle s'appelait.

— Ça alors ! Le mien c'est Topaz ! Et vous ?

— Marco.

— *Encantada*, Marco.

— *Encantado*, Magda.

— Vous êtes italien ?

— Non, ma mère avait juste une passion pour Venise."

Un moment, incertains, ils fument ensemble en silence.

"Pas évident de nourrir Topaz par Skype, reprend Marco.

— T'as raison, mais… en nourrissant les autres, je le nourris lui aussi, tu comprends ?

— Oui."

Le silence revient. Décidément, ce client, il est lent et collant comme de l'*aguapanela*. Francia s'étonne de ne pas avoir envie de le chasser.

"Calme, ce matin, fait-il.

— Beaucoup trop calme.

— Si jamais vous voulez vous changer les idées, passez prendre le thé en fin d'après-midi. On habite tout près, ma femme et moi, on se ferait une joie de vous recevoir."

Et Francia d'acquiescer.

L'appartement n'est pas grand mais ses fenêtres donnent sur des arbres et pour elle c'est tout ce qui compte. Les présentations fusent : Marco est animateur culturel à la ville de Paris, Ariane travaille comme représentante pour une grande maison d'édition. Ne sachant pas en quoi peuvent consister ces activités, Francia s'exclame : "Franchement, il y a des métiers plus bizarres que pute !" Tous trois éclatent de rire et la glace est brisée.

Peu après, leur fille Léonora vient les rejoindre au salon. Adolescente à la fois taciturne et attentive, presque aux aguets, elle écoute tout mais s'abstient de participer à la conversation et ne mange rien non plus. Léo est la petite dernière, apprend Francia, ses frères aînés font des études au Quartier latin, où ils habitent des chambres de bonne. Au bout d'un moment, Léonora se dirige vers la porte en regardant sa mère ; Ariane opine du chef et la petite s'éclipse sans un mot.

"On est un peu inquiets, avoue Marco. Depuis que ses grands frères ont quitté la maison à l'automne dernier, elle est de plus en plus silencieuse. Elle ne mange presque rien. Les bouquins, par contre, elle dévore. Tout son temps libre va à la lecture.

— Et vous, Magda ? dit Ariane. Vous avez des enfants ?"

Derechef, Francia rosit de fierté : ils la croient encore femme cis ! "Non, répond-elle. Mais j'ai une petite sœur que j'aime comme si c'était ma propre fille. Vivian, elle s'appelle. Elle a seize ans.

— Comme Léonora.

— C'est compliqué, seize ans", dit Francia, et le couple d'opiner du chef.

Pas mal de temps s'écoulera avant qu'elle ne leur avoue qu'à seize ans, Vivian elle-même est déjà mère.

L'exil peut rendre fou, tous les exilés le savent. Pour éviter la folie, on échafaude dans sa tête un mur entre nos deux mondes. Vivant à Paris France, Francia ne peut se permettre de garder la réalité colombienne constamment présente à l'esprit car pour les Français cette réalité est inimaginable. Elle doit oblitérer de sa conscience les tares de son pays d'origine : non seulement les drames qui défrayent la chronique et font l'objet de séries télévisées, cartels de drogue à l'organigramme aussi sophistiqué que celui du Vatican, kidnappings, assassinats, prostitution forcée de gamines prépubères, guérillas abattant froidement les enfants de leurs ennemis, prisonniers torturés, femmes enceintes éventrées – mais aussi, plus modestement, la vie quotidienne de millions de gens dans la misère, la vie sans eau courante ni électricité ni évacuation des eaux usées, toutes les manières dont le corps pauvre est déformé, membres manquants, ventres distendus, dos cassés, visages schlagués… Oui il y a de nombreux mutilés à Girardot : hommes ayant travaillé dans les bateaux ou cherché à s'en échapper, paysannes estropiées par des mines antipersonnel… Si Francia devait garder tous ces souvenirs actifs dans son esprit, elle serait incapable d'avoir de l'empathie pour les Français – bouleversés, eux, par une tracasserie administrative, un début d'arthrose au genou gauche, la voiture à remplacer l'année prochaine ou le prix des chaussettes et du chocolat.

Et le pire, c'est qu'elle ne peut effacer les ombres de la Colombie sans en perdre aussi les lumières : l'accueil, la chaleur, les mets délicieux, la soupe rassurante, sa *mamá* en train de préparer les *arepas* comme si elle les berçait, les passant prestement d'une main à l'autre en tapotant, "assieds-toi, mange", la gentillesse, la spontanéité, tout le côté truculent et sexy de la vie quotidienne, tambours, guitares, dents qui brillent, yeux qui pétillent, habits et hanches qui se balancent, corps en chair qui bougent, murs bariolés – rouge vif, violet, gentiane et bleu, bleu bleu bleu bleu le bleu de la mer et du ciel – pour ne rien dire de l'exaltation qu'il y a à vivre, comme à Bogotá, sur un plateau serti au flanc d'une haute montagne, avec de la verdure tout autour et la tête dans les nuages !

Alors on construit le mur et, tant qu'on est avec les autres, ça marche. Mais dès qu'on se retrouve seule le mur se craquelle et se fissure, s'effondre même, parfois, comme dans le rêve de Francia ce matin : tout se mélange et c'est atroce.

Sans sa dose quotidienne de *weed* pour flouter les contours, jamais elle n'aurait tenu le coup vingt ans à Paris France. Pas même un an.

Même si Francia aurait du mal à dire en quoi ils sont différents, Marco et Ariane ne ressemblent pas à la plupart des Français. Une semaine après ce premier thé, ils l'invitent à déjeuner. Un mois plus tard, à dîner. Petit à petit, en leur présence, elle sent le mur dans sa tête devenir poreux. Pour Noël ils l'invitent à voir avec eux le *Simon Boccanegra* de Verdi à l'opéra Bastille, et leur amitié est scellée pour toujours. Elle n'est plus Magda pour eux mais Francia.

À mesure qu'elle s'intègre à la famille, c'est avec une inquiétude croissante que Francia observe le comportement de Léonora. Elle se demande pourquoi c'est justement au moment où ses grands frères ont quitté la maison que la jeune fille s'est mise à remplacer les repas par des livres. "Qu'en penses-tu, Griffonne ? me demande-t-elle. On devient pas muette et squelettique comme ça par hasard.
— Je suis d'accord, acquiescé-je. Il y a anguille sous roche. La même anguille et la même roche que d'habitude, sans doute. En tant que roche victime d'une anguille, j'en connais un bout…"
Et Francia de pousser un soupir.

Enfin un timide rayon de soleil : on dirait que le temps songe à se mettre au beau. Qui sait ? Les clients viendront peut-être et la journée ne sera pas complètement foutue.

3

## Source

Parce que c'est possible. Parce qu'il a un corps, et un vélo. Parce que, ses parents étant partis à Longchamp – ouverture des portes à midi, première course à treize heures vingt-trois, dix courses au programme de la journée, une toutes les trente minutes environ –, le temps est libre et discret. Personne ne saura de quelle manière Ernest l'a occupé. Personne ne le dénoncera s'il ne s'en sert pas pour plancher, comme prévu et promis, en vue de repasser l'épreuve de l'entrée en khâgne-EC à Janson.

Michel Leiris, lui, après avoir réussi ses examens, a été chassé du lycée pour des raisons disciplinaires. (Ernest aimerait bien savoir lesquelles, peut-être l'écrivain en parle-t-il dans *L'Âge d'homme* ?) À Vidal ensuite, il a raté la deuxième partie du bac, a dû le repasser et l'a eu de justesse... Après quoi, de longues années durant, il s'est dissipé à Montmartre dans le jazz, le whisky et les chanteuses noires. Ernest est convaincu que celles-ci ont fait plus pour son talent littéraire que le lycée Janson-de-Sailly.

En plus d'être son voisin, Leiris est son idole et son frère. (Ah ! si seulement il avait eu un frère !) Alors qu'Ernest et ses parents habitent rue de la Source, les Leiris ont vécu d'abord rue d'Auteuil puis rue Michel-Ange. En fait Michel aurait dû s'appeler Micheline. Sa mère voulait désespérément une fille pour remplacer sa première-née, morte en bas âge. Et la mère d'Ernest… aurait-elle préféré l'appeler Ernestine ? Ses parents ont-ils perdu eux aussi un nourrisson avant de le concevoir, lui ? Comment savoir ?

Ernest est persuadé que s'il est enfant unique, c'est qu'il a suffi d'un seul coït pour que sa mère se retrouve enceinte. Chez eux : chape de silence sur tout ce qui touche au corps. Aussi loin que remontent ses souvenirs, ses parents font chambre à part dans leur élégant appartement au premier étage d'un immeuble en pierre de taille blonde, semblable aux autres et collé aux autres, derrière de hautes grilles et des portes blindées.

À Auteuil, le bel étage avec balcon est le deuxième, du coup les habitants du premier se retrouvent physiquement dans l'ombre et psychiquement écrasés par la richesse de leurs voisins du dessus. Les Leiris habitaient-ils eux aussi un premier étage ? Y a-t-il plus déprimant, plus propice au suicide, que d'habiter le premier étage d'un immeuble à Auteuil, avec vue sur le premier étage de l'immeuble en face ?

Autre trait distinctif de la vie rue de la Source : au-dehors comme en dedans, elle est statique. Au-dehors : ni café ni kiosque ni bar ni épicerie ni boulangerie ni boucherie, car le commerce est vulgaire n'est-ce pas, il vous met en contact avec des inconnus, source de désordre voire de maladie ; les courses sont effectuées sur internet et livrées par des personnes de couleur aussi mutiques qu'invisibles. En dedans : trois solitudes qui se côtoient. Pendant les repas le silence règne car il est mal poli de parler la bouche pleine ; le reste du temps on lit des livres ou le journal sans se parler davantage.

En fait le *com-* de commerce et le *con-* de conversation ont la même racine : tous deux veulent dire *avec*, source de tous les dangers. C'est pourquoi les parents d'Ernest ont été scandalisés quand la mairie de Paris a fait construire à côté de l'hippodrome un centre d'hébergement d'urgence pour les sans-abri… et, l'année d'après, deuxième camouflet, un centre d'hébergement pour demandeurs d'asile et réfugiés. "Non mais elle se moque du monde, cette mairie de gauche ! s'est écrié le père. Elle nous fourgue tout le rebut de la planète !" Cela étant dit, nul besoin de laïusser. Toujours-déjà d'accord, les parents d'Ernest ont vite fait le tour de la question et se sont tus à nouveau.

Aucun éclat de voix chez les E. Aucun cri de plaisir non plus. Trois silences conjugués.

Architecte, M. E. travaille pour l'État et part souvent en Afrique. Il s'enorgueillit d'avoir construit des hôtels dans cinq pays différents du Continent noir, mais cela ne se passe plus très bien ces derniers temps. Au moment de prendre leur indépendance dans les années 1960, tous ces pays ont emprunté de l'argent à la France ; or ils n'arrivent même pas à rembourser les intérêts sur ces emprunts, sans parler du principal. Chaque fois qu'il aborde ce thème à table, M. E. est submergé par la colère mais cette émotion s'exprime de façon toute catholique : il s'empourpre et s'étrangle. Ernest voit presque sa cravate se transformer en rabat, son col blanchir, s'arrondir et venir s'appuyer contre sa jugulaire. Mme E. lui dit alors de boire un peu d'eau et de prendre trois grandes respirations avant de poursuivre, technique apprise grâce à d'autres dames du quartier, des amies désœuvrées qui, une fois leurs enfants envolés du nid, se sont rabattues sur des cours de yoga pour passer le temps.

Le père André s'empourprait et s'étranglait quand Ernest venait à confesse. À lui aussi on avait visiblement appris, en proie à une émotion forte, à baisser la voix au lieu de l'élever. Ernest pense que ce doit être là une des "causes secrètes" dont parle Leiris dans *L'Afrique fantôme* : *"Le malheur veut que depuis mon enfance, pour des raisons d'éducation catholique et des causes secrètes que je maudis, j'aie toujours été obscurément porté à considérer comme une espèce de honte l'érotisme."* Chaque fois qu'il lit ce passage, Ernest voudrait forcer les mots à devenir images, l'encre, salive dans la bouche de l'auteur, et l'évocation floue, le récit limpide du désastre ayant coupé Leiris de son corps dès sa plus tendre enfance. Leiris a-t-il connu, à la chapelle Sainte-Thérèse, des scènes de confesse semblables aux siennes ? Ernest se dit que c'est plus que probable.

Dès qu'un enfant mâle devient pubère, c'est-à-dire capable de copuler, l'Église lui coupe les couilles. C'est à quoi s'appliquent les trois rites sacrés du catholicisme, les trois *c* : catéchisme, communion, confession. Du moment que tu peux désirer, on t'interdit de le faire. Le curé, lui, ne s'interdit pas grand-chose. Pourquoi porte-t-il une robe ? Serait-il trans, par hasard ? Mais non, car en général les trans apprécient les femmes, alors que lui les redoute. C'est pourquoi il se tourne vers ses nouveaux communiants, ces garçons déroutés par leurs nouvelles sensations physiques… Mais oui, ça tombe sous le sens : le curé revêt une robe pour pouvoir se tripoter en écoutant le récit de leurs péchés. Il ne porte pas de dessous. Le mot "soutane" lui-même veut dire "dessous", c'est bien assez. Étant à poil sous ce dessous, il peut facilement y glisser une main pour s'emparer de son membre. Il s'excite déjà, rien qu'à scruter son petit coupable agenouillé dans le confessionnal. Il est comme au peep-show sauf que c'est lui qui domine, lui qui décide. De l'autre côté de la paroi en bois, le pauvre gamin se tortille en attendant la question. "As-tu eu des pensées impures ?" Ce type… ce type… À travers le grillage doré, ses oreilles te traquent, sa voix rauque et colérique te persécute, ses yeux d'épervier te percent et te violent. À treize ans, tu es là à trembler comme une feuille. Ta voix n'a pas encore mué et aucune barbe ne protège tes joues ; voyant leur pâleur se teinter de rouge, le père André devine ta confusion et jubile. Plus les images sont précises, mieux ça fonctionne, c'est bien connu. Il faut donc demander des détails au petit coupable. Non : pas demander, exiger. Le père André insiste. Il veut savoir. "Tu t'es touché combien de fois ? À l'aide de quelles images ? En pensant à quoi, à qui ? Tu es allé jusqu'au bout ? Tu as souillé ta main, ton drap ? Tu sais qu'est péché même le fait de te réveiller trempé le matin ? Ça veut dire que le diable a pénétré jusqu'aux tréfonds de ton âme, là où les rêves se forment. Des pensées impures sont venues souiller le temple mortel de ton âme immortelle. Ton corps doit donc être purifié par la répétition de mots saints…" Il te fait comprendre que tout cela est très grave, et que mentir peut te conduire en enfer.

   Jamais Ernest n'oubliera ces questions, ni sa nausée à les entendre.

   Dans ce pays, la France, si fier de ses philosophes éclairés et de sa laïcité, on vous balance encore l'histoire d'une vierge enceinte – c'est-à-dire d'une femme qui conçoit, porte et met au monde un enfant sans que son hymen soit déchiré – et d'un homme qui, tout en étant mort, se relève, monte au ciel et ordonne à ceux qui l'aiment de bouffer sa chair et de lamper son sang.

Dans ce pays, la France, si fier de son esprit rationnel et de ses découvertes scientifiques, on vous bassine encore avec des anges et des démons, des âmes immortelles, l'assomption et la géhenne. Le pire, c'est que les adultes vous infligent ces fadaises dès tout petit, quand vous êtes totalement à leur merci. Encore aujourd'hui, le délire païen, le ramassis de superstitions primitives qu'est le catholicisme tient en laisse un pourcentage important de la population française. Ernest trouve cela ahurissant. Comment s'étonner, dès lors, des rites de bizutage SM au lycée Janson-de-Sailly, ou des goûts SM de tant d'écrivains français, de Sade à Duras en passant par Bataille, Genet, Artaud... ?

À dix-huit ans, au terme de son année de bac philo à Janson, Ernest a perdu la foi de façon aussi subite que radicale. Un jeune prof leur ayant fait faire un tour rapide de l'histoire des religions, il lui est devenu évident que, vu le nombre et la variété des salades que les humains se sont racontées au long des millénaires sur les cinq continents, les chances pour que la salade locale corresponde à la vérité sont équivalentes à zéro.

Hélas, c'était trop tard : Ernest avait été marqué au fer rouge. L'Église avait imprimé à son corps-âme une méchante torsion, impossible à redresser. Le désenchantement de l'ado ne guérissait pas les blessures infligées à l'enfant. Rien n'effacerait jamais ces stigmates. Pour autant, à la différence de tant de garçons rendus fous par ce beau quartier, il n'a envie ni d'apprendre à parler fort en roulant les mécaniques, ni de s'improviser gay par compensation. Ce serait trop facile. De quoi a-t-il envie alors ?

Juste de… sentir quelque chose avec son corps. De lui faire, à ce corps, une déclaration d'amitié en quelque sorte. *Salut, vieux frère* (ah ! si seulement il avait eu un frère !), *je t'aime bien, tu sais.* Le convaincre de cette chose toute simple, et pourtant si ardue à reconnaître : que rien n'est de sa faute.

La grande héroïne du 16e arrondissement, patronne par ailleurs de la chapelle où le père André a plongé Ernest E. dans la confusion, c'est sainte Thérèse de Lisieux. Entrée au Carmel à l'âge anormalement jeune de quinze ans grâce à une dispense papale, elle est morte à vingt-quatre de tuberculose. Et voici la moralité de sa brève existence : NE FAIS RIEN. Si tu espères être sacrée docteur de l'Église, adulée par six cent mille visiteurs par an et lue par cinq cents millions de personnes de par le monde (moi la Griffonne j'avoue être un peu jalouse : quoi que j'écrive, les livres de sainte Thérèse se vendront toujours mieux que les miens), contente-toi de dire et de redire ton néant, de t'appuyer sur Dieu, et de mourir jeune.

Telle est la théologie de sainte Thérèse, dite "de la petite voie". Aujourd'hui, Ernest sent que la petite voie est exactement ce qu'il lui faut, et se demande si la grande métisse ne serait pas prête à l'y initier.

Lui et Leiris ont également cela en commun : avoir raté l'épreuve de la virilité.

Alice n'a pas affiché une grosse déception. Elle a été compréhensive, mais pour lui c'était flippant car il était puceau alors qu'elle avait déjà vécu en couple pendant un an et demi. Son compagnon ayant été admis à l'École normale supérieure de Lyon, ils avaient décidé de reprendre leur liberté jusqu'à obtention de leur diplôme respectif, tout en espérant que leur couple tiendrait le coup et qu'ils finiraient par se marier. Alice s'est montrée super gentille, et Ernest la trouvait belle, ce n'était pas le problème, mais tout est allé trop vite. Ça l'a choqué de sentir la langue d'Alice dans sa bouche – oui, tout de go, comme ça, ce même organe qui venait de goûter au vin rouge et aux olives de l'apéritif, et de commenter les résultats des courses à Longchamp, s'est glissé entre ses lèvres. C'était dérangeant. Et tout a été à l'avenant : les mains d'Alice s'affairant au niveau de sa ceinture, luttant pour défaire le bouton puis la fermeture éclair de sa braguette, se glissant dans son slip, tapotant sa non-dureté… Au bord de l'évanouissement, Ernest a deviné la déception de la jeune femme. Elle devait être en train de le comparer à son compagnon et de le trouver nul. Bonne pâte, elle a persisté, se mettant gentiment à genoux… mais là, impossible de chasser l'image des ouailles agenouillées devant l'autel pour recevoir l'Eucharistie, image qui l'a ramolli encore plus. Il a senti poindre non seulement le vertige, mais comme un écho de sa vieille nausée du confessionnal. Depuis sa naissance, sa mère était la seule personne à s'être occupée de ses habits et de son corps… et voilà qu'une autre femme se permettait des gestes, s'arrogeait des libertés… Si la mère d'Ernest pouvait voir ce que lui faisait Alice… Chaque minute était pire que la précédente. Moins il bandait, moins il bandait. La chanson de Brassens a commencé à lui tourner dans la tête… et c'était foutu. Fou-tu.

C'est là qu'il a eu l'idée d'aller voir la belle métisse.

Le bois est somptueux en cette saison, quand les cygnes, oies et canards du lac Inférieur se poursuivent, caquettent et roucoulent, fondent des familles… Oh c'est trop dur, tout ça, se dit-il. Trop bizarre de penser qu'à l'instar des oies du lac, des chevaux de France Galop, des lions du cirque Gruss, et des milliers de chiens qui promènent chaque jour leur propriétaire au bois de Boulogne, nous autres humains sommes en vie à la faveur d'un certain agencement et encouragement des pauvres organes qui nous pendouillent à l'entrejambe. Que nous devons notre existence, non à la décision solennelle d'un dieu omnipotent, mais à un frottement et un giclement. C'est hilarant : aucune société humaine n'a encore réussi à regarder ce simple fait en face ; toutes ont inventé des salades pour le nier.

Chaque fois qu'il est passé à vélo devant la grande métisse et qu'ils ont échangé un sourire, il lui a semblé qu'elle comprenait cela. Son regard est à la fois attentif et léger, ni prédateur ni prédicateur. Ça lui plaît, ça lui plaît vraiment. S'il peut juste... se blottir un quart d'heure contre ce grand corps brun, tout ira mieux. Ce sera chaud et revigorant. Retour à la Source, à la vraie : celle de la vie. Au fond, ce qu'il aimerait faire, c'est danser avec cette femme ! Oui, qu'elle lui apprenne à danser, à rire et à pleurer. Le coït pourrait venir après, ou pas, ce n'est pas si grave. Ce qui est grave c'est qu'à force de se mettre à genoux sur les prie-Dieu, de se tenir droit sur les bancs de l'église et de l'école, de suivre le parcours fléché des garçons de bonne famille habitant Auteuil, on passe à côté de la vie.

La voilà. Par bonheur, elle a l'air disponible. Il adore le regard de cette femme. Elle le reconnaît, c'est sûr.

C'est insensé mais, mon Dieu, il va le faire.

# IV

# Cordes

Pauvre petit, se dit Francia. Ça fait un bon moment qu'il erre dans les parages, nous mate et nous calcule, c'est clair qu'on le fascine. Alors voilà, tant mieux, il a enfin osé sauter le pas. Si on peut m'appeler un pas.

Elle a trouvé ce garçon touchant. Il a juste envie de vivre un peu, mais dans son milieu c'est trop demander. Les Français blancs et riches c'est de vrais *nœuds*, se dit-elle, c'est la règle ! Ils ont le cerveau hypertrophié et le corps figé, débile, immobile. Ils se prennent la tête, ne savent ni qui ils sont ni ce qu'ils veulent ni ce qu'il leur faut, et le désir les tétanise au point qu'ils n'osent plus remuer le petit doigt. Comment font-ils pour s'embrouiller et s'emberlificoter à ce point ?

Sa famille à elle est tout sauf blanche et riche.

Petit, Rubén va pieds nus dans les rues du quartier. Même dans les années 1980, quand l'économie du pays commence à se redresser un peu, pour eux c'est toujours la misère. Ils n'ont même pas de table ! Ils mangent assis par terre, l'assiette de soupe sur les genoux, et il arrive souvent qu'ils aient faim. Chaque fois que le père décroche un contrat, il prend des cuites à la bière avec ses amis et la famille n'a rien à manger pendant deux ou trois jours… à moins qu'une voisine ne leur refile ses fonds de casserole.

Le *papá* a ses habitudes dans un café tout au fond du *mercado central*. Il y passe des heures à jouer au billard français. Quand la *mamita* envoie Rubén l'y chercher, le gamin y va à reculons. Sur le toit des ateliers en face du café s'alignent de grands vautours noirs – trois, cinq, jusqu'à douze. De temps en temps, dans un grand battement d'ailes, ils fondent sur les bouts pourris de poisson ou d'abats qui échappent des poubelles. Ensuite, après avoir tournoyé triomphalement dans les airs, ils reviennent se poser sur le faîte du toit. À la seule pensée de ces charognards, avant même de les voir, le cœur de Rubén se transforme en papillon dont les ailes battent follement contre sa poitrine. Mais les hommes du café l'effrayent encore plus. Son estomac se rétracte dès qu'il capte de loin leur brouhaha : musiques de radio tonitruantes mêlées à de grosses voix d'hommes qui crient et rient, s'époumonent en surenchère, "comment font-ils pour hurler tout le temps ?". En fait ils ne sont pas en colère, ils s'amusent seulement, l'esprit de Rubén le sait, c'est son corps qui se cabre et se bloque. Le père ne sera pas content de le voir arriver, il a honte de lui. Au lieu de gueuler et de jurer pour développer sa voix d'homme, Rubén se glisse toujours tout contre son *papá* et lui murmure le message de la *mamita* à l'oreille.

Un jour le père en a marre. Voyant arriver son fils, il décide tout bonnement de l'ignorer, de commander une autre bière comme si de rien n'était. Il fait signe à la serveuse replète, qui se fraye un chemin entre les tables bondées en portant haut dans les airs un plateau de verres et de bouteilles. Quand elle arrive à sa hauteur, le père lui caresse ostentatoirement les fesses et elle écarte sa main d'un mouvement brusque et excitant des hanches. Les autres clients la charrient : "T'as raison, faut faire gaffe à ce beau nègre ! On connaît la réputation des gars de la côte nord ! Ah, c'est pas une mince affaire, le membre de ces hommes-là ! Ados, ils l'ont si grosse que toutes les femmes se sauvent ! Même les putes refusent de les dépuceler ! Les pauvres gamins doivent demander ce service à une ânesse !" Les hommes du café hurlent de rire et le père se met en colère, il les traite de jaloux, il les traite de bande de petites bites, ça finit par dégénérer en bagarre et Rubén rentre à la maison bredouille, bouleversé…

Chaque fois que le père est exaspéré au point de chasser Rubén de la maison, la *mamita* le conduit chez sa mère à elle, une petite vieille de cinquante ans, toute maigre et brune, au visage ridé comme une vieille pomme.

Quand la *mamita* a appris que, là-haut dans son Guajira natal, son papa venait de mourir, elle a remué ciel et terre pour que l'*abuela* puisse venir les rejoindre à Girardot. Le père, lui, était contre : il trouvait les femmes wayúu trop fortes, trop fières – et, même si leur maison n'était qu'une masure croulante, il avait besoin d'en être le roi. Taraudé par la *mamá*, il a fini par se résigner à la venue de l'*abuela*, mais en opposant au moins son veto à ce qu'elle habite sous son toit, alors la *mamita* lui a trouvé une minuscule bicoque à trois ruelles de chez eux.

Pas d'homme chez l'*abuelita* : la vie y est paisible. Les assiettes ne volent pas, les chaises ne se brisent pas et les objets, au lieu de vous sauter subrepticement à la figure, restent propres et calmes à leur place.

À la différence des parents, l'*abuela* n'est pas tout le temps débordée. Elle fait sentir à Rubén que le temps s'étend devant et autour d'eux, aussi infini que son amour, un fil de couleur que l'on peut suivre jusqu'à l'horizon. Elle lui chante des chansons et, même s'il ne comprend que vaguement le wayuunaiki, ses chants dessinent dans les airs bleus de son esprit un monde de chimères : serpents à tête de femme, poissons à pattes de lion, *zambas* et griffonnes. Toutes ces formes flottent, s'échangent et s'interpénètrent, les créatures des eaux peuvent apprendre à voler et la marche est un entraînement pour la danse.

Avant de se mettre au lit, l'*abuela* défait ses tresses et laisse Rubén lui peigner les cheveux, incroyablement lisses, longs et raides par contraste avec les boucles souples ou serrées de ses *hermanitas*. Les mouvements droits et réguliers du peigne préparent son corps pour le sommeil.

L'*abuela* a accroché un petit hamac près du grand lit où elle-même dort. Le plus souvent Rubén y passe des nuits calmes mais quand il fait des cauchemars elle le réveille et lui demande de les lui raconter. Tantôt il est crocodile et les garçons de l'école lui grimpent sur le dos, tantôt il est bille de billard et le *papá* le fait valdinguer avec sa queue. L'*abuela* l'écoute en hochant la tête sans répondre, puis elle le conduit jusqu'à l'évier de la cuisine et lui asperge tout le corps d'eau froide. "Ça va chasser les mauvais esprits, *mi amor*", dit-elle. Le matin, tout en préparant l'*aguapanela*, elle revient sur ses mauvais rêves : "C'est drôle, ça ! Tu étais crocodile, bille de billard, ça veut dire quoi ? Souvent nos rêves sont plus réels que le réel…"

C'est une magicienne du tissage. Elle lui dit que les Wayúu, un des rares peuples autochtones que les Espagnols n'ont jamais réussi à soumettre, sont une ethnie matrilinéaire, et que la *susu*, ce sac que tissent les femmes de la tribu, est justement sacrée parce qu'elle figure le ventre maternel. Le fond en bois est le nombril de la femme, lui explique-t-elle, le tour du sac son corps, et l'anse, ses bras et ses jambes.

Tout en travaillant, l'*abuela* montre à Rubén les différents *kaanas* ou motifs. "On fait toujours une spirale sur le fond de la *susu* pour la création de la vie… et on y ajoute des motifs qui parlent du soleil, des étoiles et du ciel. Pour le corps du sac, chaque femme trouve le *kaana* qui raconte son chemin, en puisant l'inspiration dans ses rêves."

Fasciné, le garçon suit des yeux les mouvements rythmiques des mains de l'*abuela* qui tordent les fils de couleur, les enroulent autour de son index gauche et les tirent à travers le tissu avec un crochet.

"Tu vois, comme ça, et la couleur rouge c'est important, car l'oiseau de notre ethnie c'est El Cardenal Guajiro. Il est tout rouge parce que quand les jumeaux ont fait tomber les dents du vagin de

Wolunka, elle a saigné dans la rivière et l'oiseau a plongé dedans…"

Même s'il n'est pas toujours certain de suivre, l'enfant écoute son *abuela* avec ferveur. Rien ne presse. Il sait que le fil narratif de ses histoires est tout en méandres, comme le fil de coton que tire son crochet. Tôt ou tard, les phrases de l'*abuela* finiront par revenir, comme les motifs de ses tissages. D'ailleurs un jour elle lui explique que dans leurs tissages et coutures les femmes autochtones ne croisent jamais : pour elles, la croix est néfaste ! Au moment de l'invasion des étrangers, elles étaient torses nus mais tatouées. Et quand les Espagnols les ont obligées à se couvrir, elles ont trouvé une technique astucieuse, superposant des couches de tissu de sorte que les motifs des tatouages réapparaissent, en négatif et en positif !

Pas de plancher chez l'*abuela*, mais un fauteuil à bascule. En fin de journée, quand il n'y a plus assez de lumière pour travailler, elle s'y installe et commence à se balancer doucement. Grimpant alors sur ses genoux (ou, plus tard, se lovant à ses pieds), Rubén ferme les yeux et elle fait danser derrière ses paupières des personnages merveilleux. Quand elle lui raconte les quatre cents coups de Tio Conejo, l'Oncle Lapin, il rit, il rit, parfois aux larmes, et l'*abuela* est ravie.

À mesure qu'il grandit, les histoires deviennent plus sérieuses : il y a celle du vent sacré qui souffle sur les terres arides de la Guajira… celle de Francisco El Hombre qui a vaincu Satan lui-même dans una *piquería* ou concours de chansons vallenato… celle de Saul Montenegro qui, ne voulant pas qu'on le surprenne en train d'épier les femmes qui se baignent nues dans le fleuve, demande l'aide d'une sorcière. La sorcière lui donne deux potions : une rouge pour se transformer en crocodile, et une blanche pour redevenir homme. Pendant quelque temps tout marche comme sur des roulettes : homme chez lui, Saul devient crocodile près du fleuve, libre d'admirer la beauté des baigneuses sans les déranger. Mais un jour quelqu'un renverse par maladresse le flacon de potion blanche ; seulement un peu du liquide lui éclabousse la tête et le reste se renverse sur le sol, alors sa tête redevient humaine mais son corps reste celui d'un crocodile...

L'histoire que Rubén préfère entre toutes est celle du beau chasseur Irunúu. En chevauchant un jour dans la forêt, il voit une petite fille sale qui joue par terre avec des fourmis en poussant des gloussements. Il la ramène chez lui et demande à ses sœurs de lui apprendre les façons de faire des femmes wayúu. Les sœurs prennent la fillette en détestation et ne lui donnent rien à manger, mais Irunúu en revenant chaque soir de la chasse partage ses repas avec elle.

Au fil des mois, de superbes objets tissés commencent à apparaître çà et là dans la maison : hamacs, ceintures, *mochilas*... D'où peuvent-ils bien provenir ? Un jour Irunúu surprend la fillette à un moment où elle a pris la forme d'une belle jeune femme ; des fils lui sortent de la bouche et elle les tisse à toute vitesse. Se rendant compte qu'elle n'est autre que l'araignée mystique Walekerü, il tombe aussitôt amoureux d'elle. Walekerü lui fait promettre de ne pas trahir son secret.

Rubén est toujours angoissé à ce moment de l'histoire. Il ne veut pas entendre l'épisode suivant où, s'étant laissé entraîner dans une soirée par de mauvais esprits, Irunúu s'enivre et finit par révéler le secret de la femme qu'il aime. Quand il rentre à la maison, ses sœurs ont été transformées en chauves-souris et Walekerü, redevenue araignée, s'est enfuie dans la montagne. Le chasseur rassemble tous les beaux objets qu'elle a tissés et les envoie à une artisane pour qu'elle en transmette les techniques aux autres femmes wayúu.

"C'est ainsi, dit l'*abuela*, que Walekerü est devenue la mère du tissage pour le peuple wayúu. Depuis, toutes les femmes apprennent l'art du crochet à leurs filles et leurs petites-filles… mais, vu que *mis nietas* ne s'y intéressent pas, ce sera toi *mi nieta*, Rubencito, tu veux bien ?"

Et Rubén est plus que d'accord.

Le pouvoir magique des *susus* s'imprime en lui.

Un matin, alors que la *mamita* rentre d'une course et gravit les marches du perron, le *papá*, pris d'ivresse, lui met la main aux fesses devant les enfants. Agacée, elle se retourne et le frappe avec sa *susu*. Le fond en bois du sac l'atteint à l'entrejambe. Il tombe par terre en se tordant de douleur, et un arc de mots-vomissures jaillit de sa bouche et éclabousse la *mamita*. De longues semaines s'écouleront avant qu'il ne lui pardonne : à ses yeux, être blessé par une *mochila* est un crime de lèse-majesté… Et maintenant Rubén comprend.

Pour noyer les bruits du passé dans sa tête, Francia sort son téléphone rose bonbon et s'accroche aux rythmes chaloupants de *Tolú*, le porro que Bermúdez a composé pour la guitare. Extraordinaire, le travail des doigts, leur façon de piquer, de pincer et de frôler les cordes, tout comme les fils colorés que son *abuela* piquait et portait avec le crochet ou roulait autour de ses doigts. Il lui a toujours semblé que, se reprenant dans les cordes, harmonies de couleur ou de son, riffs de musique ou pans de tissu, ça faisait le même sens.

Elle a la dalle. Sans être mauvaises, les *empanadas* du boulevard de Clichy sont loin d'être aussi nourrissantes que les *arepas* de sa *mamá*. C'est le moment de sortir un joint, là. Une myriade de serpents étincelants se glissent dans ses terminaisons nerveuses pour les assouplir, les transformer en cordes de guitare qui se mettent à vibrer en syncope… La drogue la transporte. Ahhhhh ce que ça fait du bien…

Merci, *abuela*.

Depuis longtemps elle emploie le mot *"abuela"* pour la *weed* aussi, car ses feuilles précieuses lui apportent la même plénitude et le même sentiment de sécurité qu'elle a découverts, petit, chez la *mamá de su mamá*.

Elle met de côté la deuxième moitié du joint pour plus tard.

# 4

# Science

Brendan n'a presque plus rien en commun avec Gwenaëlle. Sur la ligne 7, une seule station de métro les sépare – lui est à Jussieu, elle à Sully-Morland –, mais ces stations se trouvent de part et d'autre de la Seine et ça change tout. À la Rive droite, l'Église et la monarchie, Brendan préfère la Rive gauche, la science et la République. À Saint-Paul, Saint-Antoine, Saint-Gilles, Henri-IV, Massillon, Temple, et Sainte-Croix-de-la-Bretonnerie (qui, tous, puent l'Ancien Régime), il préfère Jussieu, Cuvier, Monge, Censier-Daubenton, Linné, Quatrefages et Buffon (tous hommes des Lumières).

C'est fou à quel point on peut ne pas s'entendre entre frère et sœur. Même s'ils partagent un fort pourcentage de leurs chromosomes, même s'ils ont grandi auprès des mêmes parents dans le même village breton, et fréquenté la même église et les mêmes écoles tout au long de leur enfance… ils pourraient aussi bien provenir de deux planètes différentes. Alors qu'en ce moment ils se croisent presque chaque jour pour suivre l'agonie de leur mère à l'hôpital de la Salpêtrière, ils n'ont rien à se dire. (La mort du père est survenue il y a vingt ans et ils n'y ont pas assisté : alcool au volant, tournant raté dans la nuit noire, arbre, finito, encore heureux qu'il ait été la seule victime de sa conduite irresponsable.)

Brendan sait que d'après Gwenaëlle il ne comprend rien à la vie car il rejette le mariage, l'enfantement, tout ce qu'elle appelle "le lien". Et c'est vrai : depuis longtemps il a fait sienne la boutade de Kundera selon laquelle *les liens, ça ligote.* (Il ne dit pas à sa sœur qu'aux liens il préfère le fouet ; elle tomberait en apoplexie et il devrait alors rendre visite à *deux* parentes malades au lieu d'une seule, quel enfer !)

S'il n'aime pas les enfants, c'est pour la bonne raison qu'il chérit l'intelligence et qu'il trouve les enfants bêtes. La reproduction est une fonction animale, et c'est précisément parce qu'il est conscient de la nature animale des humains qu'il tient à rendre toute son existence accessible à la pensée. Oui, nous autres humains sommes des animaux, mais des animaux spéciaux, en raison de notre grand cerveau et des merveilles scientifiques par lui engendrées. Or, parmi ces merveilles figure justement la contraception, qui nous permet (depuis des siècles, mais dernièrement de façon plus démocratique) de copuler sans concevoir, donc de contenir la bêtise humaine et d'en limiter les dégâts.

*Séparer*, se dit Brendan B., est notre gloire. Singulièrement la gloire des hommes de science comme moi.

Leur mère est allongée là, sous leurs yeux. Ils la regardent mais elle ne les regarde pas. Paupières ouvertes sur ses globes oculaires révulsés, elle est dans le coma. Elle est branchée sur plusieurs machines, dont chacune incarne (ou plutôt désincarne, mécanise) un de ses organes défaillants : cœur, poumons, reins… Là où Brendan observe calmement le processus, Gwenaëlle pleure et prie.

Brendan tolère mal cette incohérence. Si elle croit en Dieu, à quoi bon confier leur mère à la médecine ? Si Dieu décide de tout, pourquoi ne pas se contenter de Le prier ? Sa sœur accepte l'aide que peut leur fournir cette technologie fabuleuse, dont la mise en place a mobilisé, des décennies durant, les efforts de centaines de scientifiques dévoués, patients, sérieux, savants, attentifs au réel... et, alors même que ces inventions géniales permettent à leur mère de s'accrocher encore à un mince filet de vie, Gwenaëlle ferme les yeux, joint les mains et remercie Jésus-Christ.

L'autre jour, alors qu'elle le bassinait pour la énième fois sur l'importance d'avoir des enfants, et lui reprochait d'attrister leur mère en n'en ayant pas (car, Gwenaëlle elle-même ayant pris le patronyme de son époux, après Brendan il n'y aurait plus personne pour porter le nom de leur père, comme si ce nom était un héritage royal, un château en Espagne, et non un pauvre vocable approximatif à peine sorti de l'oralité, glissant de spermatozoïde triste en spermatozoïde triste à travers des générations de brouillard breton, tant d'existences désolantes à traîner dans la boue, la bouse et la bière, la ronde des superstitions et des *komererezh* jusqu'à ce que mort s'ensuive), Brendan a explosé : "Mais j'en ai marre ! Il s'est reproduit, peut-être, ton Jésus-Christ ? T'as déjà regardé ce qu'il avait, lui, entre les cuisses ? Hein ? Et ce qu'il en a fait ? Non ? Tu prétends aimer cet homme et tu ne lui scrutes même pas le scrotum ? Mais regarde, ma sœur, regarde ! On aurait beau attraper une loupe, l'approcher au plus près du périzonium, ce tissu transparent qui lui ceint les reins, à l'entrejambe on ne lui voit que dalle. Il a oualou en matière de zizi, le Christ ! Zou de zob ! Pour une statue de Michel-Ange qui lui en prête (et n'oublions pas qu'étant gay,

Buonarroti était peut-être juste en manque ce jour-là), il existe des milliers de tableaux et de sculptures qui le représentent sans ambiguïté en eunuque. On prétend qu'il est Dieu fait homme ? Franchement, c'est quoi un homme sans couilles ? C'est quoi un homme qui ignore tout de l'érection, de la bandaison, de la pénétration et de l'éjaculation, sans même parler de la fécondation ? Enfanteau dans les bras de la Vierge, il avait pourtant tout ce qu'il lui fallait à cet endroit ! La question devient donc : *à quel moment l'a-t-on châtré ?* Mystère et boule de gomme."

Depuis longtemps, Brendan a décidé de s'amuser de la connerie humaine plutôt que de s'en morfondre. Dans toute l'Histoire, il n'y a eu qu'une poignée d'esprits assez lucides pour comprendre et dire la vérité de notre existence sur Terre : Lucrèce, Bouddha, Darwin, Jack London, Henri Laborit… et lui-même, Brendan B. Il est à peu près inimaginable que ce type d'esprit se développe dans un corps femelle : programmé pour entonner la ritournelle de l'engendrement, les femmes n'ont d'autre choix que de chercher un sens à la vie… et d'en trouver. Jamais Gwenaëlle n'abandonnera ses croyances : sans elles, son monde s'effondrerait. Mais, même si Brendan a zéro espoir de lui faire entendre raison, il ne peut s'empêcher de revenir à la charge.

"Tu connais l'histoire de cet établissement ? lui a-t-il demandé l'autre jour.

— Parfaitement, monsieur le professeur, lui a-t-elle répondu avec un soupir d'agacement. J'ai tout de même fait trois années de psycho, merci. Je sais que la Salpêtrière était le plus haut lieu de l'enseignement de la neurologie en France, que le Dr Jean-Martin Charcot y a prodigué ses célèbres cours sur l'hystérie, que, venu de Vienne, un jeune étudiant en médecine du nom de Sigmund Freud a assisté à ces cours et échafaudé grâce à eux les premiers schémas de sa théorie psychanalytique. Il m'est même arrivé, figure-toi, de feuilleter l'*Iconographie photographique de la Salpêtrière*, avec ses étonnantes photos des belles jeunes hystériques, le corps tendu comme un arc, les membres figés…

— Mais avant ? a dit Brendan en la coupant. Savais-tu que sous l'Ancien Régime, au XVIIIe siècle, la Salpêtrière était un asile où on enfermait non seulement les malades mentaux mais aussi toute la lie de la société parisienne : indigents, clochards éthyliques, basses putains ? Autant dire une cour des miracles, un capharnaüm ?

— Non, ça je l'ignorais, a reconnu Gwenaëlle. Mais je sais que je peux toujours compter sur toi, frérot, pour me révéler les côtés les plus sordides de l'existence.

— Et encore avant ! a insisté Brendan, impitoyable. Savais-tu qu'à la fin du XVIIe, on enfermait ici les bonnes sœurs aux extases excessives, comme Louise du Néant ?

— Louise de quoi ?

— Louise du Néant, bonne sœur de l'ordre de l'Union chrétienne de Charonne. C'est ici même qu'elle a été séquestrée, car le jésuite Jean Maillard l'estimait insatiable d'abjections. J'ai trouvé ça chez un bouquiniste ! a-t-il ajouté en tirant de sa serviette un volume presque en miettes et en pointant un passage de son index. « *Ses douleurs font ses délices*, disait Maillard, *et son labeur ascétique prend la forme d'une furie d'autodestruction. Elle veut faire la discipline tous les jours : prendre lundi son cilice, sa corde et sa mentonnière, mardi la ceinture d'acier et mercredi la haire, jeudi la corde et la mentonnière, vendredi la couronne de fer. Par ailleurs, elle demande la permission de manger de l'ordure ou de la vermine, de sucer des ulcères et de se brûler les bras avec de la cire d'Espagne.* » Maillard ajoute qu'elle fait aussi d'autres mortifications que la crainte de blesser la délicatesse de son lecteur l'empêche de dire, on devine sans mal lesquelles."

Au fond, Brendan comprend le goût pour l'abjection de cette Louise ; il le partage, même, à certains moments bien délimités de son existence. Gwenaëlle, elle, en a été scandalisée. "Arrête ! s'est-elle écriée. Je ne te laisserai pas m'imposer tes lectures perverses, c'est malvenu et totalement inapproprié. Nous sommes là pour soigner notre mère !"

Souriant, Brendan s'est tu.

Une fois, une seule, Gwenaëlle a accepté de l'accompagner au Muséum d'histoire naturelle tout près. C'était à la fin d'une visite pénible au cours de laquelle leur mère les avait agonis d'injures, réveillant en quelques minutes tous les blasphèmes et obscénités qu'elle avait refoulés sa vie durant. En sortant, secouée, Gwenaëlle s'est dit qu'une visite de musée lui ferait du bien. Brendan s'est fait fort de payer son entrée (passant sous silence le fait que lui-même bénéficiait de la gratuité en tant que prof à la Sorbonne).

Dans un premier temps, découvrant sous la haute verrière du toit les énormes squelettes de dinosaures et de baleines, elle a été épatée. "Fantastique ! Prodigieux ! Quelle variété de formes ! Dis donc, Il a tout de même une sacrée imagination, le bon Dieu !"

Mais peu après, en étudiant le contenu des vitrines, elle est retombée dans le silence, choquée de voir des squelettes et organes d'êtres humains juxtaposés en vrac dans les vitrines avec ceux des animaux ou flottant de la même manière dans le formol. Chaque corps était fendu, aplati et collé contre la paroi du bocal de façon à rendre visibles un maximum d'organes. Parfois la tête était encore attachée au torse, yeux fermés ou ouverts, bouche étirée en un rictus de douleur. Impossible de réfréner un élan d'empathie pour ces pauvres créatures, mortes depuis un siècle et demi.

Dans d'autres présentoirs, toutes les parties du corps étaient individuellement préservées et étiquetées. Il suffisait de regarder pour comprendre : oui, ces organes et ces os étaient bel et bien les nôtres. Les hommes de science pouvaient nous aplatir comme des lézards, nous transpercer comme des papillons, nous photographier, nous analyser et nous étiqueter, endommager certains de nos organes et en réparer d'autres. Et voici les questions que posait implicitement l'installation muséale : *Pour quelle raison un Dieu, bon ou méchant, aurait-Il subrepticement glissé une âme dans certaines de ses créatures et non dans d'autres ? Dans quelle partie du corps l'y aurait-Il glissée ? de quelle manière ? et à quel moment ?*

Brendan s'est contenté d'avancer en silence aux côtés de sa sœur, mais il savait que celle-ci pestait intérieurement de se retrouver ainsi plongée dans son univers à lui, qui, sans fanfare mais sans appel, réfutait le sien à elle.

"Et le sacré, tu en fais quoi ? lui a-t-elle susurré. Toutes les sociétés humaines en ont reconnu l'importance. Il n'y a que vous autres scientifiques modernes pour prétendre vous en passer. Vous tuez, décortiquez, posez des étiquettes, et vous annoncez : *That's all, folks!* C'est bien ça ?

— Le sacré, ma chère sœur, a répondu Brendan, c'est ce que chaque société définit comme sacré en le séparant du reste, en l'élevant et en se prosternant devant. Voilà.

— Donc tu crois quand même qu'il reste un Mystère ?

— Et combien ! Voir baigner dans le formol un cerveau humain, de la même taille qu'un cerveau d'orang-outan, et se dire que des volutes de celui-là ont surgi poésie et torture, musique et meurtre, grandes peintures et grandes guerres, toute la panoplie des talents et des vices de notre espèce, c'est sans discussion possible un mystère abyssal !"

Depuis cette visite du Muséum, ses relations avec Gwenaëlle étaient devenues plus glaciales encore. Là, quand ils se séparent, au lieu de lui tendre les deux joues pour qu'il les bise, elle le salue sèchement d'un hochement de tête. Brendan la sait terrorisée par la mort imminente de leur mère… Mais pourquoi ? se demande-t-il, derechef. Selon son propre système de croyances, en quoi cette vieille femme est-elle à plaindre ? Si Dieu décide de la rappeler à Lui, elle ira au paradis, non ? Où est le problème ?

Mais il s'abstient de poser ces questions à voix haute, ne voulant pas vexer sa sœur davantage.

Constatant déjà un bon début d'érection en sortant de l'hôpital, il se dirige vers l'entrée du métro. Porte-d'Auteuil est à une quarantaine de minutes à peine, directe par la ligne 10. C'est devenu une routine : à la veille de toutes ses visites à la Salpêtrière, il envoie un SMS à Magda et prend rendez-vous pour le lendemain. Il sait qu'il peut compter sur elle. Voilà une décennie qu'il va chez la même, cette Latina qui, à l'opposé de Jésus l'eunuque, semble avoir tous les sexes. Elle n'a rien à voir non plus avec les étudiantes anorexiques qui assistent aux cours de Brendan à la fac et fantasment sur lui en train de les violer pour pouvoir le traîner ensuite devant le tribunal de #MeToo. Ben non, pas de chance, les nénettes ! Jamais un regard ni un geste déplacé de la part du professeur B. Si elles savaient à quel point, sportives et saines, féministement endoctrinées et psychologiquement coachées, il les trouve débandantes ! Avec Magda, au contraire, tout roule : étant mec, elle comprend la mécanique. (Brendan sourit du joli calembour que son cerveau vient de lui servir : le bois de Boulogne est effectivement une *Mecque à niques*.)

Tout comme la dialyse pour le rein, l'assistance cardiaque pour le cœur, et même, quand on y pense, la religion pour l'âme, la prestation de Magda est impeccablement calibrée pour son plaisir. Posez le professeur Brendan B. devant un corps avec ces protubérances-là et il bande, ça marche. Fouettez-le, insultez-le, pénétrez-le en le traitant de tous les noms, et c'est bon, il gicle. Il peut rentrer chez lui serein et concentré, à même de préparer son cours du lendemain sur les mouches drosophiles.

V

## Débuts

Francia regarde partir le professeur. C'est assez fréquent qu'on lui demande, comme là, de jouer la domina. Il lui arrive d'y mettre du sien (et même, quand un gros richard lui demande de le fouetter, de se déchaîner avec délices – et *schlak* ! ça, c'est pour les garçons violeurs à l'école de Girardot ! et *paf !* ça, c'est pour Xavier ! et *bing !* pour les bourreaux de Carmen !)… mais ce n'est pas ce qu'elle préfère. Ça lui rappelle trop les coups de ceinture de son père.

Le prof est un régulier, et les réguliers sont rassurants car prévisibles. De plus, il lui donne souvent un petit extra, croissant, boîte de soda, trois ou quatre euros de pourboire, aujourd'hui même cinq. Lors de sa première visite il y a longtemps, il l'a interrogée sur les causes de sa claudication et ça l'a prise au dépourvu. "Tu es médecin, *mi amor* ? lui a-t-elle demandé, et il lui a répondu que non, prof de biologie, mais avec quelques notions de médecine. Quand elle lui a parlé des forceps à la naissance, il a laissé tomber.

S'étirant, elle sautille un peu sur place pour se dégourdir les jambes… puis lève les yeux vers le ciel. Ça y est, les nuages se sont dissipés, le temps s'est franchement mis au beau, les clients vont défiler.

Là c'est le joli mai : la vie sera plus facile pendant quelques mois. Le pire c'est l'hiver, quand il faut travailler malgré la flotte, la neige, la boue, tout ce qui vous gèle les fesses. Le loyer et les factures ne s'interrompent pas sous prétexte qu'il fait froid. Toutes prennent des substances en hiver pour oublier leurs extrémités glacées, sans ça elles ne tiendraient pas le coup. À Francia l'*abuela* suffit, à d'autres il faut du rhum, de la came, des médocs… Chacune sa solution, l'important étant de ne pas mélanger. Quand il fait cinq degrés et que la camionnette Magdalena passe, elles s'agglutinent autour d'elle comme des moineaux autour de la margarine. Les filles de l'Est sont habituées, il neige six mois par an chez elles, mais pour les Latinas c'est dur.

Un soir où ça papotait fort dans la camionnette, Carmen a montré à Francia et Marco des photos prises au cours du terrible hiver 1986 : son beau corps brun foncé, tous galbes dehors, grand sourire aux lèvres, découpé dans la nuit… sur fond de monceaux de neige ! Incroyable.

Elle leur a fait le récit de ses débuts et Francia a été impressionnée. La vie était terrible à Bogotá au début des années 1980. Beaucoup de femmes mouraient du sida parce que les hommes refusaient de mettre des préservatifs. Si elles insistaient, ils se fâchaient et les jetaient dehors… La vie est devenue impossible. Pour bosser, elles devaient quitter le pays. Les *straights* allaient aux States, les trans et les travesties au Venezuela… À l'époque, presque personne ne songeait à venir en France.

Vient 1983 une amie de Carmen du nom d'Angelica s'en va à Paris comme ça pour voir, et à son retour elle leur décrit la France comme un paradis des putes. Mitterrand a un peu assoupli les formalités douanières, le franc est fort, du coup on revient avec plein de sous. D'après Angelica, si tu peux prouver en arrivant que t'as eu le HIV, les autorités te donnent un document pour continuer d'avoir un traitement médical et tu peux rester aussi longtemps que tu veux. Quant aux flics, c'est insensé : alors qu'à Bogotá ils frappent les travailleuses, les embarquent et les gardent quarante-huit heures, les flics parisiens sont prévenants et pleins de délicatesse ("*¡Sí, sí! ¡es verdad!* Ils te donnent la main pour monter dans le fourgon, t'offrent café et cigarettes, te remettent poliment un PV et te relâchent !"). Mais le pompon, toujours d'après Angelica, c'est que les Français *adorent* littéralement les travestis ! "Nous les petites indigènes, on arrive là et, si on veut, on peut faire QUE des Français à la peau blanche et aux yeux clairs ! Ils sont si mignons… On prend du bon temps et en plus on est payé ! C'est El Dorado !"

Les histoires d'Angelica font tellement rêver Carmen qu'elle décide de tenter sa chance. Alors elle bosse : elle met les bouchées doubles, épargne des sous, achète un billet d'avion et débarque à Paris à l'automne 1984, à l'âge de vingt-deux ans…

Pour elle ce n'est pas El Dorado. Pour elle c'est la cata.

Angelica lui a donné rendez-vous place Clichy mais quand elle débarque avec sa valise il n'y a personne. Elle est affolée. À part Angelica, elle ne connaît personne dans tout le pays. Elle ne parle pas un mot de français, elle trimbale juste dans son sac une petite liste avec les mots de base : bonjour, merci, sodomie… En changeant quelques dollars, elle remarque en face du cinéma un hôtel rempli de trans… Là, elle fait la connaissance d'un travesti colombien, qui l'amène le soir même au bois.

"À l'époque, les trans ne rentrent pas dans le bois, elles bossent avenue d'Auteuil, collées à la grille du stade Roland-Garros. Pour avoir une place il faut payer une trans uruguayenne. Il y a un emplacement pour les Espagnoles, un pour les Argentines, un pour les Uruguyennes, plusieurs pour les travestis brésiliens… et, tout au bout, quelques petites Colombiennes. C'est cette année-là que les trans colombiennes commencent à débarquer à Paris… mais alors, en masse. Toute la route en est remplie. C'est un vrai carnaval, les touristes viennent en car pour nous mater. Un soir, les Brésiliennes se mettent en rogne, elles nous attaquent à coups de bâton et de chaîne. Nous aussi on s'arme et on revient à la charge ! C'est la guerre des gangs !"

Dans la camionnette, tout le monde rit aux éclats.

La beauté des Argentines et des Espagnoles donnait des complexes à Carmen.

"Tout est sublime chez elles : leurs fourrures, leurs perruques, leurs chaussures, leurs boucles d'oreilles, pour ne rien dire de leurs seins – elles ont des prothèses extraordinaires ! Moi qui n'ai que mes seins d'hormones à l'époque, je me sens minable. En faisant des passes de dix-quinze minutes dans la voiture, je gagne deux cents francs par soir, à peine de quoi payer l'hôtel. C'est lamentable. Si je reste jusqu'à huit heures du matin, j'ai droit aux clients qui traînent encore après le départ des jolies filles. Et le pire, c'est qu'il fait un temps épouvantable cet hiver-là, ça me choque totalement ! Vent, pluie, froid jusqu'à moins dix-huit degrés. Je me mets des journaux autour des pieds, et je commence à boire pour tenir le coup… Parfois une autre femme me prend en pitié et m'invite à manger… Bref, j'ai une seule envie : rentrer au plus vite à Bogotá !"

Presque quatre décennies plus tard, tous ceux qui écoutent Carmen hochent la tête en souriant. Ils savent que son histoire a un happy end.

Francia au contraire, après avoir économisé pendant deux ans pour payer le voyage et effectuer sa *parusía*, se sent tout de suite bien à Paris France. La capitale française est une ville de taille modeste, plutôt calme et facile à comprendre. Au lieu d'avoir été explosée et reconstruite à plusieurs reprises comme Bogotá, elle est sertie telle une perle blanche dans la bague ovale de son boulevard périphérique, entourée par un ectoplasme de banlieues à l'infini.

Un jour, un client lui explique que c'est parce que la ville est trop belle. Ne supportant pas l'idée de la voir abîmée, les Français ont toujours préféré accueillir les envahisseurs, les laisser s'y installer, et attendre que d'autres armées viennent les expulser. C'est justement parce que la capitale française (à la différence de la belge, l'allemande ou la britannique) n'a jamais été bombardée qu'elle se prête si mal au trafic automobile. Les rues de son épicentre sont aussi étroites aujourd'hui qu'au Moyen Âge.

Du coup tout le monde se pousse, s'insulte et se déteste, mais le charme touristique demeure intact.

Francia aime quand ses clients lui expliquent des choses.

Elle est fière d'habiter à Paris France, même si c'est compliqué d'y rester. Tous les trois mois, elle doit partir dans un pays limitrophe (l'Italie, l'Espagne ou la Belgique), se rendre au consulat colombien et revenir avec une nouvelle carte de séjour. Elle s'exécute, cela fait partie de son acclimatation. *Pasito a pasito*, elle se familiarise avec la langue, le métro, le bois, et les préférences des Français en matière de caresses et de coups.

Au début elle n'habite pas la ville proprement dite mais se fait héberger dans la banlieue nord, au hasard de ses rencontres. L'été 2000, elle se trouve dans un squat à Aubervilliers, une espèce de grand hangar où gravitent plein d'immigrés en situation irrégulière ; elle y passe le plus clair de son temps à faire le ménage.

Un jour de canicule particulièrement étouffante, elle s'attaque à une énorme vaisselle sale laissée par des inconnus quand son téléphone sonne. Elle vient de l'acheter, c'est son premier portable, un petit Nokia qu'elle a glissé dans la poche de son tablier (cadeau de départ de son *abuela*, qui a brodé El Cardenal Guajiro à l'endroit du cœur). En vibrant contre son bas-ventre, le téléphone la chatouille. Elle s'essuie rapidement les mains sur le tablier et attrape le machin. *"¡Hola!"*

C'est Antonia et Begonia, ses deux petites sœurs les plus grandes. Elles l'appellent d'une cabine près du *mercado central* de Girardot. Les souvenirs affluent, *l'architecture coloniale vient de Cristóbal*

*Colón*… Bouleversée, Francia pousse un cri de joie puis se tait, se disant que si ses sœurs l'appellent ce n'est sans doute pas pour une raison joyeuse. La joie est rarement urgente. Ce qui est urgent c'est la peine. Ce doit être une affaire de peine.

Elle lève les yeux comme pour s'assurer de l'aide du Ciel, et son regard tombe sur l'affiche punaisée au-dessus de l'évier, une vieille publicité des années 1940 pour le pastis. Et quand, ayant franchi huit mille kilomètres de fils téléphoniques dans les airs et sous les mers, le mot *embarazada* se glisse dans son oreille, et qu'elle comprend que la personne enceinte n'est autre que sa petite sœur Vivian qui vient de fêter ses treize ans, elle se met à scruter intensément cette publicité à la recherche de sens.

Sur l'affiche, deux serveurs habillés de façon identique, veste rouge, chemise et hautes chaussettes blanches, pantacourt et souliers noirs, le premier grand et glabre à la calvitie naissante, le deuxième petit et moustachu (et ce n'est pas parce qu'il est plus loin qu'il est plus petit, se dit-elle, il est réellement plus petit, ça se sent) sourient de toutes leurs dents et courent vers elle en portant des plateaux. Sur le premier plateau se dresse une bouteille de Pernod, sur le deuxième, une carafe d'eau et un bol rempli de glaçons, et sur chaque plateau une douzaine de verres à pied attendant d'être remplis. Ça lui rappelle ce jour dans le café à Girardot où le *papá* a caressé les fesses de la serveuse qui portait haut dans les airs un plateau plein de bouteilles de bière… Mais, plus elle scrute l'affiche, plus elle la trouve incompréhensible : les plateaux sont penchés vers nous à un angle de quarante-cinq degrés, ce qui devrait faire dégringoler bouteilles, carafes, bols, glaçons et verres, mais leur contenu reste miraculeusement en place ; pas un verre n'échappe, ne glisse ni ne tombe. À l'intérieur de Francia, par contre, ça n'arrête pas de chuter en une tintinnabulation assourdissante, car ses sœurs viennent de prononcer le mot de *papá*. Elles viennent de dire que le *papá* de l'enfant dans le ventre de Vivian, c'est *papá*.

Francia a faim. Sur le sol autour d'elle pousse de l'alliaire, également appelée "herbe à l'ail" et "ail des ours". Elle regarde ces petites fleurs blanches du mois de mai, elle en voit la pureté et la perfection – ah ! on voudrait tellement que l'innocence existe ! – mais ça ne l'empêche pas de les arracher du sol où elles sont enracinées, de se les fourrer dans la bouche, de les mâcher et de les avaler, car elles contiennent de la vitamine C. Ainsi a-t-elle un peu moins faim et risque-t-elle moins de défaillir.

En Colombie, c'est la Virgen María qui symbolise la pureté. En son honneur toutes les fillettes portent une robe blanche le jour de leur première communion ; à dix ans, ce sont de vraies petites épouses du Christ. Le rite sacré se déroule le plus souvent le 7 décembre, justement à la fête de l'Immaculée Conception : dans tout le pays, ce jour-là, les gens achètent des *velitas*, de longs cierges roses, verts, bleus et dorés. Ils les allument et les installent révérencieusement dans les rues, les parcs, le long des trottoirs et des immeubles, près des centres commerciaux. Tel le ciel étoilé, le pays entier brille de millions de petites lumières tremblotantes.

Le jour de sa première communion, émue, radieuse, Vivian ressemblait elle-même à une *velita*.

C'était au mois de décembre 1996, elle venait juste d'avoir dix ans. Ruby était revenue de Bogotá pour fêter l'événement avec toute la famille.

Hélas, avant même que la mère ne les appelle à table, le père s'était déjà enivré au *guaro*. Dès le bénédicité, il était devenu tapageur et vulgaire, les grandes sœurs l'avaient réprimandé et, fou de rage, il avait renversé la table du festin. Tout s'est retrouvé fracassé et entremêlé par terre : verres, casseroles, porcelaine, beignets, *natilla*, et le *sancocho* que la *mamita* avait cuisiné pendant des heures... Accablée, Ruby était repartie le lendemain.

Et... personne n'avait rien vu, rien compris. Les six sœurs n'apprendraient la vérité que de longues années plus tard.

C'est là, pendant la neuvaine de Noël suivant sa première communion, alors que le pays entier scandait les vers sacrés de la Madre María Ignacia : "Ô Enfant aimable !", qu'ont commencé les visites nocturnes du père. Ivre, honteux, humilié, égaré, il est venu sur le balconnet où dormait sa fille cadette et, au lieu de respecter la sublime pureté de cette fleur blanche, il l'a cueillie et bouffée comme une poignée d'herbe à l'ail.

Jamais la vive Vivian ne parviendrait à dénouer les fils de la liasse confuse que cela avait tricotée dans son âme.

5

## Orange

Khaled K. revisse soigneusement le capuchon, pose son stylo à réservoir dans la tasse sur son bureau et constate – coup d'œil sur sa montre, quatorze heures – que sa journée de travail est bel et bien terminée.

Il vient de prendre la déposition d'une dame du quartier dont la maison a été cambriolée. Ça le fait rigoler, à part lui bien sûr, de voir les traits des gens se réajuster à toute vitesse quand ils ouvrent la porte de son bureau et tombent sur un jeune Arabe en bluejean, à peu près le portrait-robot de la caillera qu'ils imaginent responsable de leur malheur. Certains sursautent et se retournent involontairement, comme s'ils craignaient d'être tombés dans un guet-apens, mais la plupart se ressaisissent et parviennent à balbutier "Bonjour, monsieur". Celle-ci était même plutôt gentille, quoiqu'un peu fofolle.

Romancière connue, elle a découvert les faits au retour d'une tournée de lectures au Maroc.

"Tiens ! J'y suis né ! n'a pu s'empêcher de s'exclamer Khaled.

— Pas possible ! me suis-je exclamée à mon tour.

— Mais si, je vous jure, a insisté Khaled, mais seulement parce que mes parents étaient là en vacances et que je suis arrivé trop tôt !"

Ému de se dire que je m'étais trouvée dans son pays natal pas plus tard que la veille, il a carrément sorti son passeport pour que je voie le nom de sa ville natale… avant de le ranger fissa, ayant imaginé son supérieur déboulant dans le bureau et trouvant singulier qu'un flic montre son passeport à une plaignante.

"Essaouira, en plus ! ai-je glapi. C'est ma ville préférée au Maroc !"

Quelques minutes plus tard, saisie et imprimée par ses soins, la déposition des faits que Khaled m'a donnée à relire comportait une bonne dizaine de fautes d'orthographe, que j'ai corrigées tranquillement en les pointant du doigt à l'écran. (Griffonne je suis Griffonne je reste, on ne se refait pas.) Pour se justifier, il m'a expliqué qu'en règle générale il n'était pas rond-de-cuir mais travaillait sur le terrain. La semaine d'avant, en sautant de toit en toit il avait mal jaugé la distance parce qu'il faisait nuit noire ; en atterrissant il avait senti une vrille électrique lui remonter du coccyx au cerveau ; là, il boitait encore. Et alors qu'il en avait clairement pour plusieurs semaines de convalescence, le médecin ne lui avait accordé que trois jours d'ITT, suite à quoi on lui avait collé un travail de bureau pour six mois. C'est en hochant la tête avec empathie que j'ai écouté son récit. Après lui avoir filé le contact d'un bon ostéopathe dans le quartier, j'ai quitté son bureau en lui souhaitant bonne chance et voilà, maintenant tout est rangé et Khaled peut partir à son tour, moi je le vois toujours même si lui ne me voit plus, et du coup vous le voyez aussi.

Il referme la porte à clef, salue ses collègues dans l'entrée, sort à l'air libre.

Il déteste la rue où se trouve le commissariat. Même le nom de cette rue, Gâtines, a quelque chose de déplaisant, comme un truc qui moisit au fond d'un placard. À vrai dire, il trouve tout le quartier antipathique. Khaled est un sportif, un homme du grand air, un flic de risques et d'impro. Or la place Gambetta relie l'hôpital Tenon au cimetière du Père-Lachaise par des rues dont tous les commerces proclament, en gros, *T'as qu'à clamser on a tout ce qu'il faut* : fleuristes, agences de pompes funèbres, boutiques de pierres tombales. Pour compléter le tableau, on a construit un commissariat rue des Gâtines, *ping !* c'était le détail manquant. De plus, pour protéger ce commissariat depuis les attentats de novembre 2015 et la mise en place du plan Vigipirate, on a installé des barrières métalliques aux deux bouts de la rue et des flics montent la garde 24/7. Fermée à la circulation, la rue sert de fourrière provisoire. Quand Khaled arrive chaque matin et voit ces voitures entravées comme des esclaves, puis ses collègues au visage fermé, au corps hérissé de flingues et enflé par un gilet pare-balles, il a juste envie de faire demi-tour et de repartir à Nanterre.

Il sort son véhicule du parking souterrain. En haut de Gâtines, ses collègues écartent la barrière et il tourne à droite dans Pyrénées. Après avoir contourné l'horrible sculpture en verre cassé au milieu de la place Gambetta (figurant sans doute l'accident d'auto qui te conduira d'abord à l'hosto puis au cimetière), il file sur Belgrand en direction du boulevard périphérique. Vite, tirer son coup au bois de Boulogne avant de rentrer, c'est sur le chemin.

Au moment où il monte sur le périph', on le klaxonne et il gueule : "Connard !" Il a la même réaction aux klaxons qu'aux insultes racistes : d'abord, submergé par un sentiment de culpabilité, il se fige… tout de suite après il bascule aussitôt dans la rage. L'enchaînement est rodé depuis l'enfance.

Leur mère les a prévenus dès tout petits, lui et ses frères : "Ici, on fait peur aux gens rien que par notre apparence, alors si on veut pas être embêté il faut toujours faire gaffe, les rassurer, être poli, baisser les yeux, pas parler fort…"

Ayant suivi ces instructions à la lettre, Khaled et ses frères ont eu un parcours scolaire plutôt réussi. N'empêche, Khaled n'a jamais pu accepter les regards méfiants apeurés nerveux soupçonneux qu'il encaisse du matin au soir, ni les contrôles systématiques dans le métro, ni les insinuations malveillantes de certaines professeures, ni les insultes susurrées dans la rue, au cinéma, au marché, dans les files d'attente pour les bus, ni, dans les médias, les discours anti-arabes de certains partis. Tout cela provoque en lui la même réaction à double ressort : culpabilité, colère. Quand, vers l'âge de quatorze ans, il a subi les tourments des poussées hormonales, il a tout misé sur le foot. Détournant sur le ballon rond sa rage tant libidinale que politique, il a trouvé son soulagement dans le joyeux entassement des corps camarades.

Là, ne voulant pas se laisser envahir par la tension ambiante, il allume la radio, sélectionne NRJ Rai, tombe sur des pubs, pousse un soupir et éteint, préférant ne pas rester là comme un idiot à attendre la musique. Depuis quelque temps, les stations passent les pubs en accéléré pour en mettre davantage, du coup les voix féminines montent dans les aigus et lui vrillent les méninges. Il a l'impression que sa tendance naturelle au stress a été exacerbée par cette période de travail en bureau. Il s'efforce de se détendre, là, tout seul, sans musique, dans l'agréable certitude que, sous peu, quelqu'un viendra s'occuper de ses couilles. Pour vingt balles, ça vaut le coup.

Au fond, il cherche au bois le même type de soulagement que dans le foot : aller droit au but, sans blabla ni salamalecs, et que ce soit bien musclé, bien entrechoquant, bien défoulant. Il a besoin de ça et, à la fin d'une semaine de boulot, il estime y avoir droit. On finit par se lasser du porno, on a besoin d'un corps réel, besoin de sentir la vraie salive, la vraie chair. Et pour Amina c'est jamais le bon moment, ou alors si c'est le bon moment elle a envie de tout un bizness, musique et bougies, qu'il lui fasse des trucs, qu'il lui parle comme ci et la caresse comme ça, elle a trop lu de bouquins sur le sexe, en a trop discuté avec ses copines, du coup au lieu d'un défoulement, baiser devient une prise de tête, *Kess Ikhtak* ! S'il y a un endroit où il faut pas de prise de tête, c'est bien au pieu ! Même ça, les meufs réussissent à nous le gâcher.

Khaled est né et a grandi dans le 9-2, il a toujours vécu à Nanterre, c'est son père qui s'y est installé en premier, à la fin des années 1960, sa mère l'y a rejoint grâce au décret Giscard en 1976, ensuite, parcours classique pour l'époque, ils ont quitté le bidonville pour les barres du Chemin-de-l'Île. Lui-même, le petit dernier, un accident, est né à Essaouira en 1990.

Ses parents sont de la génération dite "des valises" : ces immigrés qui, tout en renouvelant leur carte de séjour chaque année, gardaient les bagages prêts sous le lit en permanence, dans l'idée qu'ils retourneraient un jour au pays, se construiraient une maison avec leurs économies et, entourés de leurs proches, jouiraient encore de quelques belles années avec baignades, tam-tam et grillades de poisson. Au terme d'une grise parenthèse parisienne de trente ou quarante ans, la vie reprendrait ses couleurs : jaune or, turquoise, violet, bleu vif, ocre, orange.

L'orange, surtout ! C'est la couleur préférée de Khaled, et celle des murs du salon de ses grands-parents à Essaouira. C'est aussi la teinte que prend le ciel là-bas, avant le crépuscule. Se baigner au mois d'août à cette heure-là, dans l'eau tiède de l'Atlantique, c'est aussi près du paradis qu'on peut aller ici-bas.

Il dépasse la porte de Pantin. Ce qu'il y a avec l'exil, c'est que tes parents ne savent pas quoi te transmettre. Désemparés, ils finissent par se renfermer et se réfugier dans le silence. Année après année, les parents de Khaled avaient amené leurs enfants en vacances au Maroc au mois d'août, mais la joie du retour au pays s'atténuait d'une année à l'autre et pour finir ils retrouvaient le même spleen sur les deux rives de la Méditerranée, rives qui du reste se ressemblaient de plus en plus. Ils ne s'entendaient plus avec la fratrie sur place. Tout était prétexte à disputes. L'omniprésence des marques américaines, par exemple. McDo, Pizza Hut, c'était pénible de voir partout ces signes clinquants et clignotants de la modernité qui avaient toujours été l'apanage de l'Ouest. "Comment vous pouvez accepter ça ? tonnait le père de Khaled. – Qu'est-ce que tu veux ? répondaient ses frères en haussant les épaules. Les temps changent. Nous, ça nous plaît pas ! Mais les jeunes si, ça leur plaît ! Nous, on préfère les plats traditionnels, McTajine, McCouscous, eux préfèrent McDo. Tu prends une espèce de beignet, tu mets un gros morceau de viande dedans, et voilà, le repas est prêt !" Au retour de ce voyage, le père de Khaled avait sombré dans le silence.

Porte de Clignancourt. Une fois ses fils grandis et partis, la mère de Khaled s'est mise à travailler avec des associations féministes dans le 9-2. Elle a quitté d'abord son voile puis son mari. Pour elle, autrement dit, la lutte des femmes était plus importante que sa propre famille. L'homme qu'elle avait épousé en lui promettant fidélité et obéissance pouvait crever tout seul dans leur T3 au Chemin-de-l'Île, c'était plus son problème, elle était divorcée et libre, vive la France !

Porte de Clichy. Encore une énorme affiche de meuf en soutif. Le père de Khaled n'a jamais réussi à s'habituer à la nudité féminine dans ce pays. Elle s'étale partout : les rues, les plages, les panneaux d'affichage. Toutes des putes. Le sexe de Khaled durcit encore. Elles veulent le beurre et l'argent du beurre, se dit-il. Elles veulent s'habiller comme des putes et être traitées comme des bonnes sœurs. Elles t'en foutent plein la vue puis elles disent : *Ah non ! Pas touche ! C'est pas pour toi, na na nère !* C'est comme si le boulanger il voit un SDF sur le trottoir alors il prend un bon pain tout chaud sorti du four pour le lui flanquer sous le nez : *Hein que ça sent bon ?! hein que ça te fait saliver ?! Eh ben c'est pas pour toi, na na nère, nique ta mère,* Kess Ommak *!*

Les Françaises se ruinent en sapes et maquillage et chirurgie, elles s'inspectent dans le miroir du matin au soir, elles arrachent le moindre cheveu blanc, flinguent les moindres ride, grain de beauté, veinule à coups de bistouri ou de seringue, se captent en selfies, retouchent l'image en Photoshop et la postent sur Instagram… mais c'est pour leur plaisir à elles ! Pas pour nous les keums, surtout pas ! Les keums elles en ont rien à foutre, elles peuvent prendre leur pied et faire des gosses sans keums, elles savent même plus à quoi on servait, dans le temps… Ça servait à quoi au juste ? C'est des salopes, des allumeuses. Elles ont perdu le savoir de base. Elles n'ont aucune idée de l'effet que ça fait d'avoir la gaule. Elles t'excitent un max puis elles se barrent, na na nère, ta gaule c'est pas leur problème. T'as pas de meuf ? Tant pis. T'as dix-huit ans, la trique 24/7 et pas de meuf ? Tant pis, elles s'en battent les couilles. Et te mets surtout pas en tête de les draguer ou c'est #MeToo qui te pend au nez. Et que j'te traîne devant les tribunaux ! Et que j'te gâche la vie pour toujours !

Khaled en a marre de se disputer avec sa femme à ce sujet. D'après Amina, ce n'est pas la nudité des femmes qui pose problème, c'est le hidjab. Partout dans le monde où les musulmanes luttent contre le voile, elle les défend. Khaled n'en peut plus d'entendre ces hystériques déblatérer contre ce qu'elles appellent le patriarcat. Encore heureux qu'il peut se défouler avec les putes deux ou trois fois par mois, sinon il risquerait de s'en prendre à Amina et les gosses et ce serait la cata.

Retenant l'avalanche de phrases qui s'accumulent dans son esprit, il intime l'ordre à son corps de patienter.

Porte de Passy, il prend rageusement la sortie et s'engage sur l'avenue de l'Hippodrome. C'est devenu une routine : il va toujours route du Pré Catelan parce qu'il a toutes les chances d'y trouver une pipe en moins d'un quart d'heure. C'est plus simple avec les trans. Une trans, ça a tout ce qu'il faut pour être une femme, sauf qu'au lieu d'être compliquée comme une femme, c'est simple comme un homme. Il aimerait bien faire ça dans un camion, c'est plus discret pour un flic, et en plus il adore les foulards orange que les putes accrochent à leur rétroviseur ! Mais la plupart referment la portière dès qu'elles l'aperçoivent, et s'il proteste elles ne se gênent pas pour mettre les points sur les *i* : "Va chercher ailleurs, je te dis ! Je fais pas les Noirs et les Arabes !" Certaines, pétées à l'héroïne, précisent même leur pensée, prenant toute la forêt à témoin : "Elle a tort, la France, d'ouvrir ses portes au rebut de la Terre ! On y entre comme dans un moulin ! Bientôt il restera plus un seul Blanc !..."

Ça le choque, Khaled, que des hommes qui se laissent traiter en bonnes femmes se permettent de telles réflexions. D'autant plus qu'elles-mêmes sont des métèques ! Ça vient de Cuba, de la Colombie, du Mexique, tous ces "pays de merde", comme dit le président Trump... ça se permet des réflexions pareilles... c'est un comble ! Mais bon, pas la peine d'insister, ni de sortir sa carte professionnelle : depuis l'abrogation de la loi Sarkozy, on n'a plus le droit de verbaliser les putes pour racolage passif. Khaled gravite donc vers les trans de couleur.

'Challah, on dirait que c'est son jour : debout devant sa tente, là-bas, il voit une grande métisse qui fume une cigarette et roule les mécaniques en sa direction.

Ah, mais c'est beau, ça ! Et de plus, incroyable mais vrai, elle a les cheveux... orange !

# VI

## Cartucho

Les hommes ont la trouille, voilà ce qui est. Même les flics, même les tueurs les plus endurcis. Du coup, nous autres femmes, on a la trouille nous aussi – et, loin d'être des restes de ressentiments ressassés resucés et rancis, comme chez le petit flic, là, notre trouille à nous est omniprésente, physique et réaliste.

Tantôt majeure tantôt mineure, la trouille est véritablement la clef de cette histoire. Toutes les TDS le savent, c'est le b. a.-ba du métier : les hommes ont peur de mourir et peur de vivre, peur d'échouer et peur de réussir… c'est ça qui les rend si agressifs.

Devenir homme, de façon générale, c'est apprendre à transformer sa peur en violence. C'est moi la Griffonne qui pense tout cela ; Francia, elle ne généralise jamais. Rubén n'a pas pu ou pas voulu en passer par cet apprentissage.

En Colombie à l'automne 1985, alors qu'il vient de fêter ses neuf ans, deux événements spectaculaires se produisent de façon quasi simultanée.

Le 6 novembre, les militants de M-19 s'emparent du Palais de Justice et prennent en otages les juges de la Cour suprême, ainsi que tous ceux qui se trouvent dans le bâtiment : en tout, plusieurs centaines de personnes. Sidéré, le pays regarde la suite des événements à la télévision. Comme leur quartier n'a pas d'antenne, le *papá* passe plusieurs heures par jour au café du *mercado central* et oblige Rubén à l'accompagner. "C'est des choses importantes, lui dit-il. Des affaires d'hommes. Faut que tu grandisses."

À peine quelques jours plus tard, le volcan d'Armero entre en éruption et tout le village est enseveli : sur vingt-deux mille habitants, vingt mille sont tués dans leur sommeil.

En changeant de chaîne, on glisse d'une horreur à l'autre ; les ruines fumantes du Palais cèdent la place aux coulées de lave meurtrières.

À Bogotá, le gouvernement envoie l'armée. Des chars militaires gravissent les escaliers du Palais de Justice et pénètrent à l'intérieur. Ivres, le *papá* et ses potes commentent la scène en se moquant. Dans leur bouche, les chars deviennent des *tanquetas*, les soldats des *ranas* ou grenouilles. Les assaillants mettent le feu au Palais de Justice, qui flambe et s'effondre. Des dizaines d'otages seront tués au cours des combats qui s'ensuivent, parmi lesquels onze juges.

À Armero, pour la première fois dans l'histoire humaine, la mort est filmée en direct, gros plan sur une *niña* de treize ans à l'instant même où ses yeux se vitrifient. "Ah, là ! enfin elle arrête de gigoter, rigolent les potes et le père, elle est bonne à prendre !"

À Bogotá, les victimes du M-19 ne ressemblent pas à des humains : ce que l'on voit évacuer du Palais dans des sacs en plastique, ce sont des corps minuscules, ratatinés, sans tête ni membres… Même là, les hommes ne peuvent se retenir de plaisanter sur le thème du barbecue raté.

Rubén baisse la tête, ferme les yeux et appuie les poings contre la bouche. Son visage devient rouge. "*Regarde*, mon fils ! s'écrie le père en le prenant par les épaules pour le secouer. Regarde le monde en face !" Mais il s'enfuit du café pour aller vomir au pied des poubelles, faisant s'égailler tout un comité de vautours.

À douze, treize ans, son *abuela* lui apprend à coudre sur une vieille Singer qu'elle a trouvée à peine cassée dans la rue. Voyant que ça l'amuse, elle se met à lui refiler ses chutes – bribes de lamé, satins bon marché, restes de vieux draps en coton aux bords brodés – et l'aide à les assembler en robes brillantes et bariolées. L'adolescent les essaie devant la glace. Ravi. Enfin bien dans sa peau.

Les habits qu'il coud imitent l'iridescence des lézards et des libellules, et celle des scarabées que, petite, Vivian lui montrait en secret dans un coin de la cour, toutes ces menues créatures à mouvements vifs et verts qu'il affectionne. *Pasito a pasito*, il adopte une allure féminine, une certaine façon de marcher et de regarder les gens. Retravaille son visage, ses cheveux, son sourire. Ramasse de petits bouts de charbon sous le poêle de la cuisine et s'en sert comme du khôl. Se trouve beau ainsi, et rêve qu'un garçon tombe amoureux de lui.

Jamais l'*abuela* ne se moque de ses enthousiasmes ni de ses airs. "C'est toi, lui dit-elle tout simplement. Ce sont tes motifs, tes *kaanas* à toi. Tu as raison de les chérir. Ils t'aident à tisser ta vie, à suivre ton chemin." Mais dans la rue les garçons lui lancent des injures ou des cailloux, et ça l'atteint en profondeur.

Inquiet de se sentir différent, tant des garçons que des filles, il entre parfois dans l'église San Miguel, se met à genoux devant les statues de María, Lucía ou Marta et leur confie ses problèmes. Les petites saintes l'écoutent et le plaignent, mais leur pouvoir est limité car elles-mêmes ont trop peu vécu. Elles peuvent le consoler, non le conseiller.

En 1992, âgé de seize ans, au vu de ses résultats scolaires désastreux et des attaques de plus en plus violentes de son père contre lui, il décide de tenter sa chance à la capitale. Il embrasse tendrement l'*abuela*, prend congé de la *mamita* et des *cinco hermanitas*, depuis Antonia la *mayor* jusqu'à Vivian *la más pequeña*, et se rend en stop à Bogotá. Il rassure sa mère en lui disant que des amis pourront l'héberger jusqu'à ce qu'il dégote un emploi.

La vérité c'est qu'il n'a pour tout contact que trois ex-camarades d'école, les seuls gays de son collège, ses aînés de deux ans. "Ça se trouve en plein centre-ville, à un jet de pierre du palais présidentiel", ont-ils dit en lui donnant leur adresse, et cela a suffi pour rassurer la *mamita*. Rubén y arrive, à pied, au bout d'un périple de presque trois heures, après avoir traversé les quartiers sud et longé les bidonvilles en brique sur les collines à l'est. La mégapole lui donne le tournis mais à mesure qu'il approche du centre-ville et voit enfin rutiler les toits des musées, des bâtiments du gouvernement et de l'église du

Sagrado Corazón de Jesús, il se calme et se dit que tout ira bien.

Enfin il arrive et c'est incompréhensible.

Il vérifie. Oui, pourtant. C'est bien là, l'adresse qu'on lui a donnée, entre les rues 9 et 10 et les avenues 15 et 15a. C'est bien là, et c'est l'enfer.

Le Cartucho, à l'époque, c'est comme si, à Paris, là maintenant, en 2019, au lieu d'être coincée sur un échangeur du boulevard périphérique, la colline du crack recouvrait la totalité des jardins des Tuileries, du Louvre à la Concorde et de l'Hôtel de Crillon à la Seine. C'est un monde de cages et de came, de flingues et de chiens, de sang et de mort. Les bandes mafieuses y règnent en maîtres et, devenus petits dealers, les amis de Rubén ont pour activité principale de rabattre la proie des gros. Ils attirent dans leur orbite de jeunes ados susceptibles de tâter de la drogue, les rendent accros et les obligent à se prostituer pour s'en procurer. La plupart fument *el bazuco*, cette pâte épaisse et sombre, lie de la cocaïne, qui reste au fond du baril une fois qu'on en a ôté la drogue pure, substance follement addictive qui vous procure un rush de deux minutes puis vous plonge dans le manque, la parano, la panique, le besoin urgent d'en retrouver… et, à terme, à force, vous prive de sommeil, vous pourrit les dents, vous fait pendre la peau. Partout dans le quartier, on entend marmonner *"bareta, bareta, bareta"*.

C'est en rejoignant ce monde que Rubén, encore garçon, simplement habillé en fille, devient Ruby en faisant ses premières passes : expérience puante et dure, tant les clients del Cartucho sont bornés.

Avec les sous qu'elle grappille, elle s'achète de l'*abuela* et commence à en consommer tous les jours, ce qui l'aide à amortir le choc. Mais elle tient la promesse faite à sa *mamá* en partant : ne toucher à la poudre blanche sous aucun prétexte, aucune forme.

De semaine en semaine, ses amis se muent en vieillards sous ses yeux. Les yeux vides, la voix rauque, vêtus de haillons crasseux, ils errent dans les ruelles sales du Cartucho, pissant et chiant n'importe où, volant les passants pour s'acheter de quoi fumer, s'affalant près des poubelles et se masturbant vaguement avant de plonger dans un sommeil catatonique.

Parfois, après une longue journée de travail, à force de n'être ni ici ni là-bas – ses proches sont loin, tandis que de parfaits inconnus squattent ses territoires les plus intimes –, Ruby a l'impression de n'être plus rien. Dans ces moments, elle se tourne vers la plus émouvante des saintes, la Magdalena, qui a donné son nom au fleuve de son enfance. De ses leçons de catéchisme à Girardot, elle a retenu les mots du Christ à son sujet : "Parce qu'elle a beaucoup aimé, il lui sera beaucoup pardonné." Elle répète cette phrase à longueur de journée.

Magdalena est la seule personne à s'être rendue sur la tombe de Jésus dès le lendemain de la Crucifixion. Étonnée de la trouver ouverte et vide, elle demande au jardinier où se trouve le corps, mais il ne sait lui répondre. Un autre homme est là qui lui tourne le dos et Magdalena l'interroge aussi mais il ne lui répond pas. Soudain l'homme se retourne, elle voit ses stigmates, ses blessures aux mains et au flanc, et comprend que c'est Jésus lui-même. Le Christ, tout en lui tendant son cœur entouré de la couronne d'épines et surmonté d'une croix, la met en garde : "Ne me touche pas, dit-il. Je ne suis pas encore parti chez mon père."

"C'est ce qui se passe dans le métier du sexe, non ? dis-je à Francia à voix basse. Les hommes viennent vous montrer leurs blessures, puis ils vous disent : *Noli me tangere.* En fait, ils vous payent pour que vous ne les touchiez pas. Après avoir reconnu leurs mains trouées et leur cœur sous le signe de la mort, vous devez les laisser repartir. Vous pouvez les enlacer, les caresser, les masser, les battre, les fouetter... mais il ne faut surtout pas essayer de les retenir, de les attacher à la terre.

— Je sais pas, dit Francia. Peut-être. Il y a de tout."

Rien ne peut entamer la politesse de Francia, mais il est clair que mes théories lui indiffèrent.

Elle respire un grand coup. Les odeurs du printemps lui assaillent les narines et le soleil se montre enfin dans toute sa splendeur, s'excusant de s'être si longuement caché derrière la brume.

À chaque micro-niveau, le bois est d'une vitalité infinie. C'est ça qu'elle aime, Francia : où que l'on pose les yeux, ça bourdonne, frémit et tremble, vibre et goutte, glisse et reluit. Là, juste au-dessus de la cime des arbres : un vol d'étourneaux. À ses pieds, une colonie de fourmis s'affairant autour d'un scarabée mort. Francia se demande comment font les gens pour s'enfermer dans des cubes du matin au soir : monter dans le cube du métro puis celui de l'ascenseur, s'installer devant un ordinateur, regarder un écran, lever les yeux et voir un rectangle blanc, tourner la tête et en voir un autre... C'est fou, se dit-elle, comme les hommes sont doués pour s'inventer des enfers.

# 6

# L'autre

Cyril se dit que ce n'est pas grave si ça ne marche pas. Il se dit que les putes sont là pour ça, pour être indifférentes et ne pas juger. On peut bander dur ou mou, ça leur est égal du moment qu'elles touchent le montant de la passe.

Tout de même, ça l'impressionne : d'ici une heure, il va toucher le corps d'une femme. Enfin… d'une femme-homme, pour commencer, en espérant qu'elle le jugera encore moins qu'une femme. Il n'a pas fait l'amour depuis 2001. C'est fou. Ça fait dix-huit ans. Si son fils avait vécu, il serait majeur, il pourrait voter. Cyril n'en revient pas.

Arrivé à Paris-Bercy en début d'après-midi, il a choisi de prendre le tram vers l'ouest et de se débrouiller ensuite. C'est vague, mais il préfère le tram au métro parce qu'on n'est pas sous terre, ça ne ressemble pas à un cachot, on peut voir le monde, la ville, le ciel… et en même temps, on est entouré, protégé.

Le tram est bruyant et bondé, le trajet long et lent, ça ne le dérange pas. On ne peut pas se réhabituer comme ça, du jour au lendemain, à marcher librement dans les rues de Paris. Ce n'est pas possible. Pareil pour le sexe : une vraie femme dans les bras, là tout de suite, ce serait trop déstabilisant. Déjà il aurait du mal à trouver de quoi lui parler, et à la seule idée de la toucher, de la déshabiller et de la caresser, il a les mains qui tremblent. Il vient de passer dix-huit ans rien qu'avec des hommes : fesses, genoux, épaules, odeurs, pieds, barbes, triques, gardiens, douches, bousculades, insultes, cris qui fusent… Ah ! maman, tu serais tellement choquée…

Il parle souvent à sa mère dans sa tête, alors qu'il ne l'a presque pas connue. En guise de souvenirs d'elle, il n'a que des flashs : images fugitives d'une grande jeune femme svelte et sévère, les cheveux châtains toujours attachés en une queue de cheval impeccable. Olena, elle s'appelait. C'était une étudiante ukrainienne, et c'est par accident, par erreur de calcul, qu'à l'âge de dix-neuf ans elle a conçu Cyril avec un jeune boursier mauritanien, inscrit comme elle en archi à la fac de Kiev. Dès sa naissance, Cyril a été pris en charge par ses grands-parents maternels, pieux habitants d'un bourg dans le cœur agricole du pays. Il ne voyait sa sérieuse maman que lors de ses brèves visites, scandées par le calendrier universitaire.

Après ces débuts dans la vie, certes ennuyeux mais au moins bucoliques, sa scolarité a été une torture de tous les instants. En tant que Noir, il est devenu le souffre-douleur de ses petits camarades : mimiques de singe, danses de faux sauvages, grimaces de dégoût, ostracisme, rien ne lui a été épargné. Solitaire et surdoué, il s'est réfugié à la bibliothèque où, un peu par hasard, il s'est mis à explorer les arcanes de la littérature russe. Dostoïevski surtout : il empruntait les romans du grand épileptique, les lisait et les relisait compulsivement, se gavait à leur pessimisme exalté.

Bachelier à dix-sept ans, désireux de connaître son géniteur, il a fait le voyage pour Nouakchott avec la bénédiction et l'aide financière de ses grands-parents – et même, chose surprenante, quelques renseignements fournis par sa mère. Son espoir secret était d'être accueilli par sa famille africaine comme le fils prodigue. Déception : non seulement ses recherches en généalogie sont restées lettres mortes mais, de plus, les Mauritaniens l'ont ostracisé en tant que Blanc autant que les Ukrainiens en tant que Noir. C'est la mort dans l'âme qu'il est rentré à Kiev pour entamer, faute d'une meilleure idée, un diplôme en informatique.

Deux ou trois ans plus tard, boursier à l'étranger comme son père mais à l'université de Montpellier, Cyril a découvert dans les bras de Soraya, sémillante jeune beauté née à Diamant en Martinique, sinon le grand amour, du moins le grand plaisir. Bouleversé par ce corps d'une carnation enfin semblable à la sienne, il s'est dit que ses dilemmes identitaires étaient derrière lui. Re-déception : le prenant pour un Antillais puisqu'il fréquentait des Antillais, les gens s'attendaient à ce qu'il soit blagueur, dragueur et extraverti. Or, habité pour ne pas dire constitué par la mélancolie slave, il préférait la lecture solitaire et les longues promenades méditatives aux joyeuses fêtes rythmées de *bèlè* et arrosées de punch. Soraya déplorait son peu d'enthousiasme pour les stances d'Aimé Césaire et les danses de la meringue. Ne pouvait-il faire un effort ? montrer un peu de bonne volonté ? s'entraîner, sinon à danser, au moins, parfois, à *sourire* ?

Peu à peu, surtout après le mariage, leurs désaccords ont dégénéré en arguments et leurs arguments en disputes. D'ordinaire réservé, muet et méfiant, Cyril s'est découvert capable de perdre toute retenue et de basculer dans la violence. Il s'étonnait de la manière dont sa voix d'homme vibrait alors dans sa poitrine, jaillissant de sa gorge pour remplir la pièce entière. Les étincelles de terreur qu'il voyait dans les yeux de Soraya ne faisaient qu'exacerber sa colère. À plusieurs reprises, il a fini par la gifler, lui asséner des coups de pied, voire la traîner par les cheveux d'une pièce à l'autre. Dans ces moments, même s'il en avait honte après, il trouvait les spasmes de douleur de Soraya presque plus excitants que ses soubresauts de plaisir pendant l'amour.

Leurs batailles conjugales sont devenues de plus en plus fréquentes et frénétiques. Cyril ne se connaissait plus, ne se sentait plus. N'importe quel prétexte lui était bon. Le mot "extase" retrouvait son étymologie : il était littéralement *hors de lui*. Avec le temps, il s'est aperçu que la montée subite d'adrénaline ne suffisait pas pour expliquer l'intense plaisir qu'il en tirait.

Énigme.

Soraya avait de plus en plus peur de lui. Elle s'en est ouverte à plusieurs amies, camarades de classe à la fac, qui l'ont pressée de le quitter. Mais, se retrouvant enceinte juste à ce moment-là, elle a décidé de prendre son mal en patience – persuadée, disait-elle (voulant se persuader, disaient ses amies), que la paternité calmerait son homme. Et le jour fatal est arrivé où, enceinte de sept mois, Soraya a osé jeter l'opprobre sur Olena – Cyril se rappelle encore ses mots précis : "Je me sens déjà si proche de notre enfant, tu sais. Je ne comprends pas qu'après avoir porté un bébé dans son giron, on puisse se désintéresser de son sort." À entendre cette phrase, Cyril est entré dans une euphorie glacée qui a laissé sur le palier de leur appartement deux morts gisant dans une mare de sang.

Il a pris vingt-cinq ans, dont sept lui ont été remis pour bonne conduite. Il a fait plusieurs établissements pénitentiaires, préférant de loin les vieux à rats aux neufs à radars. Entré en prison à vingt-deux ans, il vient d'en ressortir à quarante.

Quarante ans, il a du mal à le croire. En cellule, les jours sont interminables mais les années filent à la vitesse grand V. Et là, après dix-huit ans de masturbation forcée et forcenée, il s'apprête à toucher à nouveau un corps de femme. Une femme-homme, pour commencer. Pour ne pas aller trop vite. Ces individus sont des femmes-hommes comme lui est un Noir-Blanc. C'est intéressant d'être deux choses à la fois. C'est dur aussi.

Assis dans le tramway T3 qui va de Porte de Vincennes à Porte de la Chapelle, il regarde les Parisiens autour de lui. À leurs yeux il est noir, cela va de soi. Et à ses yeux à lui, eux sont non seulement blancs, mais des spécimens de blanchitude d'une laideur surprenante. À l'exception des gosses, presque tous sont moches. Pas facile de croire qu'on est dans une ville célèbre dans le monde entier pour ses industries de la beauté et ses arts de la séduction. Les traits déformés par mille petites rages et rancunes, tous les voyageurs tirent la gueule. Plongés dans leur téléphone portable, ils ne se parlent ni ne se regardent.

Par rapport au monde d'avant sa détention, c'est le portable la plus grande révolution. Certes, les smartphones circulent aussi à l'ombre aussi mais de façon clandestine, fugitive. Là, c'est la folie furieuse. Autant être en taule, se dit-il. Si c'est ça la liberté, à quoi bon sortir ? Globalement, il trouve les Français libres moins bien dans leur peau que les détenus avec qui il a passé ces dix-huit dernières années, originaires pour la plupart d'Afrique, du Moyen-Orient, d'Europe de l'Est et d'Amérique latine.

Pendant ses années en prison, il a tout fait pour comprendre l'Autre en lui. Il l'a évoqué dans ses échanges, tant avec les avocats et les juges qu'avec les psys et les curés. Sous des noms différents, tous ont eu l'air de le reconnaître. Les curés l'appelaient "diable", les psys, "enfant abandonné", les bibliothécaires, "artiste contrarié", les hommes de loi, "criminel". Il ne comprenait toujours pas. Quel monstre contenait-il, capable de démolir la figure de la femme qu'il aimait, de la traîner par les cheveux, de la balancer contre les murs, et de bourrer de coups de pied le ventre ballonnant où se lovait leur fils ? D'où ce monstre lui est-il venu ? Des steppes de l'Europe centrale ? de son père arabo-musulman qui, à la fin de ses études, d'après sa mère, a embrassé la charia ? des mânes païens de ses ancêtres subsahariens ? de l'homme des cavernes ? Où se terrait-il le reste du temps ? Et, la pire question de toutes : pourquoi le plongeait-il dans l'euphorie ?

Porte de la Chapelle, Cyril descend du tramway pour prendre le métro. Il a les mains qui tremblent. Il va être avec quelqu'un. Bientôt, ces mêmes mains retireront de l'argent de sa poche (il en a peu, mais il s'agit d'une dépense essentielle)… ôteront les habits d'une femme et toucheront sa peau nue.

Vertige.

# VII

# Déboires

Oh, regarde-le, se dit Francia. Regarde le beau métis bourré de complexes ! On dirait un petit garçon qui écarquille les yeux devant son cadeau d'anniversaire, n'osant pas croire qu'on lui a réellement offert l'objet de ses rêves, le ballon de foot aux couleurs du Brésil !

L'homme renfile son blue-jean, prend son temps pour se rhabiller…

Voyant approcher une voiture de police, elle se permet de le bousculer un peu. "J'ai de la visite, *mi amor*, faut que tu files ! À la prochaine !"

Il noue les lacets de ses baskets et, tête basse, yeux par terre, s'éloigne à pas rapides, non vers la route mais vers l'intérieur de la forêt.

Cette vision fait glisser les pensées de Francia vers un mauvais souvenir.

Un jour un homme l'aborde. Tout de suite, il y a quelque chose qui cloche. Elle hésite. La tête du client ne lui revient pas. "Je te paie !" lance-t-il, et elle : "Ben, j'espère bien que tu me paies !" L'homme croit qu'il va entrer comme ça dans son *cambuche*, mais elle l'écarte en souriant : "Pas ce soir, chéri, j'ai rendez-vous. Va voir une de mes copines. On est nombreuses, t'as l'embarras du choix."

Elle le suit des yeux tandis qu'il s'éloigne, jette un coup d'œil à la ronde… Pour finir il va juste à côté, avec Flora la Brésilienne.

Silence.

Au bout d'un moment, Francia s'inquiète : "Ça va, Flo ?" "Oui, oui, ça va !" "OK, d'accord." Mais quelques instants plus tard, elle voit Flora qui sort de sa tente comme un bolide pour essayer de le rattraper : après lui avoir cassé un doigt, le mec il a repris ses sous ! Et puis, tout comme le beau métis à l'instant, il a filé vers l'intérieur de la forêt.

Dans leurs conversations, les TDS ont tendance à magnifier leurs joies et à minimiser leurs déboires. Les vraies tuiles, elles les racontent en biais et par bribes et les écoutent comme distraitement, l'air d'être ailleurs. Pas besoin d'en rajouter car elles se comprennent à demi-mot ; se plaindre ouvertement serait une faute de goût. L'élégance est de sourire et de plaisanter, car jusqu'à nouvel ordre elles ne sont pas mortes et la malchance peut aller se faire foutre. Dans sa mémoire, chacune prend soin des histoires des autres, les belles comme les moches. Et même s'il y a une majorité de moches, les rires dont elles les affublent en atténuent la douleur.

C'est sûr qu'elles rencontrent des enquiquineurs plus souvent qu'à leur tour. Le plus souvent, c'est juste des garçons ivres ou déchirés qui passent en voiture et les harcèlent, leur lancent des insultes, des œufs, des fléchettes (ça fait *mal* !)… Ennuyeux, répétitif et prévisible à l'infini, c'est ça leur quotidien ; nul besoin de commentaire. Mais comme ce métier c'est la roulette russe, si on l'exerce assez longtemps on tombe forcément sur un vrai salaud, un malade mental qui cherche à vous nuire ou pire.

Toutes ont subi des agressions, Francia moins que la moyenne parce que, massive et musclée, elle en impose aux clients, et aussi parce qu'elle a développé au Cartucho une sorte de flair, un don pour sentir la folie à distance.

Pour elle, à Paris France, l'année de toutes les poisses est 2001. Il y a des moments comme ça dans la vie, où les planètes se mettent de guingois et les malheurs s'enchaînent. Deux ans après son arrivée, ça l'épuisait soudain d'être si loin de chez elle. Vivian avait mis au monde la petite Xiomara, le *papá* avait disparu, la *mamá* était effondrée… Crispée et impuissante, elle pensait tout le temps à son pays natal, son âme s'élançait vers sa famille en miettes mais elle ne savait comment intervenir, que faire pour les aider. Même fumer de l'*abuela* n'arrivait plus à la détendre, et sans doute a-t-elle baissé un peu la garde…

Or certains clients sont comme des cambrioleurs : ils ont le don de deviner l'endroit de la faille.

Un soir elle monte en voiture avec un homme, il lui demande une pipe et lui remet un billet de cent francs (on n'était pas encore passés à l'euro, elle se rappelle ce billet de banque avec la tête d'un peintre aux cheveux longs et la femme aux seins nus qu'il avait peinte). Mais après lui avoir remis le billet, l'homme refuse de mettre une capote et Francia, déjà pas dans son assiette, pète un câble. Elle lui balance son billet à la figure et part en claquant la portière. L'homme la poursuit en voiture et elle voit qu'il a un flingue. Elle se dit qu'elle ne reverra pas le soleil. Elle pense à Alejandro, au Sagrado Corazón de Jesús, à María Magdalena, à Rita et à toutes les petites saintes qu'elle aime tant, elle se dit qu'elle n'aura pas eu le temps de faire le voyage à Lourdes avec le *padre* de la paroisse Sainte-Cécile, elle pense à Vivian qui vient de fêter ses quinze ans et ne va plus à l'école parce qu'elle allaite son bébé, à la petite Xiomara qui apprend tout juste à marcher, à la *mamita* et à toutes les *hermanitas* qui comptent sur les mandats qu'elle leur envoie chaque semaine par Western Union, et se demande comment elles s'en sortiront si elle meurt cette nuit à cause d'un monsieur inconnu qui va mal dans sa tête.

L'homme lui tire dessus. Tétanisée, elle voit un filet de sang lui couler devant les yeux. C'est sa claudication qui la sauve : comme elle est un peu plus petite chaque fois qu'elle avance du pied gauche, la balle ne fait que lui érafler le cuir chevelu. Encore aujourd'hui, elle a un petit bout de plomb dans la tête en souvenir de cette soirée.

La Carmen, elle, a connu bien pire.

Un soir une voiture s'arrête à sa hauteur. Échange habituel : "C'est combien ?" Pour une raison *x* elle se méfie. Au lieu de dire le prix normal, elle dit le double en espérant que le type repartira en trombe. Mais non, il dit "C'est bon" et du coup elle n'a plus le choix. Elle monte à ses côtés, la voiture redémarre alors que la portière n'est pas encore fermée et Carmen sent un tournevis appuyé contre son cou. Elle se rend compte qu'il y a un deuxième monsieur sur le siège arrière. Ils roulent, ils roulent, quand ils arrivent au fond du bois ils s'arrêtent et elle voit un troisième homme sortir du coffre. Tous trois commencent à la cogner, à la rouer de coups. Au bout d'un moment, ils prennent le boulevard périphérique et roulent jusqu'à Saint-Denis…

Le martyre de Carmen dure toute la nuit. Les hommes boivent de la bière, elle est nue et subit les trois à la fois, ils la frappent et la possèdent de toutes les manières, son sang coule, si elle pleure leurs coups redoublent de violence, il fait froid, elle se dit qu'elle va mourir, vers huit heures les magasins commencent à ouvrir et deux des hommes partent chercher de la bière, elle reste seule à l'arrière de la voiture avec le troisième, qui porte un costard et dit travailler dans une banque. Levant les yeux pendant qu'il l'oblige à le sucer, elle voit passer une dame qui promène son petit chien. Elle attrape ses habits, ouvre la portière et se jette dehors. Elle court comme une dératée en se cachant derrière les voitures. Au feu rouge, elle tape sur les vitres des véhicules arrêtés pour demander qu'on l'embarque mais ça ne fait que quelques mois qu'elle est en France et elle n'arrive pas à se faire comprendre, son français n'est pas assez bon, les gens pensent qu'elle mendie et au lieu de l'embarquer ils baissent leur vitre pour lui lancer des petits sous. Voyant soudain un bus à l'arrêt, elle s'y engouffre et va se cacher derrière un siège. Le chauffeur est gentil, il la conduit jusqu'à une station de métro et elle rentre chez elle. Malgré tout, elle revient au boulot dès le lendemain, en mettant juste du fond de teint pour cacher ses bleus, mais au bout de quelques heures elle se rend compte que ça ne va pas en fait. Elle n'arrive pas à contrôler sa peur, chaque fois qu'une voiture s'arrête à sa hauteur, son cœur s'affole. Elle se dit qu'elle a besoin de changer d'air alors elle prend le train pour Barcelone. Là, on lui explique que les Espagnoles se réservent le monopole du haut des Ramblas, les Latinas, elles, travaillent en bas. Elle y fait la connaissance d'une joyeuse bande de trans brésiliennes, drôles et épatantes. Au fil des mois, ces filles lui remontent le moral et l'aident à reprendre des forces. Qui plus est elles lui apprennent un tas de nouvelles techniques, si bien qu'en retournant au bois neuf mois plus tard c'est jackpot : elle fait cinquante clients chaque soir entre vingt heures et deux heures.

Les yeux de Francia s'arrondissent. "*Cinquante ?*

— Je te jure, l'assure la Carmencita avec un sourire modeste. Et quand je partais à deux heures, il y en avait encore qui m'attendaient."

À partir de là, la vie de Carmen se transforme en un vrai conte de fées : l'homme qui l'avait photographiée dans la neige, en 1986, à ses débuts, tombe amoureux d'elle ! Simon, il s'appelle. Collectionneur d'art un peu tordu OK mais *muy sympático*, il est fasciné par les trans. Il aime les faire venir chez lui et les prendre en photo le sexe en l'air. Les murs de son appartement sont tapissés de ces images. Pour les copines c'est inoffensif et profitable. Mais là, Simon se rend compte qu'il aime Carmen d'amour ! Il lui demande sa main ! Carmen dit oui ! Leurs noces sont somptueuses ! Puis Simon lui demande si pour être complètement sa femme elle ne veut pas être opérée jusqu'au bout ! À nouveau elle dit oui ! Alors Simon lui trouve un chirurgien réputé à Londres, tout se passe bien et pendant quelques années le couple file le parfait bonheur. Ensuite Simon attrape un cancer méchant, la Carmencita l'accompagne à l'hôpital pour ses examens, ses traitements, le voit se ratatiner, le soigne pendant deux ans et demi, et pour finir il meurt... en lui laissant son appartement ! Comme elle n'a plus besoin de bosser, elle décide de venir en aide à celles qui bossent encore... Et voilà comment elle s'est mise à faire les maraudes avec la camionnette Magdalena.

Quant à Marco, s'il a rejoint les maraudes, c'est indirectement grâce à Francia !

La scène se déroule un matin sombre et mouillé de novembre 2003. Francia est à bout de forces. En raison de la perte de lumière, novembre est le mois qu'elle exècre le plus à Paris France. Quand on a grandi près de l'équateur, on ne s'habitue jamais aux horaires européens instables. Sa nuit a été nulle, elle a à peine bossé. Il y a des nuits comme ça, on dirait que les mecs se donnent le mot pour ne pas venir. Elle est écœurée et elle meurt de faim mais elle espère quand même faire une ou deux passes avant de rentrer, alors elle s'accroche.

Un peu avant sept heures, il fait encore nuit noire, elle voit Marco à l'approche, obnubilé par son sempiternel jogging, et cette vision ne l'enchante pas. Elle aime bien Marco, ce n'est pas la question, mais un copain ce n'est pas un client. S'arrêtant pour lui faire la bise, Marco lui apprend entre deux halètements qu'Ariane est partie en Normandie pour aider des collègues à monter un festival littéraire, et Francia se retient de lui dire que cette information la laisse de glace.

"T'as l'air un peu patraque, dit Marco.

— Ben oui. À part que je me transforme en statue à force de pas bosser, je crève la dalle. T'aurais pas un fruit ou quelque chose ? Je pensais m'arrêter plus tôt et j'ai pas apporté de casse-croûte…

— Ah non ! Désolé, j'ai rien sur moi. Mais viens à la maison si tu veux, il y a plein de fruits…"

Francia acquiesce. Elle a tellement faim qu'elle a peur de tomber dans les pommes si elle reprend le métro sans avoir mangé. Ils font le trajet en silence. Marco installe Francia à la cuisine pour qu'elle se réchauffe, pendant ce temps il part chercher le saladier de fruits dans la salle à manger… et là, ça n'a rien de rationnel, c'est juste vrai, c'est comme ça, il sent tout de suite le désastre.

La chambre de Léo donne sur la salle à manger. Elle est en première cette année-là. Tous les matins pendant le jogging de son père, elle part au lycée en laissant la porte de sa chambre ouverte, et là, la porte est fermée. C'est tout. C'est le seul signe, mais ça suffit pour que Marco oublie tout, les fruits, Francia qui l'attend à la cuisine, son propre nom, et entre en état d'alerte rouge. En deux secondes, il est devant la porte de Léo, il s'empare de la poignée, la tourne et la secoue en vain. En se jetant contre la porte, il ne réussit qu'à se faire mal à l'épaule. Se rappelant que la fenêtre de Léo donne sur une courette dotée d'un appentis avec des outils, il traverse la cuisine en un éclair, fait le tour de la maison et prend un marteau dans l'appentis. Quand le verre de la fenêtre s'avère incassable, il panique pour de bon et, captant sa panique même s'il n'a encore rien dit, Francia compose le 15 et donne l'adresse.

À sept heures dix-sept l'appel est lancé, à sept heures vingt-trois l'ambulance arrive, à sept heures vingt-cinq on défonce la porte de la chambre et Marco se tient là, aux côtés de Francia, sidéré, à regarder les infirmiers charger sur un brancard sa fille de dix-huit ans qui a l'air très morte. Il se glisse dans l'ambulance près d'elle. Une heure plus tard, les médecins lui expliquent que, vu la quantité de médicaments qu'elle a absorbée, soit à peu près tout le contenu de la pharmacie avec quelques verres de whisky pour faire bonne mesure, sa survie n'a tenu qu'à un fil. Si l'appel était venu dix minutes plus tard, ils n'auraient pas pu la sauver.

Voilà l'histoire. C'est parce qu'il a croisé une pute affamée ce jour-là que Marco est rentré à la maison plus tôt que prévu. Estimant qu'il a contracté envers les putes une dette inextinguible, il a décidé de leur apporter un peu de réconfort deux fois par semaine pour le restant de ses jours.

Léo a gardé des séquelles de l'incident mais elle est en vie, c'est tout ce qui compte, et c'est quelqu'un de formidable. Depuis quelque temps, sillonnant tout le 9-2 en Toyota et en fauteuil roulant, elle bosse pour une asso qui vient en aide aux femmes victimes de violences.

Francia rêve qu'elle et Vivian se rencontrent un jour.

# 7

# Obélisque

Il est nerveux aujourd'hui, Robbie R., très nerveux, sans bien savoir pourquoi. Tout va bien : il est logé au Radisson Blu sur les Champs-Élysées, son *per diem* est plus que suffisant et son attaché-case déborde de projets rutilants, pourtant à chaque instant il a l'impression qu'on va l'arrêter dans la rue, lui crier dessus, lui demander ce qu'il fout à Paris en costard-cravate, qui, au juste, il cherche à embabouiner.

Sa psy lui a dit de juste essayer de se détendre et profiter de ce voyage. "Vous n'avez commis ni vol ni assassinat, lui a-t-elle rappelé en souriant. Vous n'avez sur la conscience aucun crime ni même délit. Vous avez autant le droit que n'importe qui de faire un voyage à Paris en classe affaires, tous frais payés. C'est non seulement normal mais mérité !" Et elle avait raison, sa psy. Il a gagné chaque particule de ce privilège. C'est à la sueur de son front qu'il a réussi à s'arracher à Harlem... à la différence de son père qui, après s'être fait charcuter le mollet au cours d'une rixe quand Robbie était ado, s'est enfermé dans sa chambre, et a passé les dernières années de sa vie à stagner et à se morfondre, un vrai bloc de silence. Robbie ne se rappelle même plus le son de sa voix.

Dès ses deux ans, sa mère a réussi à inscrire Robbie dans une école maternelle réputée dans le Sud de Manhattan, hors de prix bien sûr. Elle a surveillé ses devoirs de façon maniaque, et lui, coopératif, a bossé et grimpé, grimpé et bossé. Leurs efforts ont porté leurs fruits.

Elle-même était une sacrée bosseuse, Mme R. ! Mangeant bon marché, éteignant les lumières, se rendant à son bureau à pied, elle a fait des sacrifices pour aider Robbie à gravir, barreau après barreau, de la maternelle au lycée, cette échelle de Jacob qu'est l'éducation privée à Manhattan. Elle était fière de travailler à l'université Columbia (même si elle n'était que secrétaire), fière d'avoir participé dans sa jeunesse au Women's Lib et aux luttes pour les droits civiques, fière d'avoir si bien maîtrisé sa contraception qu'elle n'avait eu qu'un enfant : "Robbie me comble !" disait-elle.

Elle ne supportait pas que sa propre mère la tanne au téléphone depuis Baltimore, lui disant qu'une famille à enfant unique ce n'était pas sérieux, que la vie de famille était sacrée pour les Noirs, lui demandant vers qui elle se tournerait en cas de pépin. Elle répondait qu'elle se tournerait vers des amis, des assos et, sous peu, Obama Care… Jamais dans ses pires cauchemars elle n'aurait imaginé que Donald Trump serait élu président des États-Unis en 2016 et que, devenue incapable de gravir les escaliers de leur immeuble de la $127^e$ Rue en raison de ses varices, elle se retrouverait sans assurance.

"Moi c'est pas grave, Robbie, disait-elle. C'est ta vie à toi qui compte. Que toi, tu deviennes quelqu'un d'exceptionnel."

Chaque fois que, main dans la main, mère et fils longeaient ensemble la $125^e$ Rue, Robbie jetait un coup d'œil en direction du Théâtre Apollo. Son rêve à lui était d'être chanteur ou saxophoniste, mais sa mère lui expliquait que ce n'était pas envisageable, les jazzmen n'ayant aucune sécurité d'emploi, alors voilà.

En amont de ses entretiens d'entrée avec les différentes facs de la Ivy League, Mme R. lui a dit en souriant "Ne te disperse pas, Robbie ! Lumières éteintes à vingt-deux heures ! Ne gaspille pas tes forces avec les filles, t'auras bien le temps de jouer au tourtereau plus tard."

Et tout a marché comme sur des roulettes, l'intelligence et la bonne volonté de Robbie R. ont convaincu tout le monde... à l'exception de lui-même. Incrédule en permanence, il a l'impression que tout cela est un rêve dont il va se réveiller, une erreur qu'on va corriger, une imposture qu'on va dénoncer.

Nonobstant, suivant les conseils de sa mère et ceux de ses profs, il a poursuivi sur sa lancée, et s'est brusquement retrouvé à la NYU Stern School of Business, beau jeune homme d'affaires désormais, de ceux que les ratés de Brooklyn et d'Harlem appellent "Oreos", d'après ces biscuits chocolatés noirs dehors, blancs dedans. À vingt-deux ans il possédait déjà deux costumes (quand il portait l'un sa mère nettoyait et repassait l'autre de ses propres mains), assistait à des colloques, élaborait graphiques et statistiques à tour de bras et maîtrisait les subtilités byzantines de la Bourse. En 2010, avant même d'avoir terminé son Master of Business Administration, il s'est fait embaucher par une des start-up en immobilier les plus tendance de Manhattan. Deux ans plus tard, on lui a proposé de déménager dans la Silicone Valley mais il a refusé pour rester près de sa mère. Celle-ci ne se déplaçait presque plus mais Robbie gagnait maintenant assez pour lui offrir l'aide à domicile, et quand elle parlait au téléphone avec sa mère à elle, toujours à Baltimore, entourée de sa smala innombrable, chacune lançait à la tête de l'autre des *Je-te-l'avais-bien-dit.* "Je t'avais bien dit qu'il fallait faire plus d'enfants, qu'un fils unique c'était de la folie." "Je t'avais bien dit que j'allais pouvoir compter sur la société ! Mon fils m'offre l'aide à domicile !"... À soixante ans, Mme R. était en moins bonne santé que sa propre mère à quatre-vingts, mais elle ne se plaignait jamais. Son fils était son Étoile polaire et elle gardait les yeux braqués sur lui.

Robbie avait assisté au lancement des premières ébauches d'Airbnb et pressenti le potentiel du concept au niveau international. Après ses longues journées de travail, il passait ses soirées à chercher de nouvelles idées pour enrichir sa boîte, astucieuses sans être franchement illégales. Avant de se mettre au lit, il mangeait et se masturbait machinalement, réchauffant pour le premier de ces besoins un des repas surgelés que sa mère lui faisait livrer chaque semaine, se rabattant pour le second sur PornHub, et prenant soin, en quittant sa table de travail, d'effacer l'historique récent et de glisser ses kleenex souillés à la corbeille.

C'est de façon obsessionnelle qu'il a suivi *The Deuce*, série qui dépeint la transformation des métiers du sexe sur la 42$^e$ Rue au cours des années 1970, univers géré par la pègre et la mafia que les progrès de la technologie ont transformé de fond en comble. De saison en saison, on suivait une poignée de filles qui passaient du trottoir aux salons de massage, de là aux peep-shows, de là aux vidéos pornos bas de gamme et, pour finir, au porno *mainstream*. Aujourd'hui, le porno faisait affluer dans les coffres de la pègre non plus des milliers mais des milliards de dollars chaque année.

Paradoxalement, loin de diminuer, le malaise existentiel de Robbie a crû de concert avec son salaire. Quand celui-ci a franchi le seuil des cent mille dollars, celui-là a explosé à la surface de sa peau sous forme de psoriasis. Constatant que l'inflammation restait imperméable aux corticoïdes, son dermato lui a suggéré d'aller chercher du côté psy. Par chance Robbie a vite trouvé une thérapeute qui lui plaisait, et démarré avec elle une thérapie assise ; le processus l'intéressait au plus haut point. Elle lui a fait comprendre qu'il avait introjecté sa mère si puissamment qu'elle continuait, même *in absentia*, à lui prodiguer des conseils. "Si vous espérez aller mieux un jour, lui a dit la thérapeute, il vous faudra à tout prix vous libérer de cette emprise."

Par hasard son cabinet était situé dans la 41$^e$ Rue, tout près de Times Square. Un jour, alors qu'il en sortait la tête encore bourdonnante de rêves confus et de souvenirs pénibles, Robbie a été abordé par une jeune TDS africaine-américaine d'une beauté vertigineuse. Il a accepté de la suivre, se disant que c'était le meilleur moyen de braver ses complexes et de narguer sa mère intérieure, mais aussi dans l'espoir secret de se livrer avec elle à des actes auxquels, les yeux exorbités et le sexe fou, il avait mille fois assisté sur les sites X. Hélas, dès que la jeune femme a eu refermé la porte de la chambre, son corps a calé. Rien à faire... Atterré, il est reparti sans même avoir touché à sa braguette.

À Paris aujourd'hui, il a longuement discuté avec ses collègues français pour savoir si la fusion de leurs boîtes ferait monter ou baisser les dividendes de leurs actionnaires, après quoi il a fait monter un plateau-repas dans sa chambre en étudiant les graphiques de la Bourse. Tout est nickel, alors pourquoi diable est-il si nerveux ? Son crâne lui semble rempli non de pensées mais de guêpes. Si seulement il pouvait sortir boire un coup avec des amis ! Mais à Paris il n'a que des collègues et, dès qu'il s'installe à une terrasse avec des collègues, il entend les mises en garde de sa maman : *Attention, Robbie chéri. Épargne, économise. Pas d'excès.* Elle est pourtant fière de lui, il le sait, il le sent ! Mais elle est devenue si fragile, si fatiguée, il n'a pas le droit de la décevoir, il doit à chaque instant lui prouver qu'elle n'a pas vécu en vain. *Tu me vois, maman ? Tu le vois, ton petit Robbie ? Tu te rends compte ? Je suis carrément logé sur les Champs-Élysées, à mi-chemin entre l'Arc de Triomphe et l'obélisque de la Concorde !*

En regardant de l'un à l'autre puis de l'autre à l'un, Robbie R. a soudain envie de s'emparer de l'obélisque, de la plonger dans l'orifice dessiné par l'arc, de l'en ressortir et de l'y replonger, encore et encore… puis d'aller au-delà.

Il saute dans un taxi.

À la terrasse de Starbucks tout à l'heure, ses collègues lui ont parlé des femmes trans qui bossent là-bas dans le bois, juste au-delà de la place de l'Étoile. Il a allumé une cigarette électronique pour se donner une contenance. "T'es pas au courant, Robbie ? Pas possible ! l'ont-ils charrié. Ça fait des décennies qu'elles sont là, c'est hyper connu, carrément un must à Paris !" Et de se mettre à le taquiner lourdement… "Profites-en ! Fais-toi chatouiller la prostate par une pouffiasse brésilienne !"

Là, il vient de héler un taxi.

Il va y aller. L'obélisque, c'est entre les cuisses qu'il l'a.

Le taxi dépasse l'Arc de Triomphe et va plus loin.

Plus loin.

Cette fois il ne se dégonflera pas.

# VIII

# Alejandro

Ah, c'est quelque chose, les businessmen ! se dit Francia.

Celui qui vient de partir fait tout pour donner le change, mais ça ne marche pas. Il a beau porter costard-cravate et souliers brillants, se raser la tête pour cacher une calvitie naissante, ses angoisses sont aussi fortes et ses chairs intimes aussi fragiles que celles du jeune homme d'Auteuil tout à l'heure, avec sa chemisette Lacoste, son black-jean Calvin Klein, sa coupe de cheveux impec et son smartphone dernier cri. En fait, tout le monde se déguise, se dit Francia, c'est juste plus flagrant chez nous autres TDS parce qu'on aime exagérer. Sourcils épilés et redessinés très haut sur le front, lèvres transformées en fruits mûrs par d'onctueux rouges pourpres, ongles faux car on doit pouvoir les ôter pour glisser les doigts partout, bijoux scintillants, corsages serrés, dentelles noires, bas résille dorés, gaines pour rehausser nos formes rebondies, saillantes, jaillissantes, nos chairs louables et louées. Chacune fait ce qu'elle peut pour annoncer au monde les rêves qu'elle fait et ceux qu'elle facilite, Flora la Brésilienne là-bas porte des cuissardes en plastique qui lui frôlent les fesses, des talons de vingt centimètres et un décolleté en faux léopard ; loin de l'autre côté Florica la Roumaine souligne son air de fillette paumée dans la forêt grâce à un jean hyper serré, de longs cheveux châtain clair et une minceur nerveuse ; Angel l'Argentine accroche à ses lobes d'oreilles de petits nounours en peluche… Quant à Adriana la Cubaine, elle se ruine pour qu'une Chinoise transforme chacun de ses dix ongles en une œuvre d'art différente.

Et moi la Griffonne je joue un rôle aussi, bien sûr, et soigne mon apparence en conséquence. Mon look naturel est un look parmi d'autres, je passe probablement autant de temps que les TDS à me teindre les cheveux, et mon sourire est une pose comme le leur. Si je croyais pouvoir obtenir plus de renseignements en étant agressive, je serais agressive, c'est clair, je les mitraillerais de questions.

En somme, tout le monde est pute. Tous, nous cherchons à faire plaisir à l'autre pour en tirer ce dont nous avons besoin. Tous, nous passons notre temps à errer, à se croiser, à se heurter et à se quitter, sur la scène de la vie comme sur celle du Teatro Colón de Bogotá où Francia a assisté à tant d'opéras avec Alejandro…

Ah ! l'opéra ! Ah ! Alejandro !

Un jour de 1992, bien chargée, Ruby s'endort sur un banc du quartier au beau milieu de l'après-midi et un homme passe par là, grand brun dans la fin de la trentaine, premier conseiller d'un ministre du gouvernement Gaviria.

La vue de la belle endormie le trouble. "On aurait dit une statue ! dira-t-il à Ruby plus tard. Une magnifique statue tombée du ciel, atterrie là, sur le banc ! J'aurais voulu te réveiller par un baiser, mais j'avais peur de te faire fuir !"

Il cherche et trouve un mensonge plausible : il lui dit qu'une bande de gamins était sur le point de lui piquer ses affaires, et qu'en les chassant il l'a bousculée par mégarde. Puis, soi-disant pour se remettre de ses émotions, il l'invite à boire un verre. C'est un peu gros, mais Ruby, à contempler ce joli garçon, ne demande qu'à marcher dans sa combine. Encore complètement stone, elle s'étire, se redresse et met ses pas dans les siens. Voyant que la gamine le dépasse de plusieurs centimètres et qu'en plus elle boitille, Alejandro craque pour de bon.

Une heure plus tard, c'est elle qui est subjuguée. Jamais elle n'a vécu une chose pareille : un homme qui la regarde dans les yeux, lui fait des compliments sur sa robe, ses cheveux, son parfum, lui prend la main sur la table, la caresse, lui pose des questions, écoute ses réponses, et éclate de rire quand elle fait des plaisanteries…

Dire qu'Alejandro n'est pas de la même strate sociale que Ruby, c'est peu dire. Il est marié et père, il a un garçon de dix ans et une fille de douze, tous deux inscrits au lycée français Louis-Pasteur dans l'Est de la capitale. Grâce à lui, Ruby fera ses premiers pas, non seulement dans le pays de l'amour mais aussi dans celui de la culture, les deux entrelacés. Au cours des semaines qui suivent, il l'initie à la passion des corps, aux musées et à la vie politique (autrement que pour s'en moquer, comme le *papá*). Il lui apprend à déchiffrer les titres des journaux. En enfin, au mois de juin, cerise inespérée sur ce gâteau inédit, après lui avoir acheté une superbe robe de soirée dorée échancrée et un boa noir, il l'invite au Teatro Colón pour voir *Aïda*.

La soirée marquera un tournant dans sa vie.

Arrivés séparément dans la somptueuse salle à mille places avec son plafond en forme de vagin, Ruby et Alejandro se saluent poliment d'un hochement de tête et s'installent dans deux sièges voisins. On ne doit pas deviner qu'ils sont ensemble. Personne ne songerait à associer la grande métisse claudicante au jeune homme aux traits purement hispaniques assis à sa droite, sobre et svelte, en frac... mais, tendu à craquer, l'arc du désir vibrera entre eux tout au long de la soirée.

Dès que les lumières baissent dans la salle, la main gauche d'Alejandro vient furtivement serrer la main droite de Ruby et la musique de Verdi la remue jusqu'aux tripes : de puissantes voix de sopranes et de basses qui, au lieu de dégénérer en chaos comme les disputes à la maison, se laissent encadrer et entretisser par les instruments de l'orchestre. Quand le rideau tombe deux heures et demie plus tard, elle a le visage baigné de larmes. Alejandro s'éclipse rapidement, mais elle sait qu'il est entré dans sa vie pour toujours.

Protégée, portée, enhardie par cet amour, Ruby décide de démarrer sa transition cet automne-là, juste après la promulgation de la nouvelle Constitution. La première fois qu'elle aborde le sujet avec Alejandro, ils se prélassent au lit après l'amour. Blottie le long de son corps nu, elle sent contre sa joue la peau lisse de la poitrine de son amant et hume l'odeur âcre et délicate de ses aisselles. Tout en lui caressant l'abdomen d'une main et en serrant, de l'autre, son sexe flapi, elle lui parle de cette idée qui s'est mise à lui trotriner dans la tête et à lui galoper dans le cœur.

"Si tu as envie de le faire, *mi amor*, dit Alejandro, il faut le faire."

Une fontaine de plaisir jaillit dans la poitrine de Ruby. "Tu me suivras ?

— Non seulement je te suivrai, mais je ferai tout ce qui est en mon pouvoir pour t'aider !" Et Alejandro de planter de petits baisers tendres sur toute la surface de son corps, y compris la cheville tordue.

"C'est génial de te savoir là et en accord avec moi, dit Ruby, mais je tiens à payer moi-même les hormones.

— Oui, je te comprends. Il faut juste me promettre de ne pas te laisser injecter du silicone industriel pour faire des économies. C'est l'horreur, ce truc-là."

Et Ruby le lui promet.

Pour financer sa transition, elle prend plusieurs petits boulots tour à tour ou simultanément : ménage chez des bourgeois, manucure pour hommes, coiffure. Le processus dure presque deux ans. De semaine en semaine, parce qu'Alejandro l'aime d'amour, elle prend confiance en elle. Elle quitte définitivement le Cartucho. Déjà elle s'étirait et soupirait au lit, souriait et se dandinait dans la rue comme une femme ; là, au bout de quelques mois de traitement, elle se met aussi à parler d'elle au féminin et à se sentir réellement femme. *Tout* se transforme : ses hanches s'arrondissent, ses fesses rebondissent et sa voix, grâce aux séances d'orthophonie, grimpe dans les aigus.

C'est une très belle période, surtout parce que l'amour d'Alejandro lui donne des ailes. Chaque semaine, délaissant discrètement sa famille ou son travail, il s'arroge quelques heures pour venir la retrouver. Caresses au lit ou balades en ville : quoi qu'ils décident de faire, les heures qu'ils passent ensemble sont sacrées.

Ils font plusieurs fois l'expédition à Monserrate. À deux mille six cents mètres, Bogotá est déjà dans les nuages, mais une montagne surplombe la capitale et la basilique à son sommet la domine de deux cents mètres supplémentaires. Chaque fois qu'ils y montent en funiculaire, Ruby a le cœur qui bat plus vite et la tête qui tourne. Là-haut, ils pénètrent dans l'église blanche aux murs nus et se mettent à genoux devant la Morena, magnifique Virgen africaine dont la couleur de peau est proche de celle de son *papá*, et un Enfant Jésus, noir lui aussi. Au bout d'un moment ils ressortent et se mettent à flâner derrière l'église, longeant les stands d'artisanat pour touristes. Souvent, Ruby remarque que les gens la dévisagent : ils se demandent sans doute si elle est venue chercher la guérison miraculeuse de son boitillement.

Devant le panorama qui s'étend à perte de vue, Alejandro lui montre les différents quartiers de Bogotá, les points de repère, les dômes d'églises, l'université, les Torres del Parque. Il lui raconte l'histoire de la mégalopole, louant les architectes révolutionnaires qui ont conçu et dessiné ses gratte-ciel. Ruby est impressionnée, moins par son savoir de son amant que par le respect qu'il lui témoigne en le partageant avec elle.

"La connaissance, lui dit-il, n'appartient pas aux savants, elle est pour tout le monde. Bogotá est ta ville maintenant, tu es devenue une de ses citoyennes ! Or c'est la ville qui dépend de ses citoyens, pas l'inverse !"

Qu'il lui parle ainsi la bouleverse.

Puis c'est la catastrophe.

En janvier 1994, quelques semaines à peine après l'exécution de Pablo Escobar par un policier distrait, l'épouse d'Alejandro découvre leur liaison. Une de ses amies, les ayant vus ensemble à l'opéra un peu trop souvent, a planté le soupçon dans son cœur. Alejandro essaie de la convaincre que se situant sur un plan tout autre, son amitié pour ce garçon-fille ne menace en rien leur mariage ; l'épouse ne veut rien entendre. Elle le somme de choisir, l'assure qu'elle en a déjà discuté avec son avocat, le prévient : s'il annonce qu'il ne met pas fin à cette relation qui salit la réputation de toute la famille, elle l'empêchera tout bonnement de voir leurs enfants.

Tiraillé, tourmenté, Alejandro développe des douleurs gastro-intestinales, puis un zona. Les médecins lui ordonnent le repos total, du coup il ne sort plus de chez lui. Son épouse le soigne avec un dévouement ostentatoire. Il appelle Ruby chaque jour et tous deux pleurent au téléphone.

Heureusement qu'il y a les copines, toutes les amies TDS de Ruby – Andrea, Camila, Gabriela, Verónica, Diana, Sara et Angelina –, qui en sont à des étapes différentes de leur transition et en partagent les peines et les joies. Une fois, elles organisent une sortie dominicale à Monserrate. Comme le funiculaire coûte cher, elles se lancent à pied à travers la forêt verdoyante, c'est un trajet de deux heures par une route sauvage ! Elles le font en pique-niquant, en chantant fort et en déconnant. C'est tellement bien que Ruby en arrive presque à oublier son angoisse.

Un jour, Alejandro lui demande de ne plus l'appeler. Il dit avoir besoin de réfléchir.

Vers la fin février, il lui donne rendez-vous.

Les amants se retrouvent à la vieille auberge Selina, pas loin du Teatro Colón où ils ont connu tant de bonheurs et, avant même qu'il n'aborde le sujet, rien qu'au ton solennel de sa voix, Ruby sait que leur histoire est terminée. Alejandro lui jure que ce n'est pas pour son épouse qu'il doit renoncer à leur amour – ça fait très longtemps qu'il n'y a plus rien entre eux –, non, c'est pour l'avenir des enfants. Si le monde apprend que leur père est homo, leur avenir sera compromis, leur réputation ternie. Perdre sa fille et son fils, ça le tuerait, tout simplement. Il ne s'en remettrait pas. "Oh ! Ruby, ma chérie, mon trésor !"

Séparation sans retour.

Pour elle c'est un séisme, il n'y a pas d'autre mot.

Encore aujourd'hui, elle en ressent les répliques.

Elle choisit dans sa playlist *Viento* : superbe duo flamenco avec Pedro Soler à la guitare et son fils Gaspard Claus au violoncelle. Yeux fermés, elle s'abandonne à la musique-flamme, écoute les histoires qu'elle lui raconte…

Au bout d'un moment, elle me devine auprès d'elle.

"Ça va, la Griffonne ? me demande-t-elle sans ouvrir les yeux. Tu es bien silencieuse, je trouve.

— Hmm, ça va un peu moyen, avoué-je.

— Qu'est-ce qui va pas ? Il te plaît pas, ce CD ?

— Si, si, au contraire. Peu de musiques me touchent autant.

— Qu'est-ce qui te chiffonne, alors ?

— Ben… j'ai un souci un peu technique. Je ne sais pas où mettre la lettre d'Alejandro.

— T'as qu'à la mettre là, tout de suite, si tu veux. Vas-y, ça me dérange pas. Elle est tellement belle, cette lettre ! Et elle est importante !

— OK d'accord, je l'insère là, même si ça bouscule la chronologie. Merci."

Un flash-forward.

Francia entend souvent parler d'Alejandro car sa carrière bat son plein, mais toutes les nouvelles sont indirectes. Fin 2000, quelques mois seulement après son arrivée à Paris France, Alejandro lui écrit. Il dépose sa lettre au cabinet du Dr Lofiego. Celui-ci la confie à une copine trans de Francia qui se rend parfois à Paris. Parvenue entre ses mains un an plus tard, c'est la seule lettre qu'elle recevra jamais de son amant absolu.

Francia l'a lue si souvent qu'elle la connaît par cœur ; ponctuellement, elle ressuscite les phrases de son amant, le tableau terrible qu'il a peint pour elle avec ses mots.

*Ruby* amor, écrivait Alejandro, *j'ai besoin de t'écrire parce que le maire a ordonné la destruction du Cartucho, en fait de tout le quartier Santa Inés. En souvenir de notre histoire j'y passe chaque jour, je ne peux pas m'en empêcher. Vision infernale,* mi amor. *C'est tout un univers qui fume là en ce moment, un univers réduit à des ordures qui puent et se consument. Je contemple ce paysage d'une désolation infinie et je me tourne vers toi qui as vécu là toute jeune… et j'ai besoin de te décrire ce que ne filme aucune chaîne de télévision, j'ai besoin que tu puisses l'imaginer. Tout s'entasse en vrac, gravats et décombres, meubles renversés, bouts de ferraille, habits, nourriture, tôle ondulée, et c'est justement le mélange qui est déprimant, infâme. De jour, de petits feux crépitent çà et là. De nuit, des feux d'artifice scintillent et giclent au-dessus des gravats. Une pelle mécanique débarque chaque matin pour emporter une minuscule fraction de ce gâchis sans nom... Mes yeux avalent la tristesse. On détruit tout. À défaut de bulldozers, ce sont des instruments lents et primitifs, pioches et pelles, qui viennent défaire les bâtiments. Brique par brique et planche par planche, tout s'arrache, tombe et s'entasse pêle-mêle à perte de vue, y compris l'abattoir, le Matadero municipal, tu te rappelles ? Tout le quartier était en fait un* matadero, *on y débitait la viande tant humaine qu'animale, découpant cuisses de bœufs et cuisses d'hommes, entassant membres, organes et têtes, c'est par rigoles que le sang coulait dans les caniveaux, c'était le sacrifice à son plus absurde, le sacrifice vidé de son sens, comme si les habitants avaient porté jusqu'au délire le message christique, sans même le respect qu'on témoigne aux taureaux en les mangeant après la corrida : ici les gens étaient tués, débités et jetés aux ordures, l'humanité privée de ses symboles, réduite à rien, à moins que rien. J'essaie de comprendre,* mi amor. *Qui peut faire ça ? Qui peut trouver normal de vivre ainsi ? Je pense que la réponse est simple en fait : des déracinés. Tu le sais : la Colombie détient le record mondial de déplacements forcés. Les réfugiés internes se comptent par millions : paysans expulsés vers les villes, habitants des côtes chassés vers l'intérieur, citadins jetés sur les routes par les conflits avec les* FARC. *Pour buter et balancer ainsi sans état d'âme un être humain, il faut n'être plus personne. Les hommes sans foi ni loi sont aussi sans père ni mère, sans peuple ni village. Fais attention,* mi amor. *Prends soin de tes racines.*

En lisant cette lettre pour la première fois, Francia a pleuré toutes les larmes de son corps. Elle a fait mille tentatives pour y répondre, pour rejoindre Alejandro par la poste ou par téléphone, le remercier, l'interroger… Toutes se sont heurtées à un mur de silence.

Là, elle commence à avoir presque chaud : si on lui apportait une glace à la vanille, elle ne cracherait pas dessus.

# 8

## Baskets

Le pasteur Scott S. transpire abondamment.

C'est au pas de course qu'il a fui l'église américaine après l'office et le déjeuner, il a couru depuis le quai d'Orsay jusqu'au bois de Boulogne en passant par la place de l'Alma, la place des États-Unis, la rue Copernic (où il a salué avec émotion l'immense génie polonais de la Renaissance, dont les observations astronomiques ont révolutionné la pensée humaine), l'avenue Bugeaud (où, n'ayant jamais entendu parler de ce général de l'armée française qui a donné l'ordre d'enfumer les grottes du Dahra en 1845, faisant périr les centaines d'hommes, de femmes et d'enfants algériens qui s'y étaient réfugiés, il n'a pensé à rien de spécial), la porte Dauphine et la route de Suresnes. Voilà plus d'une demi-heure qu'il court, il a dû faire cinq kilomètres au moins, il vérifiera sur son podomètre tout à l'heure, encore heureux en partant ce matin qu'il ait mis ses baskets et non ses chaussures de ville.

Plus de voitures : c'est l'heure du déjeuner et Scott est pour ainsi dire seul au cœur du bois. Ici, personne ne le prendrait pour un pasteur. Voilà dix jours qu'il est à Paris, il repart après-demain. Il ne savait pas où ses pas le conduisaient, et pourtant, quelque part, il le savait. Il transpire mais c'est agréable, le bruit rauque et rythmé de son souffle occupe l'univers. "C'est que – parfois – bon Dieu (se dit-il, ahanant deux syllabes à chaque expiration) – on n'en – peut plus."

C'est bien beau d'être le pasteur très apprécié de l'église unitarienne d'une petite ville du New Hampshire, de connaître personnellement toutes ses ouailles, d'avoir une jolie épouse du nom de Marjorie qui, bien que diplômée de Radcliffe en psychologie comparée, s'occupe bénévolement du musée des Artefacts amérindiens dans la ville voisine, et de pouvoir, grâce à l'héritage laissé par feu son beau-père, banquier à Boston de son vivant, débourser vingt mille dollars par semestre pour envoyer ses trois fils dans les meilleurs lycées privés de la côte est, en attendant de pouvoir débourser plus encore pour les envoyer dans les meilleures facs. C'est bien beau d'avoir été mandaté par les généreux donateurs de la paroisse pour faire un stage à l'église américaine, église primée à plusieurs reprises par la ville de Paris pour le secours qu'elle apporte aux malheureux du monde entier, "Bien beau – tout ça – mon Dieu – mais bon – parfois – (le souffle rauque revient sans cesse) parfois – l'huma – nité – m'épuise."

Oui, il est fatigué et exaspéré par ce qu'il vient de vivre. Il ne supporte pas la bonté glapissante de tous ces gens, le zèle exhibitionniste avec lequel ils ouvrent leur cœur aux misères du monde. À l'église américaine, on peut assister à des danses folkloriques philippines, compatir avec des rescapés du génocide rwandais, apprendre des recettes de cuisine de ressortissants sri-lankais traumatisés par la guerre civile, ou écouter le rap évangélique des Africains-Américains victimes du racisme. Ces groupes sourient, sanglotent et prient à tour de rôle, à tour de bras. Ils passent leur temps à sautiller, à taper dans les mains et à remercier bruyamment le Seigneur. Au milieu de tout ce tintouin, toute cette bonne volonté autosatisfaite, Scott ne sait ni où ni comment retrouver sa foi à lui, née du sentiment d'une très haute vocation.

À l'âge de quinze ans, il a vécu une épiphanie : il lui a semblé que Dieu lui avait confié, à lui entre tous, la tâche d'expliquer aux gens l'unité profonde de la religion et de la science, leur faire comprendre pourquoi la Création leur paraissait belle, de quelle manière et pour quelle raison le Créateur avait encodé le sens des choses en d'élégantes formules mathématiques correspondant à des symétries, des courbes et des spirales, une pléthore de formes parfaites. Ainsi que l'a formulé William Blake dans son poème célèbre : *"Tigre, tigre, qui flamboie / Dans les forêts de la nuit / Quelle main, quel œil immortels / Ont pu bâtir ton effrayante symétrie ?"*

Ses débuts dans l'existence étaient modestes pour le moins. Fils unique d'un couple employé dans la filature d'Exeter, il a fait ses études post-secondaires à Keene State. C'est modeste en effet mais peu importe, car il ne doit sa révélation ni à la famille ni à la fac mais à la beauté naturelle de la région : c'est sur le mont Monadnock que s'est noué son dialogue avec le Très-Haut.

Il admire sans réserve Galileo Galilei qui, tout croyant qu'il était, a osé affirmer que Dieu lui avait donné son intelligence, pour s'en servir, non pour la laisser en friche. Rien ne bouleversait Scott autant que l'idée de l'astronome italien en train de polir patiemment ses lunettes et, la nuit venue, pour peu que le ciel fût dégagé, de grimper seul sur le toit de la plus haute maison de Venise, noter ses observations et tirer sobrement la conclusion qui en découlait : Copernic avait raison, la Terre n'est pas au centre de l'univers !

Scott avait appris par cœur un passage du beau livre de Dava Sobel, *La Fille de Galilée* : *"Il eut donc simplement l'audace de répéter que la découverte des vérités naturelles ne devait procéder que de la science, car il continuait à croire que seules ces sortes de vérités pouvaient glorifier la parole et les œuvres divines."* C'était à la fois sublime et évident.

À partir de là, suivant l'exemple de son idole, il s'était fait partisan de l'écriture mathématique du livre de l'univers. Il avait choisi l'Église unitarienne parce qu'à ses yeux le catholicisme imposait une pensée obtuse et fermée. Il ne comprenait pas comment, de la doctrine de Jésus, avait pu surgir le système papal avec sa hiérarchie et sa théâtralité monstrueuses. L'Église de Rome lui avait toujours semblé non seulement matériellement dispendieuse (et en cela déjà contraire aux enseignements du Christ), mais, de plus, spirituellement débile. Au lieu de s'élancer avec souplesse et allégresse sur les chemins de la pensée, comme l'avait prévu le Très-Haut, l'esprit des prêtres catholiques s'était laissé entraver par des certitudes étroites. Et leur corps était logé à la même enseigne. Scott trouve choquant le spectacle de centaines d'hommes ventrus à mitre et à surplis, lestés de lourdes étoffes brodées et bijoutées. Exhiber ainsi leur richesse les aidait sans doute à oublier leur pauvre corps condamné à la stérilité. Là non plus, en principe, pas de contradiction entre religion et science : si le Seigneur n'avait pas voulu que nous nous servions de nos organes reproducteurs, pourquoi aurait-Il rendu leur emploi si agréable ? En définitive, se dit Scott, je suis plus proche de Lui en baskets et en blue-jean que tous ces messieurs en chasuble, en étole et soutane.

Hélas, sa philosophie ne trouvait pas où s'épanouir dans le monde contemporain. Il y a vingt ans, des auteurs comme Chet Raymo ou Hubert Reeves pouvaient encore inciter leurs lecteurs à s'émerveiller devant le ciel étoilé (comme Scott lors de ses nuits exaltées dans la forêt new-hampshiroise) ; aujourd'hui c'est fini. On a abandonné la science aux militaires et aux banques, aux start-up et aux transhumanistes. Quant à l'Église, elle est devenue un fourre-tout, une Babel bordélique. La preuve…

Délaissant enfin la route de Suresnes, Scott débouche dans l'allée de la Reine-Marguerite. La sueur lui coule dans le dos. "Parfois – parfois – (se dit-il) – j'veux juste – que tout – s'arrête."

C'était bien beau les cours mensuels de sexualité que suit son épouse, où, moyennant paiement, elle apprenait, avec d'autres femmes mûres du village, à manipuler des pénis en silicone en vue de faire plaisir à leur mari, bien beau, aussi, les séances de thérapie de couple au cours desquelles lui et Marjorie s'efforçaient de verbaliser leurs attentes spécifiques en matière d'érotisme (après plus de vingt ans de mariage, elle a osé lui avouer que la position du missionnaire était sans doute sa moins préférée, mais qu'elle raffolait, au contraire, de 69)…

Là non plus : jamais de place pour le silence, le sacré.

Le cœur battant, tout le corps échauffé, érigé, luisant de sueur, Scott cesse enfin de courir et se met à marcher. Toujours par paires, des syllabes rageuses sortent de ses poumons essoufflés. "Et donc – peut-être – une pute – comme ça – homme-femme – pourrait…"

Qui sait ?

Sans complications, sans chichi, sans mille mots à l'entrée et à la sortie, cette personne attendrait peut-être de voir ce dont il a envie. Il la payerait et le temps se dilaterait, comme lors des nuits blanches de Galilée sur les toits de Venise. Attentif à chaque coup de langue de cette personne sur son gland, Scott parviendrait à le traduire en scintillements, en éclosions, en ramifications, ah ! les mouvements mêmes dont Dieu avait doté sa Création. Mêmes courbes parfaites, même *terrible symétrie*, qu'il s'agisse de fleurs, d'étoiles ou d'animaux. Les tropes du verbe rejoignaient ceux du chiffre, les mots "ellipse", "parabole", "hyperbole" s'employaient en poésie comme en mathématiques, tout est lié. Mais pour ressentir ces liens profonds, il fallait prendre le temps de se recueillir, de s'y immerger. Sur l'extrémité du gland, la langue de cette personne ferait des spirales semblables à la coquille d'un escargot, à la queue d'un hippocampe ou au mouvement de l'eau dans une bonde. Quant aux poussées de ses hanches à lui, faisant doucement avancer son sexe dans le corps de l'autre… cela aussi, Dieu l'avait voulu : Il avait voulu ce plaisir qui monte en nous par paliers, tout comme le tonnerre gronde en crescendo pendant l'orage. Les hommes sont tonnerre – les mythes du monde entier le disent ! Ils sont faits, non pour décortiquer leur propre comportement à l'infini, mais pour gronder, tonner, exploser.

Il s'agit de retrouver et de perpétuer les archétypes.

Scott s'efforcerait à son tour de donner du plaisir à cette personne – car elle devait connaître, tout comme lui, le sentiment de solitude au milieu de la foule.

Oh oui… tout comme lui… tout comme lui…

# IX

# Bizet

Eh ben… on peut dire qu'il avait besoin d'être possédé, celui-là !

La plupart du temps, comme pour ce petit pasteur, là, ça va vite : quelques mouvements subtils, trois ou quatre poussées et c'est bon, ils se pâment, Francia n'est pas obligée d'aller au bout – et heureusement, sans quoi ce serait vite infernal. Si elle devait aller au bout dix ou vingt fois par jour, elle n'ose penser à la quantité de Spreda ou de Viagra ou de Cialis ou de Levitra qu'il lui faudrait prendre…

Parfois elle se demande pourquoi la passivité a si mauvaise presse. C'est plus vrai encore en Colombie qu'en France. Un macho a besoin de savoir à tout instant qui est le boss, qui a baisé qui, qui s'est fait avoir par qui. On peut payer pour se faire sodomiser par un homme, à condition de le frapper ensuite pour prouver qu'on n'était pas passif. Par une femme (même si on en rêverait), non : en Colombie, la honte est trop forte. Pendant ses années de transition, Ruby en riait souvent avec Alejandro pendant ses années de transition : tant qu'elle ressemblait encore à un garçon, les hommes avaient envie qu'elle les possède ; mais, plus elle se féminisait, plus ils insistaient pour la dominer. Une fois devenue pleinement Ruby, neuf clients sur dix voulaient l'enfiler ; un sur dix seulement, être enfilé par elle. À Paris, c'est juste la proportion inverse.

"Tu sais quoi, Francia ? me permets-je d'interjecter. J'ai écrit un poème à ce sujet, voici quelques années. « Sublime passivité », ça s'appelle.

— Sur quoi n'as-tu pas écrit, la Griffonne ? J'espère que tu me le montreras un jour !

— Je suis tentée de le glisser, là, dans le livre avec toi.

— Tu crois ? Ça va faire bizarre, non ?

— *Please?*

— … Si tu le mettais dans une note en bas de page ?

— Non, non, j'ai envie de le flanquer, là, au beau milieu de la page, là tout de suite.

— C'est toi qui vois, la Griffonne, mais je trouve ça un peu bizarre."

Petit silence.

"T'as raison, Francia. Pardon, je m'excuse. C'était bête comme idée.

— Non, non, je suis sûre que c'est un bon poème, mais… ça risquait de faire bizarre."

Tiens. Tout près, des bruits de pas tout près. Branches qui craquent, voix flûtées.

"Francia ? Pardon…

— Pardon de te déranger, Francia…"

À leur accent, Francia reconnaît les Roumaines.

Il y a forcément un problème, sinon elles ne débarqueraient pas comme ça pendant leurs heures de travail.

"J'arrive !" Coup d'œil dans la glace, elle est presque présentable. Le temps de retoucher son rouge à lèvres et de rajuster sa minijupe, elle émerge du *cambuche*. "Salut les filles !"

Elles sont trois : Ileana, Marina et Andrea. Francia voit à leur pâleur que c'est grave.

"C'est Florica, dit Ileana.

— Quoi, Florica ?"

Francia ne veut pas que la jeune Roumaine soit morte. Pas aujourd'hui. C'est devenu une bonne journée et elle veut que ça le reste.

C'est dans le camion Magdalena, voici quelques mois, qu'elle a fait la connaissance de son Cluj natal. Émue par la tristesse flagrante de la jeune Roumaine, Francia a fait mille efforts pour lui remonter le moral. Plusieurs semaines durant, elle l'a gâtée avec de l'*aguapanela* et interrogée sur son parcours. Les deux femmes ajoutaient gestes et mimiques pour suppléer à leur français défectueux.

L'été d'avant, alors qu'elle venait de fêter ses seize ans, Florica avait décidé de faire une fugue à Berlin, histoire de montrer à ses parents qu'elle pouvait se débrouiller toute seule. Manque de pot, elle était tombée presque tout de suite sur un vampire, un de ces macs sans état d'âme qui appâtent les jolies provinciales en leur faisant miroiter la promesse d'un emploi à l'Ouest et qui, les ayant brutalement déflorées, les plongent dans l'enfer de la prostitution forcée. Les vampires roumains sont de sinistres criminels au même titre que ces mesdames qui, au Nigeria, kidnappent de jeunes filles trop crédules, leur mentent, les font violer, les transforment en chair canon et les exploitent à mort, les obligeant à travailler dix ans pour rembourser le prix de leur passage en Europe. Francia ne sait pas ce qu'il pourrait y avoir de pire au monde que ces messieurs dames ; avec toutes ses excuses à santa María, santa Marta, santa Rita, la Santísima Virgen, el Sagrado Corazón y san José, elle aurait le plus grand plaisir à leur arracher la tête de ses mains nues.

"Quoi, Florica ? répète-t-elle.

— Elle pleure tout le temps, dit Marina, et elle te réclame. Comme tu es née la même année que sa mère, tu es un peu sa *mamá* du bois...

— Oui je sais. Attends, j'attrape mon sac."

Elles coupent à travers la forêt, passant du quartier des Latinas à la Mitteleuropa.

"Il lui arrive quoi, à la petite ?"

Andrea et Marina jettent un coup d'œil nerveux en direction d'Ileana, la plus âgée et la plus aguerrie de la bande. C'est à elle de répondre.

"Tout va bien, tout va bien, marmonne Ileana sur un ton qui dit tout le contraire. Mais... ben... on sait pas comment ça se fait... En principe on est toutes sous pilule, c'est obligatoire...

— Elle est enceinte !

— C'est-à-dire qu'elle est tombée enceinte, oui, et...

— Aïe, *mierda*, la pauvre *chica* ! Et aucune idée qui est le père, bien sûr...

— Voilà, je te raconte ce qui s'est passé. C'est que... ben... il y a quelques semaines, elle a disparu. On savait pas où elle était. Elle répondait pas au téléphone... Le mystère a duré quinze jours, puis elle est revenue en... en mauvais état. Elle pouvait à peine marcher, elle mangeait rien... Peu à peu on a compris : les macs lui disent qu'elle ment sur les sous, elle leur donne pas tous ses gains… Pour la punir, ils l'emmènent dans une cité là-haut à côté de Saint-Denis et l'enferment dans un studio, elle sait pas où. Ils prennent son téléphone. Elle reste plusieurs jours sans se doucher, presque sans manger… elle perd le compte des hommes qui viennent… Elle touche pas un centime, les macs disent qu'elle les rembourse comme ça. Voilà l'histoire. Et… à son retour… quand elle a pas ses règles…

— Aïe, Dios !"

Francia tremble de rage. Ça ne fait pas de doute, se dit-elle, les femmes cis sont encore plus en danger que les femmes trans. À une femme trans, la chirurgie peut fabriquer une jolie orchidée, mais pas un utérus. Une femme trans on peut la violer, ça arrive tout le temps, mais pas la mettre en cloque. Du coup elle a quand même moins peur qu'une femme cis : elle a peur pour elle seulement, pas pour le bébé qui pourrait pousser dans son ventre, et qu'elle devrait ensuite faire vivre ou mourir. (Si le *papá* m'avait violé, moi, petit, ç'aurait été atroce. Mais en faisant un enfant à Vivian il a pulvérisé toute la famille. La vie de Vivian en est gâchée pour toujours, la *mamá* ne s'en est pas encore relevée, la petite Xiomara a subi les insultes du voisinage pendant des années.)

"Aïe, Dios ! fait elle à haute voix. Et elle cherche un médecin pour faire passer *el niño* !

— Non c'est pas ça, dit Ileana. En fait, elle… Non, tu vois, le problème c'est que… ben, comme toutes les jeunes filles qui arrivent en France cachées à l'arrière d'un camion, elle a pas de papiers, Florica, donc pas droit à la Sécu…"

Silence. Francia entend les petites branches qui craquent et crépitent sous leurs pieds. C'est à voix très basse qu'Ileana répond enfin à sa question.

"Alors voilà... on l'a fait, nous.

— *¡Jueputa!* soupire cette fois Francia. Et ça s'est mal passé.

— Non, non, Marina se hâte de la rassurer, ça s'est bien passé ! C'est juste que, depuis, elle reste tout le temps au lit. Elle mange pas, elle parle pas, elle a envie de rien. Alors tout à l'heure, quand elle a demandé à te voir, ça nous a fait plaisir. Depuis trois jours, c'est la première fois qu'elle veut quelque chose."

La petite bande arrive devant la tente d'Ileana.

Par discrétion, les trois autres se tiennent à l'écart, et Francia se glisse à l'intérieur. Ses yeux mettent un moment à s'habituer à la pénombre. Quand elle distingue enfin la jeune femme assise dans le lit des ébats professionnels, c'est un choc de voir à quel point elle a maigri. Elle a la peau blanche, trop blanche, sa nuit aussi a dû être blanche... Et oui, bien sûr, ça tombe sous le sens, la neige est blanche aussi. Accro, elle restait en leur pouvoir. Forcément, les vampires lui ont donné de la coke. Francia a grandi avec ça : en Colombie, tout tourne autour de la poudre. C'est la colonne vertébrale du pays depuis trois quarts de siècle, à tel point qu'on a parfois du mal, devant le poste, à distinguer les séries des JT.

Assise près de Florica, Francia pousse un soupir. Lui reviennent en cascade les journées grises et grinçantes de ses années au Cartucho. Elle revoit les fantômes errant désespérés à la recherche d'une *bareta*, et n'a aucun mal à imaginer ce qui a pu se passer à Saint-Denis : en échange de sa dose quotidienne de coke, Florica devait accepter tous les hommes que lui amenaient les vampires. Simplement, leur plan a fini par foirer car elle n'était plus bandante. Effrayés par son corps squelettique et ses yeux hallucinés, les clients n'en voulaient plus et les vampires ont dû se débarrasser d'elle : mauvais investissement.

Avec difficulté, Florica vient se blottir contre elle. Comme Francia n'a pas envie de pleurer, elle fredonne. Elle se dit qu'elle devrait chanter quelque chose pour la petite, mais elle ne connaît pour ainsi dire aucune chanson en français, leur seule langue commune. Elle a beau se racler les méninges, tout ce qu'elle trouve est la célèbre aria de Carmen, apprise jadis avec Alejandro pour préparer une soirée Bizet au Teatro Colón. Alors elle se lance : *"L'amour est un oiseau rebelle / Que nul ne peut apprivoiser / Et c'est bien en vain qu'on l'appelle / S'il lui convient de refuser / Rien n'y fait menace ou prière / L'un parle bien l'autre se tait / Et c'est l'autre que je préfère / Il n'a rien dit mais il me plaît…"*

La sylphide blonde se laisse bercer par les bras musclés de la géante brune ; en l'espace de quelques secondes, la chemisette de Francia est imbibée au niveau de la poitrine. Elle continue de cajoler la petite en chantonnant, reprenant la première strophe encore et encore parce qu'elle a oublié toutes les autres. Elle la chante pour la jeune femme de Cluj mais aussi pour sa *mamita*, pour ses *hermanitas* à Girardot et leurs propres *hijos* et *hijas*, surtout pour Xiomara la brillante, qui, sous peu, s'installera dans un cabinet d'avocats à Bogotá.

Mais elle interrompt la chanson au milieu d'un mot car elle vient de voir l'heure. "Faut que je file, *mi amor*. On est dimanche et je dois appeler la *mamá* à dix-sept heures !" Elle s'extrait doucement de l'étreinte de Florica, la recouche et la borde comme un bébé. "Je reviens te voir plus tard et on écoutera de la musique ensemble, *¿vale?* Pendant ce temps, faut que tu dormes, *¿vale?* Tu me promets de dormir ?"

Florica hoche la tête en la regardant au fond des yeux, aussi solennellement qu'une fillette de quatre ans. Francia voit qu'elle fait la lippe pour barrer le chemin à un gros sanglot.

Elle lui pose longuement un baiser sur le front, et s'éclipse.

# 9

# Fruste

Lian se dirige à pas rapides vers le stand Vélib'. Il doit se dépêcher. Tout le groupe est convoqué à dix-sept heures quinze et un car va les emmener à Vincennes, à l'autre bout de Paris, pour participer à une journée cent pour cent chinoise dans le cadre d'une fête nommée Foire du Trône – bizarre, se dit Lian, une foire du Trône dans un pays qui a décapité son roi ! –, encore une sortie obligatoire pour des réjouissances obligatoires avec le groupe obligatoire, avant de regagner leur hôtel obligatoire, le Hilton Huanying Paris La Défense.

Voulant être en forme pour cette sortie, Bao, son épouse, fait la sieste dans leur chambre au dernier étage.

Lian s'en veut de s'être laissé embarquer une fois de plus dans une expédition organisée par sa femme, mais aujourd'hui il ne peut rien lui refuser car en Chine c'est la fête des Mères. Il a hâte que ce voyage se termine, hâte de se retrouver devant l'ordinateur dans son bureau à Shanghaï, en train de calculer les bénéfices possibles du Groupe Schindler pendant la décennie à venir : elles devraient être grandioses, les années 2020 !

Il est horripilé par cette vie de groupe, surtout à l'étranger. Il déteste se déplacer ainsi à Paris avec une bande de compatriotes, coiffés de bobs rouges identiques pour pouvoir se retrouver facilement. Il sait que les Français les voient comme des clones les uns des autres, et se paient leur tête. Bao aussi le sait, mais elle lui fait remarquer qu'il s'agit d'un petit groupe cette fois, seulement vingt personnes alors qu'en avril 2014 ils étaient deux cents ! Oui, pour leur voyage de noces, elle a tenu à visiter la Cité interdite à Pékin avec cent autres couples fraîchement mariés comme eux, et l'air pollué de la capitale a failli les tuer tous.

En préparant ce séjour à Paris, elle a tout fait pour que Lian soit à l'aise. Elle a choisi le quartier de La Défense en raison de sa forêt de gratte-ciel, se disant que ce serait moins dépaysant pour lui, ça pourrait presque être Shanghaï. Du reste, le Hilton Huanying Paris La Défense met une bouilloire, du thé de Chine, des chaussons et des baguettes dans toutes les chambres "pour le confort de ses clients de l'Empire du Milieu", comme le précise leur site, oubliant que la Chine a cessé d'être un empire en 1912. Lian se dit que, quitte à faire neuf mille deux cent soixante-trois kilomètres en avion, ce ne serait pas plus mal de se trouver ailleurs que chez soi, mais bon, c'est presque fini : encore deux jours et ils quitteront la France, ayant sagement coché toutes les cases touristiques depuis la tour Eiffel jusqu'à Giverny, sans oublier l'Arc de Triomphe, le musée Guimet et la Pagode.

Hier samedi ils ont passé l'après-midi à visiter des boutiques de mariage dans le quartier Haussmann Saint-Lazare. Il se rappelle l'étonnement de son collègue Jean-Luc, énergique jeune Suisse que la maison mère à Lucerne a envoyé comme comptable Schindler à

Shanghaï. "Dites donc, le mariage est une vraie obsession chez vous ! s'est exclamé Jean-Luc. Il y a des pubs pour des agences matrimoniales partout où on pose les yeux : dans les magazines, sur les panneaux publicitaires, même dans les taxis !" C'est que, lui a expliqué Lian, la politique de l'enfant unique a conduit des millions de jeunes Chinois à renoncer purement et simplement au mariage et à l'enfantement, et c'est avec désespoir que leurs parents, encore empêtrés dans les vieilles croyances et superstitions nonobstant soixante-dix ans de matérialisme dialectique, voient arriver la mort de leurs ancêtres et l'extinction de leur lignée. "Ah ! je vois", a dit Jean-Luc.

Les deux hommes déjeunent souvent ensemble à la cafétéria ; parfois, tout en avalant leur soupe de raviolis, ils s'amusent à comparer l'Est et l'Ouest en matière d'érotisme. Jean-Luc est frappé par l'absence de toute tradition du nu dans la peinture chinoise. Et il trouve les gravures érotiques chinoises étonnamment banales : en gros, les hommes forniquent avec des putes, point à la ligne. En revanche, il est choqué par certains thèmes dans ces gravures : on voit par exemple un garçon de quatre ou cinq ans téter le sein d'une pute pendant qu'un homme la pénètre par-derrière. "Pour nous, c'est normal, explique Lian. Quand l'enfant a faim, il faut le nourrir. Sinon, il se mettra à crier et ce sera pire !" De son côté, Lian trouve étrange la manie occidentale de tout sacraliser. "Vous inventez des tabous exprès pour les transgresser, dit-il. Vous revêtez des habits exprès pour les arracher. Nous, on trouve ça immature ! Manger, copuler, tuer… on fait ce qu'il faut au moment où il le faut."

"Mais vous-même, Lian… a dit Jean-Luc un jour, vous êtes bien marié ?

— Hélas, oui, a reconnu Lian, avec un sourire empreint de regret. On m'a un peu forcé la main."

Il avait trente-deux ans à l'époque, et Bao, trente-cinq. Les voyant sans conjoint ni rejeton, leurs parents redoutaient de rejoindre ces cohortes de quinquas et de sexas sans descendance, destinés, après leur mort, à errer éternellement dans les limbes. N'étant pas en mesure de rémunérer une agence matrimoniale, ils se sont rendus un samedi matin au parc du Peuple et, se ménageant une petite place au bord d'une allée déjà encombrée par des vieillards comme eux, ont ouvert leur parapluie de couleur parmi des centaines d'autres parapluies de couleur. Lian frémissait à la seule idée de cette scène : sa photo, son CV et ses statistiques d'état civil clipsés à un parapluie vert pomme au parc du Peuple.

Plusieurs samedis de suite, ses parents ont attendu en vain, mais à force de persistance ils ont fini par croiser les parents de Bao venus faire le même type de shopping. En comparant les données de leurs rejetons, les quatre vieux ont constaté que tout s'alignait à merveille : année de naissance, taille, goûts, éducation… S'étant mis d'accord et serré la main, ils ont organisé une rencontre entre les jeunes… et, les voyant réticents, tenté de leur faire peur : "Si vous n'avez pas d'enfant, qui s'occupera de vous quand vous serez vieux ?"

Lian a résisté plus longtemps que Bao. Certes, la jeune femme aimait son emploi comme guide au Centre d'art des affiches de la propagande, mais elle aimait aussi l'idée de pouvoir montrer à ses copines des photos de mariage (et peut-être, plus tard, des photos d'enfant aussi). Excédé par les manigances des quatre parents, c'est pour avoir la paix que Lian a fini par leur signifier son accord.

Aussitôt après la cérémonie civile, les deux jeunes se sont retrouvés sur le Bund, où d'innombrables nouveaux mariés (les hommes en noir, les femmes en rouge ou bleu ou blanc) enduraient des séances photo. Quand est venu leur tour, le photographe, un jeune corniaud aux cheveux couleur renard, s'est permis de leur tapoter le menton, le nez et le front pour les inciter à pencher la tête à l'angle voulu : "Non, pas trop... Parfait, regardez-vous dans les yeux... Oui, voilà, c'est ça... Non, pas tout à fait...", inspirant à Lian la puissante envie de lui enfoncer une dague jusqu'au pancréas.

Depuis, ils habitent le quartier de Xujiahui ; Lian se lève tous les jours à six heures pour aller en métro à son bureau dans le quartier de Zhabei Qu.

Il est fier de sa réussite.

Il a grandi dans un vieux quartier de *hutongs*, ces ruelles miséreuses aux bicoques croulantes, dégorgeant leurs tripes. Son père était un homme de silences et de grognements, un homme fruste et musclé qui gagnait chichement sa vie en débarrassant des chantiers à droite et à gauche. La famille vivait entassée à dix dans trois petites pièces, la cuisine et deux chambres, ces dernières entièrement occupées par de grands lits. Lian a partagé le lit de ses parents jusqu'à l'âge de seize ans, et assisté à leurs copulations pas toujours sommaires en faisant semblant de dormir. C'est ainsi, le plus souvent, que les enfants se préparaient à leur future vie conjugale en Chine populaire. Le quotidien était brutal.

À partir du grand changement de 1992, les habitants du quartier ont découvert les merveilles de la modernité. Voyant surgir en leur milieu de rutilants hôtels et centres commerciaux, ils se sont mis à percevoir différemment leur vie d'avant. Un jour, alors que Lian se régalait du spectacle d'une Porsche sortant du parking d'un hôtel de luxe, une sublime Européenne au volant, il a vu son père approcher sur le même trottoir telle une bête de somme, torse nu, tirant une charrette où s'amoncelait de la ferraille. Perclus de honte, il a reculé dans l'ombre pour n'avoir pas à le saluer.

Leur enfant réglementaire est né au bout d'un an. Par bonheur c'était un garçon, ce qui réglait au moins le problème des cérémonies pour les ancêtres. Et sans risque de rechute, vu que l'État prend intégralement en charge les frais de contraception et d'avortement. Depuis la naissance de leur fils, Lian vide régulièrement ses bourses dans le corps de Bao ; elle ne lui en refuse l'accès que lorsqu'elle est indisposée. Le couple ne parle de l'acte ni avant, ni pendant, ni après.

Il arrive aussi que Lian, en voyage d'affaires dans le delta de la rivière des Perles, achète les services d'une ombre dans un établissement spécialisé. Pour peu qu'on y mette le prix, quelques fioritures sont à disposition : décor de mariage chinois traditionnel (très peu pour lui), filles en uniforme d'écolière japonaise (ça peut marcher) et même, dans certaines maisons, la reproduction à l'identique du bureau de Xi Jinping : fauteuil en cuir, bureau en bois rouge, drapeaux du Parti communiste et de la Chine. Rien que pour voir, Lian a une fois commandé ce "bureau du président" et ils ont bien rigolé, lui et l'ombre.

Par des recherches sur internet, il a appris que le bois de Boulogne, tout près de leur hôtel à La Défense, avait une solide réputation en la matière. Et s'il a décidé de s'y rendre, c'est moins pour se vider les bourses que pour faire au moins *une* chose tout seul avant la fin du voyage.

Il loue un Vélib'. En cinq minutes il a franchi l'île de Puteaux ; en cinq autres, il est arrivé au bois. Il ralentit et se met à pédaler doucement le long de l'allée de la Reine-Marguerite.

Parmi les arbres, des formes féminines lui font signe. Des créatures d'une sophistication extrême.

Ah ! c'est quelque chose, ça ! Si seulement son père pouvait le voir...

## X

## *Mamita*

Le Chinois remonte sur son vélo et déguerpit à toute vitesse, faisant s'égailler un couple de goélands argentés. Ils nichent en cette saison : pépiant et jacassant sans arrêt, père et mère se relaient auprès des petits.

Francia raffole des oiseaux, ce sont ses amis de toujours. Aucun pays n'a plus d'espèces que la Colombie : du condor au colibri, de l'aigle au *cucarachero*, en passant par le *barranquero* et le toucan, c'est un vrai paradis de *pájaros*... Ah ! ce boucan des toucans, au grand cimetière catholique de Girardot, le jour où ils ont enterré le père ! Francia était persuadée qu'ils discutaient entre eux du caractère des morts...

Lors de la révélation de l'inceste, la *mamita* a chassé le père de la maison, et au bout de quelques années il est tombé malade. Miné par l'alcool, incapable de travailler, il a fait plusieurs crises cardiaques et s'est laissé glisser dans la misère. Le savoir errant dans les rues de Girardot, mendiant des pesos et invectivant tout le monde, mettait le cœur de Francia en miettes… Certes, il avait blessé des vies autour de lui, mais la vie l'avait beaucoup blessé aussi. Il était à maudire mais aussi à plaindre.

Un jour, elle a fait part de son dilemme au curé sympathique dans le confessionnal de Sainte-Rita et l'homme a centré ses conseils sur le thème du pardon. Après y avoir longuement réfléchi, Francia a décidé qu'il avait raison : ça lui ferait du bien de ne plus en vouloir à son père. Faisant un effort conscient pour ressusciter les souvenirs de leurs longues séances de pêche au bord du Magdalena, elle s'est mise à écouter les chansons des *bogas* sur YouTube… Cet homme avait tout abandonné pour la *mamita*. Les siens étaient loin, et à Girardot il n'y avait presque pas d'Afro-Colombiens. Depuis son départ précipité de la Bahía Concha, la *mamita* enceinte, il n'avait jamais pu y retourner… Comme il avait dû se sentir seul dans son exil ! Francia s'est rendu compte que s'il crevait dans la rue comme un chien, elle ne s'en remettrait jamais. Depuis Paris, elle a demandé à sa sœur Antonia de lui chercher un lieu où terminer son séjour sur terre. Surprise mais coopérative, Antonia a fait des recherches et dégoté une toute petite chambre à louer, non loin du *mercado central* où il avait eu ses habitudes jadis. Elle s'est occupée des papiers et avec seulement six mois d'heures sup, en novembre 2007, Francia a pu lui envoyer l'argent.

Hélas, le choc a été trop fort. Le cœur du *papá* n'a pas supporté le puissant cocktail d'incrédulité, de gratitude, de culpabilité et de joie : il s'est effondré sur le trottoir devant son nouveau domicile le jour même où Antonia est venu l'aider à s'y installer.

La *mamita* a pleuré pendant des mois : malgré les catastrophes, elle tenait encore à lui.

Là, il est dix-sept heures, justement l'heure d'appeler la *mamita* et ça l'aide.

Avec un peu de chance, se dit Francia, elle aura Topaz sur les genoux. Vieux chat désormais, il passe son temps à dormir et à chasser les souris dans ses rêves.
Quant à la *mamita*, bien qu'âgée de soixante ans seulement, elle ne sait pas toujours avec certitude où ni même qui elle est ; par contre, le dimanche avant la messe, elle est toujours aux taquets, habillée pour l'église, mantille sur les cheveux, et contente de voir apparaître sa grande fille juste avant de sortir.
L'appel Skype est accepté. Ah, fantastique. Topaz est là.
Dans ces échanges, les deux femmes se répètent d'une semaine, d'un mois et même d'une année à l'autre, mais cela n'a aucune importance. L'important, c'est que Francia se nourrit à chaque fois de la voix, des mots et des regards de sa petite maman. C'est comme les *arepas* : du moment que c'est la *mamá* qui les fait, plus elles sont pareilles à elles-mêmes, plus ses filles en raffolent. Chaque fois que Francia se sent lasse ou découragée, elle pense aux *arepas* de sa mère, et ça l'aide pour de vrai. Si un client l'embête en lui tenant les jambes en l'air et en la besognant dix minutes montre en main sans se rapprocher du but, elle imagine comme la *mamita* sera contente de voir arriver sur son compte en banque l'argent de ce peine-à-jouir. Elle se dit que les vingt-cinq euros de la passe se traduiront

en cent mille pesos : génial, la *mamita* pourra faire venir le plombier pour réparer le tuyau cassé des WC, ou le couvreur pour colmater la nouvelle fuite dans le toit ; peut-être pourra-t-elle même acheter des cadeaux d'anniversaire pour les jumelles d'Antonia, qui auront sept ans le mois prochain. Oui, c'est presque toujours à cela qu'elle pense pendant les passes : elle convertit les euros en pesos, les fellations en réparations et les sodomies en cadeaux ; elle imagine la joie de sa *mamita*, de ses *hermanitas* et de ses *sobrinas* et *sobrinos*. Toutes les copines font de même : c'est la famille qui les aide à tenir. Petit garçon au Pérou, Vanesa Campos collait tellement sa mère qu'on lui a donné le sobriquet de Chewing-Gum.

"Il a l'air de faire beau à Paris, *mi amor* ?
— Oui, *mi mamita* ! Il pleuvait fort ce matin, mais depuis midi ça s'est arrangé, là il fait très beau.
— Tu te promènes encore dans cette forêt ?
— Comme chaque dimanche. Tu sais comme je raffole des oiseaux…
— Et ton travail ? Ça marche toujours ?
— Oui. Et toi ? Raconte ! Et mes sœurs ?!"
Elles se parlent de tout et de rien, surtout de rien. Vu qu'elle a la santé flageolante, ne suit pas l'actualité et n'a jamais appris à lire, une fois la maison rangée la *mamita* passe le plus clair de son temps devant la télévision, à regarder des séries en grignotant des chips. De semaine en semaine, elle a le ventre plus proéminent et les joues plus rondes.
"Tu as pris encore un peu de poids, *mi mamita* ?
— Oh ! si !"
Des cascades de rire font gigoter ses chairs.

"J'espère que tu ne manges pas trop sucré… ?

— T'en fais pas, t'en fais pas… Tu reviens nous voir quand, *mi amor* ? Ça fait si longtemps ! Tu nous manques, tu sais ! On parle tout le temps de toi. Les petits-enfants se demandent quels cadeaux tu vas leur apporter à la prochaine visite !

— Oui, ben, j'essaie de mettre des sous de côté pour un nouveau voyage, mais c'est pas évident en ce moment.

— Viens, *mi querida* ! Essaie de venir, si tu peux. Je suis un peu inquiète pour l'*abuelita*.

— Inquiète pourquoi ?

— Ben, elle a l'âge, tu sais. Elle faiblit. Elle habite là maintenant.

— Ah bon ?

— Oui. Elle reste là. Elle peut plus se débrouiller seule.

— Ah ? Elle tisse plus ?

— Oh ! ça fait un moment qu'elle a arrêté les *mochilas* ! Elle fait plus grand-chose, tu sais.

— Je peux lui dire bonjour, juste une minute ? Passe-lui le portable !

— Non, non, elle dort, *mi amor*. Elle dort tout le temps. Elle peut plus manger seule. Moi je lui fais des soupes, je la nourris à la cuillère comme un bébé, une cuillérée après l'autre…

— Elle a vu un médecin ?

— Tu crois que j'ai l'argent pour un médecin ! C'est trop cher…

— Mais j'envoie ce que je peux, *mi mamita* !

— Je sais, *mi amor*. La vie est dure pour tout le monde. Je sais, tu fais ce que tu peux, tu es bonne pour nous… Mais avant, tu envoyais un peu plus, non ?

— *Sí*, tu as raison ! Mais il s'est passé un truc en 2016, c'est comme une récession. Tu comprends ? Une récession, tu vois ce que c'est ?

— Oui oui…

— Ben voilà, j'ai même dû emprunter pour venir fêter le bac de Xio en 2017 ! Et en fait, j'ai toujours pas fini de rembourser ce billet-là.

— Ah bon…

— Ben oui. Tu vois ?

— Ah bon…

— Mais je vais essayer de t'envoyer plus la semaine prochaine. Comme ça, tu peux faire venir un médecin pour l'*abuelita*.

— Je pense pas qu'un médecin l'aidera, *mi amor*.

— Hein ?

— Elle est prête à partir, je crois. Mais chaque jour elle parle de toi. Elle dit ton nom… Parfois elle montre aux visiteurs les photos des robes que tu as cousues chez elle… Tu te rappelles ?"

Francia déglutit. La *mamita* n'est donc pas tout à fait paumée.

"Tu fais toujours tes propres robes, *mi amor* ?

— Oui, *mamá*.

— Bravo, c'est bien. Comme ça, t'as pas besoin d'acheter des habits, tu peux mettre des sous de côté. Bon, tu fais ce que tu peux, je sais.

— Oui, je t'assure !

— Ici, quand on pense à Paris, on se dit que c'est une ville riche.

— Ah, ça, c'est sûr ! Il y a beaucoup de sous à Paris, c'est juste qu'ils tombent pas tous dans ma poche !

— Y a un monsieur derrière toi ?"

Francia sursaute.

Ouf ! ce n'est que Marco, venu la saluer au cours de son jogging dominical. Toute à sa discussion avec la *mamita*, elle n'avait pas senti sa présence.

"Marco ! Tu m'as fait peur ! Regarde, c'est ma *mamá*. Elle va partir à la messe. Tu veux lui dire bonjour ? Elle est jolie, hein, ma petite *mamá* ? *Mi mamita*, c'est *mi amigo*, Marco. Tu te souviens de lui. C'est le *papá* de Léonora qui aide les femmes battues...

— Bonjour, monsieur.

— Vous allez bien, madame ?

— Vous avez de la chance, vous, de voir ma fille en vrai.

— Ah ! pour ça, j'ai beaucoup de chance, je m'en rends compte. Mais je ne voulais pas vous interrompre. Je passais juste dire à Francia qu'elle est invitée à dîner ce soir ! Tu es libre ?

— Allez, je vous laisse à Paris, je vais à l'église. *¡Besos! ¡Besos!*"

Le portable de Francia retrouve sa photo par défaut, tag bogotanais d'un *Jesús Cristo* dans un lit d'orchidées orange et roses. Après avoir glissé le téléphone dans sa poche, elle croise les bras sur la petite table pliante et pose la tête sur ses bras.

La vie n'est pas à chaque minute facile.

"Tu pleures, ma copine ?"

Elle n'a pas envie de parler, seulement de respirer.

"De mauvaises nouvelles ?"

Seulement de respirer, pas de parler.

"En tout cas, on te met un couvert ce soir, tu viens si tu veux..."

Et Marco de reprendre son jogging. Il est dix-sept heures trente. La *mamita* doit être dans le bus déjà, en route vers l'église.

# 10

## Immortel

Tristan T. allonge le pas : à soixante-dix ans, il est essentiel de garder la forme. Suivant les directives de son médecin traitant, il marche le plus vite possible au moins une demi-heure par jour, ou, s'il pleut, s'active sur son vélo d'appartement. Il s'agit de faire travailler le cœur, les poumons, les muscles des mollets, toute la machine, quoi. Faut rester en vie, si on veut devenir immortel. Soixante-dix ans ce n'est pas vraiment vieux, pas désespéré, il y a pas mal de précédents : Pierre Nora a été nommé à cet âge-là, de Broglie aussi, François Cheng carrément à soixante-treize ! Ça va marcher, ça va venir, Tristan en est sûr. Il le mérite.

Ce qui est immortel, ce ne sont évidemment pas les membres de l'Académie, mais la langue française dont ils soignent les contours et lissent l'apparence. Mais bon : même là, compte tenu du fait que l'humanité se précipite vers son extinction tel un troupeau de bisons savamment chorégraphié par des Amérindiens, "immortel" est une façon de parler, c'est le cas de le dire.

Chaque dimanche que Dieu ne fait pas, chaque dimanche que l'homme fait, Tristan s'arrache à sa table de travail et part en randonnée dans la ville de Paris. Il choisit toujours une destination susceptible de lui muscler l'esprit en même temps que le corps. Là, comme il vient de donner une interview au sujet de son dernier livre à la Maison de la Radio, il a décidé de filer droit par la rue du Ranelagh jusqu'au parc Shakespeare, au milieu du bois de Boulogne. Curieux qu'il n'ait jamais visité ce parc, alors que le barde de Stratford-upon-Avon était l'idole de sa *mummy* anglaise. Shakespeare, lui, a clamsé à soixante-dix ans tout rond... mais c'était une autre époque. L'espérance vie était moindre, surtout pour les hommes ; soixante-dix au début du XVIIe doit correspondre à quatre-vingt-cinq aujourd'hui.

Debout devant le plan à l'entrée, poings sur les hanches, portant pantalon en velours noir, veste en cuir noir, baskets de marque, également noires, et une élégante écharpe en soie de cachemire blanche, Tristan découvre que le parc s'organise autour de quatre grands chefs-d'œuvre du dramaturge : *Le Songe d'une nuit d'été*, *La Tempête*, *Macbeth* et *Hamlet*. Il apprend aussi que, chaque été, plusieurs pièces sont montées et jouées ici dans un théâtre en plein air. Ça, se dit-il, c'est assurément ce qui s'approche le plus de l'immortalité.

*Not marble...* Lui revient en mémoire sa prof d'anglais à La Roche-sur-Yon, faisant apprendre par cœur le célèbre sonnet 55 à sa classe de première. Toutes ces décennies plus tard, ses méninges peuvent encore lui restituer le poème, chacune de ses syllabes gravée dans le... marbre, justement. Il les déclame tout en déambulant.

Le jardin de *La Tempête* est désert à cette heure-ci : il n'y a pas un chat. Par contre, il y a une Griffonne car je suis moi aussi éprise de ce sonnet, je l'ai appris par cœur en terminale grâce à la visite d'une prof de diction belle et brillante, bostonienne si ma mémoire est bonne. Elle nous faisait articuler chacun de ces vers en y mettant le ton, c'est pourquoi je ne résiste pas à la tentation de mettre mes pas dans ceux de Tristan et de les réciter maintenant à l'unisson avec lui (il est tellement concentré qu'il ne m'entend pas) : *"Not marble, nor the gilded monuments of princes / Shall outlive this powerful rhyme."* Bien des poètes français se sont évertués à traduire ces vers, avec des résultats chaque fois décevants : *Ni le marbre ni les mausolées dorés des princes ne dureront plus longtemps que ma rime puissante.* Bof. *"Ni marbre ni tombeaux aux dorés instruments / Des rois ne survivront à ce mètre solide."* Bof. *"Ni le marbre, ni la lumière d'or des monuments / Que les princes érigent ne vivront plus / Que ce puissant poème."* Bref.

Des mots plus forts que la mort. C'est notre espoir, se dit Tristan. C'est notre fantasme.

Il s'est installé à la capitale en 1969. Voilà donc un demi-siècle qu'il maintient à jour son carnet d'adresses, répond aux questions des journalistes, accepte les invitations à la télévision, à la radio, aux colloques, aux festivals, aux salons du livre et aux dîners en ville, cultive les bonnes amitiés, fréquente les bons cafés et participe aux cocktails littéraires… Basta, quoi. Aujourd'hui, il mérite de devenir membre de l'Académie française.

C'est cocasse ! Il a envie d'être *membre*. Définitivement érigé, c'est ça ? Un phallus ambulant, rigide comme une épée, en uniforme vert, capable de semer de la sémiotique semence ? Ah là là. Son vrai but est d'entrer à l'Académie pour la miner, la grignoter de l'intérieur. Oui, il aspire à devenir le *ver immortel* de l'Académie. Son ver intestinal.

Sa mère ne ratait jamais une occasion de se moquer des Français. Née dans les quartiers middle class de

Londres, elle cultivait son accent britannique (son "accident brittique", disait-elle quand elle avait un coup dans le nez). Ledit accent empirait lors des disputes avec son père – qui, lui, était communiste. "Ah ! vous êtes fiers de votre Révolution, vous autres Froggies ! disait-elle. Vous vous moquez de la perfide Albion, qui a préservé sa monarchie ! Mais votre mémoire est soit courte, soit trouée. Rien qu'ici en Vendée, votre jolie Révolution a fait trois cent mille morts. Elle a tout bousillé, tout détruit, destituant les Académies, brûlant les archives, profanant les tombes des rois. Ah ! il y a de quoi être fier, en effet ! Et pour ce qui concerne la monarchie, au fond, vous l'avez admirablement reconstituée. Les ors de l'Élysée brillent aussi fort que ceux du palais de Buckingham et, pour le ridicule, votre Garde républicaine n'a rien à envier à nos soldats en bonnet à poil !"

Le père de Tristan avait la langue moins bien pendue que sa mère. Agent de la voirie, c'était un militant de base qui trouvait son compte dans la camaraderie du Parti, un point c'est tout. Quand la langue de son épouse le flagellait ainsi, il s'immobilisait en attendant que ça se passe, incapable de trouver la moindre répartie. Cahin-caha, leur couple a malgré tout tenu la route… jusqu'à ce jour fatidique où, à trente-cinq ans, la mère s'est noyée au large de La Rochelle (intentionnellement ou non, on n'a jamais pu l'établir avec certitude), laissant derrière elle, outre un veuf éploré, un gamin bilingue et bègue d'une timidité maladive.

Le père s'est retrouvé seul pour éduquer Tristan. Faisant globalement confiance à l'école républicaine, il a tenu à lui inculquer un anticléricalisme virulent : il affichait bruyamment son mépris des signes et symboles catholiques. Un jour, alors qu'ils marchaient ensemble dans la ville, il s'est mis à beugler devant un grand crucifix, faisant tourner de nombreuses têtes et donnant à Tristan l'envie de disparaître : "C'est tout de même un comble, non ? Se prosterner devant un pauvre pantin désarticulé, tout dégoulinant de sang, accroché sur sa croix comme un bœuf à la boucherie ? Eucccchhh ! elle est pas dégoûtante, leur affaire ?"

À présent, Tristan se tient devant à un arbre grandiose. Il ne connaît rien aux arbres mais un panneau lui apprend qu'il s'agit d'un hêtre pourpre vieux de deux cents ans. Il a donc été planté pendant la Restauration, justement au moment où la France cherchait à réparer les dégâts de la Révolution, à recréer les Académies et à rétablir quelques inégalités bien franchouillardes.

À l'adolescence, complexé par son balbutiement, Tristan s'est renfermé de plus en plus. Quand il a eu atteint puis dépassé l'âge de la puberté, son père s'est inquiété : aucun projet de déniaisement ne se profilait à l'horizon. Lui-même avait la nostalgie des bordels parisiens fréquentés, avant-guerre, avec ses camarades du Parti. "Ah ! ça ! il y en avait, de beaux brins de filles, dans ces maisons-là, tu peux me croire !" Tristan se tortillait de malaise chaque fois que, le soir à table, vin de Charentes aidant, son père évoquait ces escapades devant lui.

En avril 1971, pour fêter la majorité de Tristan (vingt et un ans à l'époque), il lui a offert un week-end à Paris avec son meilleur ami. Une vraie folie, vu son salaire d'éboueur : en plus du voyage en train deuxième classe, il leur a réservé une chambre dans le quartier de Strasbourg-Saint-Denis, et glissé un billet de cent francs dans l'enveloppe de sa carte de vœux. L'allusion n'était pas plus voilée que les charmes des femmes qui déambulaient au pied de leur hôtel.

L'ami était enthousiaste mais Tristan a dû prendre sur lui pour monter dans le train. En fait il avait du mal à croire que c'était possible, que ça se passait réellement ainsi, que, toutes les nuits de l'année dans toutes les grandes villes du monde, des hommes croisaient des inconnues et…

Le premier soir ils sont allés au cinéma ; c'est en revenant à la rue Saint-Denis un peu avant minuit qu'ils ont décidé de se lancer. Marchant derrière son ami, tremblant au-dedans de lui, Tristan espérait au moins que les femmes ne verraient pas, à la lumière pâle des réverbères, l'écarlate de ses joues. L'ami a abordé une blonde opulente et demandé son prix. Voyant deux gamins, la femme a esquissé un grand sourire et s'est tournée vers une collègue à la peau mate et aux cheveux noirs : "Hé ! Gloria ! Viens ! On monte tous les quatre !" Les garçons ont suivi les femmes dans l'escalier étroit et asymétrique de l'hôtel. Tristan était pire que bègue ce soir-là, mutique. Il avait les yeux exorbités. Tout allait si vite qu'il en eut le souffle coupé. À peine la porte refermée, la blonde leur a prélevé l'argent de la passe, les a conduits au lavabo et leur a "lavé le matériel". Ensuite elle a entraîné le copain vers un des lits et Tristan s'est retrouvé seul avec la brune. Mal à l'aise, il lui a posé quelques questions pour être poli. Il a appris qu'elle était d'origine chilienne et habitait Paris depuis dix ans. La conversation s'est étiolée. En s'allongeant sur le lit près d'elle, il a remarqué un petit cadre doré sur la table du chevet : un Christ miniature tendait en avant son cœur entouré de barbelés. Son propre cœur s'est affaissé avec le reste.

Rien à faire.

Gloria a fini par perdre patience. Levant la tête, elle a regardé sa montre : "Hé, on fait quoi, là, il se passe quoi ? On a pas le temps ! Allez, fais quelque chose !" Mais Tristan était aussi tétanisé que son père quand la langue maternelle le flagellait. Très agacée, Gloria s'est mise à manipuler son pénis en répétant : *"¡Caracol!"* Il ne comprenait pas. Minuscule, lové, flasque, son membre faisait tout sauf caracoler ; ce n'est que des années plus tard qu'il comprendrait : *caracol* en espagnol, c'est "escargot".

Sur l'autre lit pendant ce temps, le copain et la blonde plantureuse étaient en pleins travaux bruyants, tout se passait comme sur des roulettes. La honte était cuisante.

Ah !... mais il en a fait, des progrès, depuis ! Il aime à s'en vanter en buvant du Crozes-Hermitage au Flore avec d'autres personnalités littéraires. Oui, il a multiplié les conquêtes. "Si leur nombre ne monte pas jusqu'aux *mil et tre* de Don Giovanni, j'ai tout de même mis plus de cent cinquante nanas dans mon lit... puis dehors." Ses amis s'esclaffent. "Sérieusement ! C'est pas tout de les mettre dedans, faut savoir les mettre dehors aussi !" Restée inutilisée lors de ce fiasco inaugural, la capote est devenue sa meilleure amie. Elle l'a préservé de bien des dangers et déboires, depuis la paternité jusqu'aux MST. Oui, Tristan a tiré son épingle du jeu : à soixante-dix ans, il était toujours alerte, actif et... apare.

Son paternel, quant à lui, éreinté par ses longues années de travail comme éboueur, est mort d'un cancer du poumon à soixante ans, en 1980. Il n'a même pas vu l'arrivée de la gauche au pouvoir. À peine trois ou quatre de ses camarades cocos se sont déplacés pour ses obsèques.

Un autre arbre splendide se dresse devant Tristan. Il lit l'écriteau : c'est un... araucaria, également appelé "désespoir des singes". Tiens ! Cet arbre vient du Chili, comme la pute qui a flingué sa virilité.

Le sonnet 55 se termine ainsi : *"So, till the Judgment that yourself arise / You live in this, and dwell in lovers' eyes.* Soit : *Jusqu'à ton relever au jour du Jugement / Tu vivras dans ces vers et les yeux des amants."* Culotté, certes. Mais le barde avait raison. Tout, tout va disparaître, disait-il… –, tout sauf ces vers que je trace pour toi en ce moment même.

Or les sonnets de Shakespeare sont dédiés à un homme. Et au Théâtre du Globe où il a créé ses pièces, tous les rôles étaient joués par des hommes. En fait, Shakespeare le savait, les femmes sont sans intérêt. Et il a gagné son pari : ses vers sont bel et bien immortels.

Personne n'est plus conscient que Shakespeare du caractère éphémère de toute chose. Personne, mieux que lui, ne sait à quel point sont risibles les oripeaux dont nous nous affublons, dérisoires les airs que nous nous donnons, vains nos efforts pour prouver notre importance. Statuts ou statues, peu importe : tout sera réduit en poussière. *"Un homme peut pêcher avec le ver qui a mangé un roi,* observe Hamlet, *puis manger le poisson qui a avalé ce vers ; ainsi le roi pourra-t-il avancer à travers les tripes d'un mendiant."*

On ne peut pas, le matin, revêtir un uniforme vert, se coiffer, se maquiller, attraper son épée, assister à une réunion sur la rédaction d'un nouvel article du dictionnaire, et le soir, écrire un passage comme celui-là. Ce n'est pas possible. Jamais Shakespeare, Beckett, Dostoïevski ou Sade n'auraient enculé les mouches d'un dictionnaire. Pour mettre au monde *Crime et châtiment*, *Comment c'est*, *Hamlet* ou *La Philosophie dans le boudoir*, ce qu'il faut faire avec les mots ce n'est pas les classer en les étiquetant mais, au contraire, les bousculer, leur mettre des baffes. Pour devenir artiste il faut être épileptique ou saltimbanque, bagnard ou clown. Il faut rouler sa bosse, bouler sa rosse, jaboter des nuits entières avec des forçats, des astronomes ou des putains. En un mot, comme le dit si bien Kateb Yacine, *"il faut rester barbare"*.

Tristan admire trop le génie pour se leurrer. Shakespeare est un écrivain, lui un écrivant. Au moins a-t-il la dignité de le reconnaître.

Une seule fois il a essayé d'écrire, ce qui s'appelle écrire.

C'était peu après son arrivée à Paris et son inscription à Paris-VII pour rédiger sa thèse. Il avait vingt-quatre ans et habitait tout en haut de la rue Saint-Jacques, près du métro Port-Royal et sa célèbre Closerie des Lilas. Un soir, prenant son courage à deux mains, il s'est mis en situation. De toute l'ardeur de son âme, il voulait écrire la soirée de la rue Saint-Denis, la scène qui l'avait marqué au fer rouge.

Tel un cygne à la surface d'un lac, sa plume a glissé sur la belle blancheur de la page… mais, au bout d'une demi-feuille, une houle de nausée l'a envahi et il a dû se précipiter aux toilettes pour vomir.

Loin d'avoir effacé son impuissance par la littérature, il n'avait fait que sombrer dans une deuxième impuissance. Il n'a jamais réitéré l'expérience.

Depuis sa thèse, il a publié de nombreux articles et livres sur le libertinage, le XVIII$^e$ siècle, le Dr Sacher-Masoch et le marquis de Sade, l'ajustement impossible des révolutions politique et sexuelle. Le soir, pour se détendre après sa longue journée de discipline intellectuelle, il participe souvent à des parties fines dans les quartiers chics de Paris. Réunis dans des appartements élégants, entourés de serviteurs en uniforme, les invités accrochent une jeune femme nue dans l'embrasure d'une porte, allument des bougies et éteignent les lumières. Plus tard, quand les hommes ont fini de la maculer de leur sperme et de leurs crachats, ils allongent la jeune femme sur le sol et leurs épouses viennent lui pisser dessus. D'autres soirs, dans une cave très privée du 7e arrondissement, se déroule une sorte d'Eucharistie à l'envers : la victime est attachée nue à un socle et des hommes masqués la possèdent tour à tour, leurs différentes semences venant se mélanger dans un même calice.

Ainsi réglementé grâce à un rituel minutieux, le sexe retrouve (d'après Tristan) sa juste place. Tel est en effet le sens profond de l'érotisme. La vraie aristocratie est celle où l'esprit commande au corps, jusque dans ses explosions les plus sauvages. En somme, si l'on aspire à devenir immortel, il ne faut surtout pas féconder les femelles, qui ne savent engendrer que des œuvres de chair. C'est à la langue française qu'il faut faire des enfants : seuls ces rejetons-là ont espoir d'éternité.

Éperdu, Tristan sort du parc Shakespeare, reprend la route de la Grande-Cascade et tourne à droite.

# XI

# Xavier

Ah ! ça, c'est non, tout simplement non, pas question. Francia n'aurait pas fait un seul client de la journée, elle n'inviterait pas celui-là à entrer dans son *cambuche*. Elle voit au premier coup d'œil que c'est un dévoyé, plus tordu que sa propre cheville, et devine que c'est d'enfance. Même si ce n'est pas sa faute – personne n'est responsable de son enfance –, elle doit aussi se protéger, c'est le minimum. Elle doit rester non seulement en vie mais en forme, et même, si possible, joyeuse. On ne peut pas tout réparer. On ne peut pas faire l'amour avec un homme qui vous entame l'être. Alors celui-là, là, avançant vers elle de son pas de papy psychorigide puant le faisandé, et dont la perversion se lit sur les traits du visage, c'est juste *non*, sans hésiter. Et si par hasard il s'était mis en tête d'interroger le bien-fondé ce *non*, eh bien, Francia a des accessoires pour l'aider à le comprendre. Une bombe lacrymogène, en l'espèce : oui, ça aussi elle l'a glissé dans son sac à dos en partant ce matin, ça aussi fait partie de la liste que, suivant la bonne habitude apprise de son *papá*, elle vérifie chaque jour en sortant de chez elle. Toutes les TDS sont mêmement équipées. Ça ne leur garantit pas la survie en toutes circonstances – Vanesa Campos est morte pour le prouver –, mais, pour un vieux papy comme ça c'est suffisant.

"Désolée, *mi amor*, a-t-elle lancé. Pas le temps, je remballe." Elle l'a dit avec fermeté et en se redressant de toute sa hauteur considérable. L'homme a poursuivi son chemin sans un mot. Peut-être irait-il tenter ses chances auprès des copines en camion… ou pas.

Au moment où Francia retourne dans son *cambuche*, une vague de soulagement la prend au dépourvu, lui coupant le souffle et les jambes. Elle sent qu'elle vient d'échapper à la mort. Tombant à genoux, elle remercie Dieu de l'avoir laissée vivre un jour de plus. Elle prie pour la *mamita* et pour Xio. À la fin, elle ajoute quelques mots pour le monsieur qu'elle vient de croiser, et dont les yeux révèlent le gouffre de l'enfance.

Il lui a fait penser à Xavier, avec qui elle a vécu sa seule et unique histoire d'amour en vingt ans à Paris France, histoire où elle a failli laisser la peau… et le reste.

C'était en 2008. Elle avait trente-deux ans, lui devait frôler la cinquantaine. C'était un beau blond grisonnant, presque aussi grand qu'elle, charmant et cultivé, producteur de cinéma, financièrement à l'aise. Dès leurs premières étreintes, il lui a montré qu'il se souciait d'elle et savait déclencher le chant de son plaisir. Elle n'avait pas vécu ça depuis Alejandro, ça allait bientôt faire dix ans. Certes, il lui arrivait de prendre son pied en travaillant, encore heureux, mais *ça*, la flamme douce qui lèche l'âme et la fait monter à ébullition…, elle l'avait pour ainsi dire oubliée.

Xavier est devenu un de ses réguliers. Au bout d'un mois ou deux, contre toute attente, elle s'est mise à l'attendre, à l'espérer, à sentir bondir son cœur quand sa Volvo blanche surgissait silencieusement au bout de l'allée de la Reine-Marguerite. Un jour, elle lui a donné non seulement son 06 mais aussi – grande première, immense preuve de confiance – son vrai prénom. Il ne l'appellerait plus Magda mais Francia. Et elle a accepté de dîner avec lui en dehors de ses heures de travail.

Xavier leur a réservé une table au Pré Catelan. En arrivant, Francia tombe en arrêt : hauts plafonds, lustres, colonnes corinthiennes, marbre, nappes, chandelles… depuis ses années Alejandro, elle s'est déshabituée du luxe. Elle voit son *date* de loin, déjà attablé, costume sombre, cheveux lissés en arrière. Leurs regards s'entrechoquent. Les yeux de Xavier prennent feu et son cœur à elle fait des sauts périlleux. Trois heures durant, ils boivent, discutent, se régalent et rient aux éclats.

En écoutant Xavier parler de son enfance, Francia a les larmes aux yeux. Plus elle perçoit le petit garçon tourmenté derrière l'homme mûr, plus elle dégringole dans l'amour. Sa chair palpite de passion maternelle et elle n'a qu'une envie : le rassurer, lui prouver que la vie peut être belle, qu'elle lui fait confiance, et qu'entre deux êtres qui s'aiment d'amour, aucun geste ne saurait être sale ni vicieux. Ce soir-là, il la ramène chez lui. Pour une fois, elle n'est plus dans la prostitution mais dans l'amour… et l'enfer peut commencer. Alors même qu'il la pénètre en douceur, il commence à l'étrangler et ne s'arrête pas ; pour ne pas perdre connaissance, elle doit le repousser de toutes ses forces.

Chaque fois qu'il dépasse les bornes, Xavier est atterré tout de suite après. Il pleure et se fustige, jure de ne pas recommencer, mendie son pardon… et, dès qu'il l'obtient, recommence. Il l'attache. L'oblige à ramper à ses pieds. La fouette à en perdre haleine. Francia connaît par cœur les jeux SM, bien sûr, mais avec Xavier ce n'est pas un jeu. Les liens et le collier lui font mal. Empruntés au vocabulaire esclavagiste, les mots la poignardent. Mais le lendemain, avec mille pétales de patience, il la fait crier de plaisir pendant de longues minutes.

Elle en perd le sommeil.

Écartelé entre les heures de travail diurne et les heures de désir nocturne, son corps craque. Elle doit garder le lit deux ou trois jours. Aussitôt, ses économies s'évaporent et elle n'arrive plus à payer sa chambre. L'hôtelier réclame son dû et menace de l'expulser. Et Xavier, au lieu de l'aider, la soigner, la dépanner, lui reproche de l'avoir abandonné.

En jouant sur ses cordes maternelles, l'homme la fragilise et sape ses défenses. Oh ! quelle femme ne fond pas à s'entendre dire *Aime-moi, je suis ton petit garçon souffrant* ? Avoir un fils injustement martyrisé, un fils qui se lamente et dont les suppliques laissent son père de glace, vouloir lui tendre les bras, le consoler, le serrer contre son cœur, et ne pas pouvoir… La maternité est décidément le talon d'Achille de la gent féminine… d'où le succès, de par le monde, de la Virgen María Superstar !

*Pasito a pasito*, Francia se retrouve dans un pays qui ne figure sur aucune carte, un territoire que seuls ont balisé quelques grands poètes et peintres : celui du ni-ni. Elle n'est plus ni garçon ni fille, ni colombienne ni française, ni folle ni saine d'esprit, elle est perdue. Au bout de quatre mois de ce régime impossible, elle se retrouve dos au mur : fauchée et malade, persécutée tant par les ultimatums de l'hôtelier que par le chantage affectif de l'amant. "Madame, dit le premier, ce n'est pas un squat ici, si vous ne me payez pas le loyer en retard d'ici la semaine prochaine, je serai obligé de vous mettre à la porte, je n'ai pas le choix." "Mais je t'*aime*, Francia, dit le second, je t'adore, tu ne peux pas comprendre ça ? Je t'aime plus que tout au monde, je n'ai que toi, je me suis livré à toi, tu es mon épouse pour de vrai, et quand on est mari et femme, on ne se sauve pas au premier problème, on accepte les hauts et les bas de l'autre ! Je sais que j'ai mes défauts, toi aussi tu as tes défauts, mais je les accepte, ils font partie du lot, moi je prends le tout, pas seulement une partie, j'ai envie de vivre avec toi jusqu'à la mort !"

Un jour, épuisée, elle entre en titubant dans la chapelle du boulevard de Clichy et implore l'aide de la petite sainte d'Ombrie. Elle a l'impression de la tenir enfin sa cause désespérée. Sainte Rita l'écoute, réfléchit quelques instants, et lui répond.

"Eh bien ! Francia, j'avoue que ton histoire me touche. Elle me touche d'autant plus que je suis moi-même passée par là et, crois-moi, ça n'a pas été facile de m'en sortir. Mes parents étaient quinquagénaires à ma naissance, ce qui m'a déjà valu une enfance plutôt plombante, et ils m'ont donnée très jeune en mariage à un homme débauché et autoritaire, une vraie crapule. C'est par mégarde que cet homme m'a fait deux fils, il ne s'en est jamais occupé, seuls l'intéressaient les trois *f* : fric, fornication et frime.

— Mm-mon Dieu ! fait Francia.

— Justement, répond la sainte du tac au tac. Au bon Dieu, j'ai proposé un deal. S'Il voulait bien rappeler à Lui mon épouvantable époux, j'entrerais dans les ordres. Tope là, m'a dit le Très-Haut. Et Il a organisé l'assassinat du bonhomme.

— Eh ben ! fait Francia, ébaubie. Mais… on peut rentrer dans les ordres même si on est maman ?

— Oh… mes fils étaient grands déjà. Et ils tenaient de leur père, ils ne pensaient qu'à se bagarrer. Alors j'ai demandé à Notre Seigneur de les rappeler à Lui, eux aussi… et derechef. Il a obtempéré.

— Ça alors ! Franchement, bravo ! Mais moi, qu'est-ce que je pourrais proposer au Très-Haut pour Le convaincre de rappeler à Lui mon bourreau ?

— T'en fais pas, dit sainte Rita. C'est comme si t'étais déjà au couvent. D'ailleurs, les putes et les bonnes sœurs se ressemblent plus qu'on ne le croit ! Loin du circuit des familles terrestres, elles se dévouent corps et âme au bien-être d'autrui. Nous, un peu plus l'âme, vous, un peu plus le corps, mais tout ça se rejoint dans le fond des fonds, non ? Sois tranquille, petite sœur. J'intercéderai auprès du Très-Haut, je Lui parlerai de tes ennuis, et tu devrais voir le résultat d'ici quelques jours."

Après avoir remercié chaleureusement sainte Rita, et dit un Pater Noster pour faire bonne mesure, Francia a quitté la chapelle et, très mal en point, le vertige exacerbant les cahots de sa claudication, regagné ce qui n'était déjà presque plus sa chambre.

Elle n'a même pas eu besoin d'attendre quelques jours. Le soir même, Carmen l'a appelée pour lui dire que la Volvo blanche de Xavier, descendant à grande vitesse l'allée de la Reine-Marguerite, avait quitté la route, percuté un arbre et pris feu. Toutes très occupées, sans doute, les copines avaient tardé à signaler l'accident, de sorte qu'à l'arrivée des secours, le conducteur du véhicule n'était plus qu'une sorte de momie carbonisée. Pour établir son identité, les autorités allaient devoir recourir aux dentistes.

# 11

## III

En trottinette ça va vite, ça va très vite et Patrice P. exulte. Sa mère lui dit de mettre un casque mais il préfère rouler sans, il aime trop sentir le vent lui ébouriffer les cheveux, balayer ses idées et éparpiller ses peurs. Dix-huit heures trente. Il doit être de retour à Stains à vingt heures pour dîner avec elle devant le JT ; si le trajet lui prend deux fois une demi-heure, il aura une demi-heure sur place. C'est bon.

Il veut qu'on lui montre.

Son père a visé la grandeur foot. Depuis tout gosse il rêvait de passer pro, jouer pro, et il a insufflé son rêve à Patrice, plus qu'insufflé, imposé, comment dire, comment savoir d'où vient un rêve, on a l'impression qu'il fait partie de vous. Quand le père est mort d'un infarctus à quarante-huit ans, le rêve est devenu plus fort encore : Patrice a fait des centaines d'entraînements et de matchs en imaginant son paternel dans les gradins avec ses amis en train de le suivre des yeux, de l'approuver, de l'acclamer... Mais d'un autre côté il se dit franchement *ouf* que son paternel est mort, comme ça, il n'a pas su que Patrice allait virer pédé – oh, on ne *vire* pas, on *s'avère* pédé, mais, si le père l'avait su, il aurait eu son infarctus plus tôt et plus fort, incapable de survivre à cette honte devant ses compères du quartier.

Patrice passe à côté de l'endroit où Luigi a été tué l'an dernier, juste après la rentrée scolaire. Il le connaissait de vue, Luigi. Tous deux étaient du quartier Romain-Rolland. Ils ont grandi à l'ombre du Stade de France, fréquenté les mêmes bahuts, pris part aux mêmes entraînements. Dans le 93 comme partout, les mecs fonctionnent en bande, ça les rassure. Qu'il s'agisse du foot, de l'armée, des clubs, du Vatican, du gouvernement, des meetings ou des manifs, ils circulent ensemble comme les martinets ou les poissons. C'est l'instinct qui conduit le jeu. Quand on se trouve entre garçons c'est génial, lisse, agile, musclé et souple, on n'a qu'à laisser faire et ça danse, oui, ça danse ! On démarre là-dedans tout petit et à la puberté on s'y jette à corps perdu, tous habités par la même *pulse*, les mêmes pulsions, ça sautille et ça saute, ça te remplit et devient impérieux, dans les parcs, les rues, l'entrée des immeubles, sur le quai du RER, se lancer des mots, des vannes, reprendre les riffs scandés par nos groupes préférés, s'acheter de la *weed*, vider des clopes, glisser les feuilles dans le cylindre, allumer, tirer des taffes, avaler la fumée et planer ensemble, c'est beau, les corps se déploient et se défoulent, dans les caves, les parkings, la présence du groupe fait vibrer queue et couilles, cuisses et biceps, c'est rassurant de porter tous les mêmes baskets, jeans et T-shirts, courir tous ensemble sur le terrain, approcher le ballon et sentir l'équipe autour de soi qui respire et réagit comme un seul animal, on est bien… Et quand on croise l'ennemi, les mecs de l'autre gang, de l'autre équipe, de l'autre armée, eh bien, là, on bande, on fait carrément bande pour s'armer, se défendre, les abattre.

Luigi avait fait partie de cette scène dans le quartier, Patrice non. Patrice l'observait de l'extérieur, et, là, il se dit pour la centième fois qu'au moment de lui mettre trois balles dans le dos, à Luigi, les mecs de la bande adverse l'ont sûrement traité d'enculé.

C'est fantastique de tomber, comme ça, sur une bonne trottinette qui te laisse filer, dépasser tout le monde, piétons, vélos, motos, sans parler des bagnoles. On pèse rien, on vole ! Grand, mince, musclé, il file comme une flèche, longeant le cimetière de Saint-Ouen où son père est enterré. C'est hallucinant de regarder un cercueil et de se dire que dans cette boîte en bois, figé et silencieux, il y a ton daron en personne, l'homme que tu as fréquenté tous les jours depuis ta naissance, qui t'a appris à lire et à jouer au foot, qui t'a chatouillé et engueulé et expliqué pour la bite et les filles et maman et les keufs et le taf, qui t'a appris la vie, quoi, qui lâchait des pets aux toilettes et pas que là, qui se saoulait parfois mais pas trop parce qu'il voulait être un bon exemple pour toi, et qui, pendant les matchs, aimait scander de sa grosse voix, à l'unisson avec les hommes autour de lui : "Les Jura Sud c'est des pédés ! / Des fils de pute ! des enculés ! / Et par les couilles on les pendra ! / Oui mais des couilles ils en ont pas !"

Il ne voyait pas le rapport, son paternel. Patrice, lui, le voit, mais pour son père comme pour la plupart des mecs les deux choses sont aux antipodes. Si un homme passe les soirées de match et les longs dimanches d'entraînement en la compagnie exclusive d'hommes, c'est-à-dire de personnes du même sexe que lui, pour lui ça n'a strictement rien à voir avec les homosexuels, mot qui veut dire même sexe. "Ah bon pourquoi ? – Parce que ! Faut te faire un dessin ? Parce qu'entre vrais mecs, pas de cul." Pourtant on le voyait tout le temps sur le terrain le cul. Tout le temps. Par exemple, en se détachant des étreintes orgastiques autour de celui qui vient de marquer un but, ses coéquipiers, une seconde ou deux, comme ça, par hasard, lui frôlent voire lui palpent les fesses.

Patrice longe maintenant les Puces de Clignancourt, où des bobos affluent de toute l'Île-de-France pour s'équiper en vraies fausses antiquités... Puis, las de respirer les pots d'échappement du périph', il coupe à travers le 17e par le boulevard des Maréchaux.

Quand son père l'emmenait au stade de la Cité Allende pour regarder les matchs de son équipe, Patrice voyait circuler entre eux non seulement le ballon mais aussi du désir. Pourquoi avaient-ils tant de mal à l'admettre ? Ça fait des années que Patrice s'abstient de poser à voix haute cette question angoissante. Il espère encore rejoindre un jour le club de Saint-Denis, mais il aime les mecs. Il aime les mecs mais, pour jouer au foot, il doit faire mine de vomir les pédés et de bander pour les meufs. Pour prouver qu'il bande pour les meufs, il doit les rabaisser et les salir.

L'an dernier au mois d'août, ayant rencontré par Meetic un monsieur avec qui elle avait envie de passer un week-end en amoureux, sa mère a envoyé Patrice chez sa sœur Denise en Alsace. Patrice a râlé : il avait zéro envie de faire cinq cents kilomètres en TGV pour rendre visite à de vagues parents qu'il avait vus trois fois dans sa vie, sous prétexte que son cousin Geoffroy, le fils de Denise, avait à peu près le même âge que lui. Il aurait préféré rester s'entraîner à Stains, mais bon, ce n'était pas comme s'il avait le choix.

En fait Geoffroy avait dix-sept ans, trois ans de plus que lui. Cheveux bruns bouclés, visage imberbe, regard direct et clair, joues qui se teignent de rouge vif chaque fois qu'il est emballé par une idée ou perturbé par un souvenir. Le samedi, il a montré l'épicentre de Strasbourg à son cousin parisien, et le dimanche après-midi les deux garçons sont allés s'asseoir sur les bords de l'Ill.

"C'est drôle, a dit Geoffroy, le nom de cette rivière. Ill, comme « malade » en anglais."

Alors qu'ils parlent foot, gestes à l'appui, leurs mains se frôlent par mégarde et Patrice reçoit comme une douce décharge électrique. Le contact se renouvelle quelques instants plus tard, pas par mégarde, et, après avoir jeté un coup d'œil à la ronde pour vérifier qu'ils sont seuls, c'est au tour de leurs lèvres de se frôler. Un peu plus tard, dans la chambre de Geoffroy où Denise a installé un lit de camp pour Patrice, ils se mettent debout face à face pour approfondir la question. Patrice ignorait que la peau pouvait bondir de bonheur mais quand Geoffroy glisse une main sous son T-shirt puis dans son slip, il l'apprend… et rit d'étonnement. À mesure qu'il découvre le corps de son cousin en le caressant, son souffle vient plus vite. "Tu vois ? tu vois ?" murmure Geoffroy en lui infligeant de petits coups de langue rapides et précis dans l'oreille, le cou, sur les tétons et le bas-ventre, puis sur son pénis dressé et dur. Entendant Denise rentrer, les mouvements des cousins pour se rajuster sont si rapides et silencieux qu'ils ressemblent à un film muet projeté en accéléré. Quand elle les appelle, c'est de façon convaincante qu'ils jouent la sortie de la sieste.

Le soir même, Patrice reprend le train pour Paris. Le week-end est terminé mais autre chose a commencé qui, elle, ne se terminera jamais. Ce n'est pas qu'il soit amoureux de son cousin mais, grâce à son cousin, il sait qu'il aime les hommes. Et pourquoi pas ? Ça le rassure de le savoir. Depuis des années, les garçons du bahut partageaient des vidéos pornos hard sur leurs portables et il se défilait à chaque fois : "Ça me branche pas plus que ça", "Bof", "Ouais, super", "Besoin de bosser"... Pas facile de renouveler les prétextes pour ne pas visionner ces images répétitives qui le laissait de glace, alors qu'il défaille à la seule idée du porno gay. Là, il a sérieusement envie de pousser plus loin les explorations entamées avec Geoffroy au mois d'août. Non, il n'est pas *ill*, pas malade. Il est content d'être homo... mais c'est loin, Strasbourg, et les textos de Geoffroy, pour l'essentiel des émojis, ne le satisfont pas.

Interminable, ce boulevard Berthier ! Il sait que des rencontres gays tarifées ont lieu ici tous les soirs après la tombée de la nuit. Or il a l'école demain et de toute façon, même le week-end, sa mère n'aime pas qu'il rentre tard. D'où son choix du bois : il paraît qu'il y a des lacs ! Patrice se dit que ce doit être beau de faire ça dans la nature, comme au bord de l'Ill avec Geoffroy. Il a envie de piger. Non, pas de piger... plutôt de s'abandonner. Se livrer à ces délices. Les goûter jusqu'au bout. Ça coûte une vingtaine d'euros – le prix de deux Big Mac Combos – à quoi s'ajoute la location de la trottinette. C'est cher, mais ça vaut le coup.

Une fois entré dans le bois, faire gaffe aux keufs.

Donner l'argent avant, dire merci après.

Et, entre les deux : le ciel.

# XII

## *"¡Todas!"*

Il se souviendra d'elle, ce gamin-là – oh ! même s'il est aussi grand qu'elle, c'est un gamin. "Quinze ans", lui a-t-il murmuré à l'oreille quand elle lui a posé la question après son orgasme. Le premier vrai pied de sa vie, elle serait prête à parier, et elle en est fière. Oui, quand on fait sérieusement appel à ses talents, à ses connaissances et à son cœur, donner du plaisir est un vrai plaisir.

Tendu à bloc il était, en arrivant. Ah ! il avait besoin de ça. Besoin d'aller lentement dans la découverte de son corps, comme les tout-petits quand ils apprennent à lire. En le voyant ainsi éveillé, tout frémissant de désir, réagissant au quart de tour à chacune de ses propositions, elle a eu envie de lui donner une initiation méthodique et mémorable, de lui enseigner, comme qui dirait, l'alphabet des sensations. Qui sait ? Si la maîtresse de son école à Girardot avait eu un peu plus de patience, si elle n'avait pas stressé et humilié ses élèves à la traîne, Francia serait peut-être devenue poète ! Toujours est-il qu'en repartant, le jeune homme débordait de reconnaissance et lui a laissé un beau pourboire : cinq euros de plus que les quinze demandés. Pour lui, c'est énorme.

En attendant le client suivant, elle fait un brin de toilette, rafraîchit son rouge à lèvres, répare les dégâts causés autour des yeux par ses pleurs de tout à l'heure. Entretenir sa beauté est une des règles intangibles du métier. Peu importe que les clients ne voient pas grand-chose dans la pénombre du *cambuche*, éclairé seulement par les diamants dansants d'une guirlande à pile : comme dans l'armée, il y va de la dignité de l'uniforme et de celles qui le portent.

Tout est question d'éclairage, de qui voit quoi et comment. S'il y avait eu plus de lumière, la nuit du 17 au 18 août dernier, Vanesa Campos serait sans doute encore en vie.

Depuis quelque temps déjà, une bande de jeunes Égyptiens s'était mise à rôder dans le bois et à voler les clients des TDS pendant les passes. Au début les femmes les traitaient comme des moustiques : ils les agaçaient, elles les chassaient. Mais depuis la loi Hollande de 2016 pénalisant les clients, les TDS n'ont d'autre choix que de s'enfoncer plus loin dans le bois, là où il n'y a pas de lampadaire, et ça change tout. Les clients y sont plus en sécurité, elles le sont moins. Non seulement elles ne se voient plus les unes les autres, mais, plus grave, elles ne voient la tête du client qu'au dernier moment. Avec son *cambuche* couleur forêt, Francia est moins vite repérée que les filles en camion ; n'empêche que c'est un vrai casse-tête : comment faire pour que les clients vous voient, sans que les flics voient, eux ?

De mois en mois, les Égyptiens se sont faits plus arrogants et la situation a dégénéré. À pied, les clients se faisaient braquer ; en voiture, les moustiques leur piquaient tout pendant la passe (portable, ordinateur, attaché-case, veste en cuir)... Eux-mêmes en infraction n'osaient pas porter plainte, mais ils gardaient un mauvais souvenir de la soirée et passaient le mot à leurs amis... La prostitution en ligne a pris le relais, et les affaires des filles se sont effondrées.

Certes les moustiques ont besoin de vivre eux aussi. C'est dans leur nature de piquer ; sans ça ils crèvent. Mais là, ils rendaient la vie des Latinas impossible. Si elles protestaient, ils les frappaient et les insultaient ; si elles protestaient encore, ils les violaient et menaçaient de les égorger. L'ambiance au bois est devenue totalement irrespirable. En 2018, un ami sénégalais de Vanesa Campos a proposé de surveiller la voiture de ses clients pendant la passe. Furieux qu'on les empêche d'exercer leur métier, les voleurs ont décidé de donner une leçon aux filles.

Vers minuit cette nuit-là, assise dans l'entrée de son *cambuche*, Francia fume un joint pour se détendre. Il pleut. Elle s'en veut d'être venue de nuit. En cinq heures de présence, elle n'a fait que deux clients. Stressée à l'idée de repartir bredouille, elle fume pour se détendre... puis ses paupières s'alourdissent et elle somnole un peu, s'enfonce doucement dans ce noir si noir du fin fond de la nuit couverte, la nuit couvercle, aussi chaude et humide et sombre que l'intérieur de la soupière où *mamita* faisait mijoter le *sancocho de pescado*, quand soudain elle est réveillée par des éclats de voix, des cris, répercutés, ricochétants : "*¡Todas!*" "*¡Todas!*" sur des notes différentes, aiguës et basses, fortes et moins fortes, proches et lointaines, *"¡Todas!"* Toutes ! C'est leur SOS à elles, aux Latinas, et toutes les copines de se mettre à courir dans le noir, dans la soupe, quelqu'un a un problème, qui ? que se passe-t-il ? *"¡Todas!" "¿Qué pasa?"* Francia éteint vite son joint, mais elle a de l'*abuela* dans la tête et quand elle se met debout tout se mélange, pensées, souvenirs et inquiétudes. *"¡Todas!" "¿Qué pasa?"* C'est encore ces moustiques merdiques, ces Égyptiens ? Ils déconnent encore ? Merde alors ! *"¡Todas!"* Le cri est lancé et Francia se met à courir, les autres aussi, non seulement les Latinas mais peu à peu les Roumaines, les Bulgares, les Moldaves, même les Coréennes. Elles entendent au loin plusieurs coups de feu, une petite Bulgare rondelette lui lance tout en courant : "C'est Vanesa !" Terrorisées, elles veulent venir en aide à Vanesa mais il pleuviote, l'air est saturé d'humidité et elles courent dans une sombre soupe, une puanteur de peur, il fait si noir que les cris semblent venir de toutes les directions à la fois, elles ne savent pas vers qui ni vers quoi elles courent, elles savent seulement qu'il faut courir vite, "Vite, vite", se dit Francia à voix basse, et ça lui rappelle ses tout premiers mois à Paris, quand elle pataugeait encore dans la langue française, vraie soupe sonore où flottaient d'étranges nasales, des *an* des *en* des *on*, sans parler du problème du *v*, les hispanophones ne distinguent pas entre *b* et *v*, encore aujourd'hui Francia dit "vaguette" pour "baguette", "libres" pour "livres", "vaiser" pour "baiser" et "boleurs" pour "voleurs". Une fois où elle a dit "bite" à la place de "vite", on lui a signalé que la bite était le pénis et ça l'a fait rire, plus tard elle a appris que "vit" aussi c'était le pénis et ça l'a fait rire encore plus fort. Au lieu de "vulve" elle dit "bulbe" comme un bulbe d'orchidée, qui est la fleur nationale de la Colombie et aussi sa fleur préférée parce qu'elle ressemble à un sexe de femme alors ça revient au même. Les femmes courent *bite, bite* à travers la forêt, dans le noir elles marchent sur des insectes, les oiseaux dorment, ils dorment, il n'y a pas de ciel, c'est le mois d'août, l'énorme assoupissement de l'été parisien finissant, oui, l'assoupissement, tout devient de la soupe, elles avancent dans une soupière, plus Francia court, plus elle s'essouffle, et quand toutes convergent enfin autour de Vanesa il est trop tard, elles arrivent trop tard.

Mécontents de la présence de ce vigile sénégalais qui les empêchait de piquer, les moustiques ont décidé de reprendre leur turf. Ils se sont organisés, ils sont venus en nombre et armés. Après avoir tabassé le vigile, ils s'en sont pris à Vanesa accroupie en train de se soulager, elle a reçu une ou plusieurs balles et maintenant elle est là, allongée par terre, nue, en sang. Figées d'horreur, les copines la regardent, elle est morte parce qu'elle a protesté contre les vols, elle est morte parce que son ami a fait le guet, les voleurs sont venus vers elle et l'ont abattue dans le noir, ce noir poisseux, mouillé, ce noir de poix, cette soupe aux pois, et là, elle gît par terre, immobile et nue, pourquoi nue ? Qui est venu lui ôter ses habits et les poser près d'elle sur le sol ? Les amies appellent la police et l'ambulance mais il est trop tard, les moustiques se sont envolés, plusieurs femmes les ont vus, ils leur ont fait le signe de se taire, puis le signe bien connu de l'égorgement.

Oui, après avoir abattu la belle Vanesa comme un chevreuil, ils sont partis en ricanant.

Toutes les Latinas du bois connaissaient Vanesa, toutes auraient pu se trouver à sa place : Vanesa, c'est Francia, c'est Virginia ou Flora, Adriana ou Carmencita. *"¡Todas!" "¡Todas!"* Le cri s'est répercuté et, épouvantées, elles se sont toutes mises à courir mais entre la nuit, la pluie et la peur elles ne savaient pas vers quoi ni par où, elles ne voyaient rien, c'était la confusion, Francia galopait en claudiquant mais comme elle venait juste de fumer un joint les pensées s'entrechoquaient dans sa tête. "Vite ! Vite !", et en voyant Vanesa par terre, toutes se sont mises à pleurer. Vanesa a crié *"¡Todas!"* et elles aussi, les souvenirs s'entrechoquent, la scène se rejoue dans la tête et les rêves de Francia encore et encore, chaque fois elle espère que l'arrivée simultanée de toutes les copines fera comme un grand tapis de couleur tissé par Walekerü, l'araignée mystique des wayúu, un tapis volant qui viendra se glisser sous le corps de Vanesa, la soulever et la transporter hors du danger, mais quand elles arrivent il est déjà trop tard, les moustiques ont déjà sévi, elles n'ont pas réussi à empêcher le pire, ces garçons ont tué l'une de leurs propres sœurs, oui, car dans le fond ce sont leurs frères, comme elles ce sont des gosses blessés et terrorisés, comme elles ils ont grandi dans la pauvreté, comme elles ils ont connu la faim, les coups et le mépris, mais au lieu de leur tendre la main ils se retournent contre elles, les frappent et les violent, leur disent des horreurs. "Fils de pute", "pute", "ta mère est une sale pute", "pute", "salope", "salope", "pute", "pute", ils ne savent pas dire autre chose que "pute", "salope", "fils de pute", "je nique ta mère", crachant leur peur comme les flingues crachent le feu, quelle misère.

Plus tard, Francia apprendra que la balle mortelle provenait de l'arme de service d'un policier d'origine malienne, bêtement laissée dans sa voiture quinze jours plus tôt, un soir où, loin de pénaliser les clients, il rejoignait leurs rangs.

# 12

# Marlboro

Nadir N. a chronométré son trajet à la minute près : il débarquera au bois pile à l'heure de la prière dite Maghreb, qui marque le coucher du soleil et la levée du jeûne. Le ramadan n'a commencé qu'il y a six jours, faut tenir encore vingt-quatre, il prend ça très au sérieux. Même si c'est fatigant quand on bosse dix heures par jour, faut respecter les règles. Avant le coucher du soleil, on n'a pas plus le droit de baiser que de manger, or à dix-huit ans c'est au moins autant la bite que le bide qui crie famine. Selon le cheikh Muhammed Salih al-Mounadjid qu'il a consulté sur internet, pendant le ramadan on a le droit d'approcher son épouse après la tombée de la nuit. Il est drôle, le cheikh. Et si on a pas d'épouse ? Ah ! ça, l'histoire ne le dit pas, c'est pas prévu au programme. Est prévue, par contre, la manière d'expier le péché d'avoir baisé dans la journée : on peut, au choix, affranchir un esclave, jeûner deux mois d'affilée ou nourrir soixante pauvres. Il est drôle, le cheikh, se dit Nadir. Si on avait de quoi nourrir soixante pauvres, soit l'ensemble de la population de notre immeuble, on n'habiterait pas un minuscule appartement au sixième étage sans ascenseur d'un immeuble minable d'une rue tristement coincée entre gare du Nord et gare de l'Est. Quant aux esclaves… bref, c'est du grand n'importe quoi.

Sa mère l'attend, là. Il le sait. Elle l'attend avec l'*iftar*, le repas de fête qui rompt le jeûne : des dattes, suivi d'un brick à l'œuf et d'une chorba, le tout égayé avec du thé à la menthe. Elle dit que c'est important, le jeûne, pas seulement pour se purifier le corps et l'esprit, mais aussi pour nous faire comprendre le sort des pauvres. *Nous sommes pauvres, c'est notre sort à nous !* Nadir a toujours envie de lui rétorquer. *C'est bon ! On l'a compris !* Mais jamais il ne parle à sa mère sur ce ton. Elle essaie de revivre avec lui les joyeuses soirées du ramadan de son enfance à Alger, et ça ne marche pas. Comment trouver de la joie dans cette ville de merde, où il faut constamment grappiller des sous et dire merci et pardon sans raison ? Ça commence dès qu'on sort de chez soi le matin : méfiance, regards de travers, sourcils froncés, ronchonnements… Ah ! oui, ça les dérange, les souchistes, qu'à la Goutte-d'Or, à Barbès ou à La Chapelle, des musulmans prient dans la rue, par contre ils ne veulent pas les laisser construire des mosquées, par contre eux construisent des églises partout, dix par arrondissement en moyenne, par contre leurs églises sont vides parce qu'ils n'y croient plus beaucoup, à leur bon Dieu, par contre ils veulent bien chômer toutes les fêtes chrétiennes pour pouvoir partir en vacances, par contre ils sont laïques et ne favorisent pas une religion par rapport à une autre. Mon cul, se dit Nadir, en se régalant discrètement de la vue d'une paire de grosses cuisses blanches qui, aplaties sur un siège du métro et ajourées par des bas résille, remontent sous une minijupe en similicuir bleu et disparaissent, laissant fantasmer la suite. La pute porte une perruque blond platine. Soit elle vient de quitter son poste à Strasbourg-Saint-Denis, soit elle a la même destination que lui.

Lui, sa journée de travail a été bonne et du coup il peut se permettre plus qu'une pipe ce soir, la totale. Son corps réagit à toutes les femmes, les vraies comme les fausses, en ce moment il préfère les fausses, parce qu'ils les trouvent plus féminines que les vraies, plus généreuses et maternelles, on peut les bousculer sans qu'elles s'en formalisent et, au lieu de simplement supporter qu'on les enfile, elles font mine d'adorer ça. Nadir n'a jamais été tenté par le djihad avec sa promesse *Hûr 'in*, de soixante-douze vierges au Paradis après le sacrifice ultime. Dès qu'il sortirait son zob, elles seraient frappées de mutisme, les vierges. À vrai dire il n'a essayé qu'une fois avec une vierge – bien terrestre, celle-là, bien vivante ! Maude, elle s'appelait –, une Blanche, très gentille, une camarade de classe. C'était il y a deux ans, juste avant qu'il quitte l'école. Quand elle le regardait en souriant, ça le faisait réagir grave.

Un jour elle l'invite chez elle, y a personne, elle lui fait faire le tour de l'appart, un duplex chicos, puis elle le conduit dans sa chambre là-haut et se colle à lui. Tout au long des phases embrassades et déshabillage, il bande comme un âne mais, dès qu'elle lui met une capote ça capote. Dans le porno qui fonctionne pour lui, la fille est toujours bâillonnée et attachée, alors voir comme ça une jeune femme qui s'offre à lui gratos, en le regardant avec des yeux de merlan frit, sentir cet espoir, cette demande – cette *exigence*, en fait –, ça lui a carrément coupé les moyens. Oui, il préfère franchement les putes. Avec elles tout est clair et cash. On paie, on prend, on part.

Il s'est excusé auprès de Maude, par contre il n'a plus voulu la revoir.

Son poste c'est le métro La Chapelle, juste au début de Marx-Dormoy. C'est un bon plan, bien rodé, une espèce de ballet calibré au millimètre : les voyageurs débarquent à Orly en provenance d'Alger avec des cartouches dans leurs valises, les douaniers ferment les yeux à condition qu'ils n'exagèrent pas, sept à huit cartouches pas plus, sinon c'est confisqué. Tôt le matin, les grossistes apportent les cartouches à Barbès, à dix heures Nadir les retrouve dans un lieu-dit qui change de jour en jour, *Salem aleykoum*, il prend les paquets, planque la plupart dans le mobilier urbain, indique les lieux aux autres vendeurs pour qu'ils puissent aller se fournir, s'installe à la sortie du métro et, du matin au soir, mille fois, dix mille fois, susurre le nom de la marque. Chacun vend de petites quantités et passe les recettes à un banquier, comme ça personne ne trimbale clopes et fric en même temps. La marchandise s'écoule facilement, Nadir se réapprovisionne et en fin de journée le banquier répartit les gains. Le produit est sept fois moins cher à Alger que dans les tabacs parisiens ; revendu, c'est encore trois fois moins cher ; même en comptant que les flics saisissent un paquet sur deux, ça fait une jolie marge. Certains mecs vendent des contrefaçons ou du tabac coupé mais sa bande à lui, non, ils préfèrent fidéliser leurs clients.

Et ça roule. Ça fait deux ans que Nadir est là-dedans.

Aujourd'hui a été une bonne journée, il a de quoi s'offrir une giclée et il a hâte. Du coup, il va être en retard pour l'*iftar* et sa mère va l'engueuler, elle le traitera de graine de délinquant, mais, bon, c'est la vie.

Dans le métro il bouge tout le temps, se faufilant d'un wagon à l'autre, les yeux partout et nulle part, cherchant encore des choses à regarder, et comme la ligne 2 est toujours bondée en fin de journée, il y a l'embarras du choix, une paire de nichons par-ci, un bout de ventre nu par-là, il regarde et se frotte le zob mais discrètement, si jamais une Blanche le surprenait en train de la mater elle pousserait de hauts cris, toutes les têtes se tourneraient vers lui, la foule se lèverait comme un seul homme et le lyncherait. C'est vrai qu'il n'aimerait pas qu'on mate ainsi le corps de sa mère, heureusement qu'elle porte le hidjab, même si ça lui attire chaque jour insultes et crachats. C'est curieux comme le voile musulman dérange les souchistes, la perruque des juives orthodoxes par contre ne dérange personne, les vraies valeurs françaises c'est moins liberté-égalité-fraternité que surveillance-inégalité-mépris. Carrément.

Nadir a laissé tomber l'école dès qu'il a pu, à seize ans, car cette hypocrisie le rendait malade. Il n'arrivait plus à jouer le jeu. À partir de ses onze-douze ans, il a subi des contrôles policiers à peu près tous les jours sur le chemin de l'école. Ça énervait les flics de ne rien trouver à lui reprocher. Ils vérifiaient sa carte d'identité dix fois : ben oui ! il était exactement aussi français qu'eux ! Né et élevé en région parisienne, comme des milliers d'autres de son espèce ! Ça les perturbe, les souchistes. C'est à eux d'envahir le reste du monde, pas au reste du monde de les envahir. À partir de quinze ans, exaspéré par ces contrôles à répétition, Nadir s'est mis à interroger les flics à son tour, puis à leur rendre leurs insultes, suite à quoi, bon nombre de fois, il s'est fait bourrer de coups de pied, arrêter pour outrage à agent et mettre en garde à vue. Paniquée, sa mère venait le chercher en suppliant les flics de l'excuser parce qu'il était mineur, en les assurant que c'était un bon garçon dans le fond, et en leur promettant qu'il n'allait pas recommencer. Au cours de ses nuits en taule, Nadir a développé une haine coriace des flics : il a trop souvent vu dans leurs yeux le kif du pouvoir.

Depuis qu'il travaille comme vendeur, ça l'amuse beaucoup de les dérouter et les semer.

Quand il était petit, son père lui parlait des Français tout en jouant avec lui au *kharbaga*. "Nous sommes la mauvaise conscience qui hante leurs nuits et leurs jours. C'est ça le problème, mon fils. Nous sommes l'ombre de leurs crimes et l'écho de leurs turpitudes."

Il causait bien, son daron. À l'époque, Nadir était trop petit pour saisir le sens de ses axiomes, mais en grandissant il les comprend de mieux en mieux. Premier de la classe en Algérie, son père a fini dealer en France. En 2005, pour avoir buté un dealer rival à Aubervilliers, il a pris trente-cinq ans, assortis d'une OQTF. Nadir ne sait plus quand il l'a vu pour la dernière fois.

Mais quelle gaule, putain !

Il prendra la première qu'il croise en arrivant, lui filera vingt balles et la tringlera jusqu'au trognon.

# XIII

# Bernache

Parfait, vingt euros en une minute et demie chrono, le gamin file et Francia pousse un soupir de satisfaction. La journée tire à sa fin, douze passes déjà. C'est loin des cinquante que faisait Carmencita dans les belles années 1990, mais par les temps qui courent c'est grandiose, de quoi faire verdir de jalousie les collègues.

Elle n'aime pas les dimanches en fin de journée, quand la lumière baisse et que le week-end se termine. Elle cherche la sainte à qui demander un peu de réconfort… Aïe, elle n'a pas dit une seule vraie prière de la journée, à part trois mots à la chapelle Sainte-Rita le matin en allumant un cierge pour *papá*, non, quatre mots, puisqu'à "Repose en paix" elle a ajouté "connard", elle le regrette un peu… Après ses ablutions intimes, elle se met à genoux et enchaîne un ou deux Ave Maria devant l'image du Sagrado Corazón de Jesús, reproduction de la merveilleuse fresque bleue au plafond de la basilique au sommet de Montmartre. Toute la ville de Paris pleure en ce moment une cathédrale qui a brûlé le mois dernier,

Notre-Dame, ça s'appelle. Francia sait qu'elle se trouve sur une île au centre de la capitale, mais elle n'y a jamais mis les pieds. Son église préférée c'est le Sacré-Cœur, tout près de chez elle : chaque fois qu'elle prend le funiculaire à Anvers pour y monter, elle repense aux expéditions de jadis à Monserrate avec Alejandro ou les copines, et c'est le bonheur.

Elle émerge de son *cambuche*, s'installe lourdement sur le tabouret et allume l'autre moitié du joint entamé tout à l'heure… mais à peine l'a-t-elle allumé qu'elle l'éteint à nouveau. Zut. Elle a promis de retourner voir Florica.

Elle va lui apporter un peu d'*aguapanela*, encore tiède de ce matin dans son thermos magique. Florica adore ça.

Re-zut. Prise par la nostalgie de sa *mamita*, elle a dû écouter trop de cumbia aujourd'hui : son portable n'a presque plus de batterie.

Pendant qu'elle le scrute, l'écran s'éteint.

Elle fonce à travers la forêt comme un rhinocéros boiteux.

Dix minutes plus tard, elle salue les filles visibles de Mitteleuropa, la plupart sont invisibles car occupées, tant mieux, ç'aura été une journée profitable pour elles aussi. Mais… qui s'occupe de Florica ? Saisie d'un mauvais pressentiment, priant déjà à voix basse, elle se précipite vers la tente d'Ileana. Arrive devant. Appelle la petite. Pas de réponse. C'est en fredonnant qu'elle écarte le pan de toile à l'entrée pour que Florica reconnaisse sa voix et n'ait pas peur – reprenant, même, quelques notes de l'air de Bizet qu'elle lui a chanté tout à l'heure. Toujours zéro réaction.

Il fait très sombre dans la tente. Sans la torche de son téléphone, Francia a du mal à repérer quoi que ce soit. "Florica ? c'est Francia ! Comment vas-tu, *mi amor* ? Regarde, je t'ai apporté de l'*aguapanela*, ça te donnera des forces…"

Elle sait maintenant qu'elle parle pour se rassurer elle-même, et que la jeune femme, bien que présente, n'est pas en état de lui répondre. Tout près, là-haut sur la cime de la forêt, une bernache du Canada lance son aboiement rauque, un cri qui annonce la nuit et exhorte au courage. Ce cri lui semble être le sien. Elle se l'approprie, l'imite et le répète, le transformant en prière.

"Oh ! santa Rita, crie-t-elle comme une bernache. Dulce Jesús, fais qu'elle ne soit pas morte !"

À tâtons, elle trouve Florica et lui soulève un bras : inerte. Tendant son propre bras vers le cube de chevet en polystyrène, elle allume la lampe… et voit, éparpillées sur le sol en toile, les causes conjuguées de l'inertie de la jeune femme : sac, paille, poudre. Ses cris de bernache s'interrompent. Posant deux doigts sur la carotide, elle cherche le pouls et ne le trouve pas, alors elle retourne la Roumaine sur le dos et, tout en lui faisant un massage cardiaque, crie le nom d'Ileana de sa plus grosse voix d'homme, la voix tonitruante de son père devant les matchs de foot, quand il insistait pour se faire entendre par-dessus le brouhaha du café au *mercado central*. Résultat nul. Elle s'arrache à cette tente et court jusqu'à la suivante, où elle demande à Ileana et Marina, en pleine action avec deux clients, de lui prêter un téléphone. Ileana lui passe le sien sans broncher ni ralentir le rythme. Juste au moment où Francia tend l'oreille pour cueillir sur les lèvres d'Ileana les quatre chiffres de son code de déverrouillage, le client lâche son cri éjaculatoire.

En composant le 15, Francia repense à ce jour lointain chez Marco, où elle a appelé les secours pour Léonora. Elle se dit que ce serait peut-être une bonne idée d'appeler Léo elle-même... mais pas tout de suite. Plus tard. Là, le temps presse.

Elle retourne auprès de Florica, sort de son sac un spray nasal et envoie deux pressions de naloxone dans chaque narine de la Belle au bois dormant. Quelques instants plus tard, Ileana rapplique en se rajustant. Il lui faut moins de trois secondes pour saisir la situation.

"*Curvă !* T'as appelé l'ambulance ?

— Oui.

— Francia... tu peux me rendre un service ?

— Quoi ?

— Moi je reste là, j'attends l'ambulance avec la petite, et toi tu vas à l'autre tente, tu veux bien ? J'ai un client qui arrive, là, tout de suite, c'est un Colombien, j'ai pris rendez-vous avec lui pour un fisting mais j'ai pas envie de le faire, tu veux bien le faire à ma place ? Dis oui, Francia, *please* ? Je suis crevée, je sens que si je dois encore faire ça ce soir, je vais craquer...

— OK, dit Francia. Je m'en occupe, pas de problème."

# 13

## Vroum

Victor V. est venu au bois en début d'après-midi comme d'habitude. Il prend toujours le RER C à Saint-Ouen, en quatre stations il est à Porte-Dauphine et il passe le reste de la journée à vendre, à circuler, à acheter, à consommer, à grignoter, à tchatcher, à déprimer et à se défouler. C'est sa routine de merde.

Il a franchement du mal à s'en sortir, maintenant. La Colombie est loin, les amis lui manquent, les motos aussi, ces monstres magnifiques au dos desquels, gamins, lui et son frère sillonnaient la ville de Medellín et les collines environnantes. Tout môme déjà, quand il regardait frimer son grand frère Antonio et ses potes, *vroum-vroum* était le plus beau son de l'univers. Appuyer sur l'accélérateur, sentir aussitôt la bête réagir, rugir, *vroum, vrou-ou-ou-ou-m*, que pouvait-il y avoir de plus exaltant ? Son seul désir était de ressembler à son frère : se coiffer comme lui, rouler les mécaniques comme lui, surtout, lâcher l'école comme lui, à douze ans, pour devenir un vrai caïd.

"On est de la ville d'Escobar, oui ou merde ?" disait Antonio, et Victor de rougir d'orgueil. À Medellín, dans les années 2000, une décennie après sa mort, le souvenir d'El Patrón était encore plus que vif. Il était adulé. Les pauvres faisaient des pèlerinages pour venir poser des cadeaux de remerciement sur sa tombe dans le somptueux jardin de *la Catedral*, cette prison de luxe où, en échange de sa non-extradition aux États-Unis, Escobar avait accepté de se faire écrouer. Cas unique dans l'histoire de la justice : un criminel sanguinaire qui, avec l'accord et l'aide du gouvernement, organise la construction de sa propre prison et remplit celle-ci de tout ce qu'il aime : objets d'art, cocaïne, champagne et putes. Tous les gosses de Medellín voulaient être El Patrón, c'était le héros de tous leurs jeux. Pour l'imiter, ils apprenaient à regarder sans regarder, à repérer les flics, à accepter les punitions, à obéir aux plus forts, à compter les billets de banque à toute vitesse et, de fil en aiguille, à torturer les balances et à buter les traîtres. Antonio avait commis son premier meurtre à treize ans. C'était la belle vie.

"L'épouse de Pablo lui vouait un culte, disait-il à Victor, sa mère aussi. Et il pouvait mettre n'importe quelle meuf dans son pieu sans que personne se fâche. Tu sais à quel point elles mouillaient pour lui, les meufs ?" Victor hochait la tête de droite à gauche pour encourager son frère à lui donner des détails. "Putain, mais elles se bousculaient pour qu'il les enfile ! Et pourquoi ? Pas seulement parce qu'il était riche et célèbre, pas seulement pour les mille macchabées à son tableau de chasse, mais aussi parce qu'il était… *tranquille*. Ça, c'est la vraie classe, Victor ! Faut être *tranquille* !"

Antonio était un jeune homme versatile. Quand il n'était pas occupé à prendre les livraisons, à tenir les comptes ou à organiser des rendez-vous pour la distribution, il soignait et dressait un coq de combat du nom de Fuego. Il soignait et dressait aussi son petit frère, prenant soin de lui expliquer clairement les choses pour qu'elles se fichent dans sa mémoire. Il avait un faible pour les listes numérotées.

"Écoute-moi, frérot. Il y a quatre trucs qui comptent dans la vie : la bourse, le bizness, le foot et la guerre. Elles sont où là-dedans, les meufs ?

— Nulle part, murmurait Victor, certain de détenir la bonne réponse.

— Je te le fais pas dire ! Elles ont beau s'égosiller, se prétendre nos égales, se déclarer capables de faire n'importe quel boulot aussi bien que nous, c'est rien que des conneries ! Les meufs sont douées pour la baise, les bébés et basta ! Mets-toi ça dans la tête : du moment que t'es puissant, elles dégoulinent pour toi et tu peux la leur mettre où tu veux ! Ici à Medellín, trois choses les font mouiller : les motos, les thunes et la mort. Et c'est lié : pour avoir une moto faut des thunes, pour avoir des thunes faut vendre, et pour vendre faut tuer. Tu tues, ça veut dire que t'es puissant et les filles commencent à se trémousser, OK ? Elles te grimpent dessus en salivant de la chatte, elles peuvent pas s'ouvrir assez vite, leurs lolos sautent comme des malades, leurs cheveux te tombent dans la figure, tu y vas à fond, *vroum-vroum*, tu les prends recto verso en les traitant de putes et de salopes, tu explodes en elles et les gifles en même temps, elles disent oui, oui, oui et elles en redemandent. Toutes les meufs aiment qu'on les cogne, elles savent que c'est une preuve d'amour, après elles se baladent dans le quartier en exhibant leurs gnons comme des médailles militaires. Faut que t'apprennes ça, frérot ! Mais, chaque chose en son temps ! D'abord la moto !"

Avec d'énormes *vroum-vroum*, Antonio partait rejoindre ses potes sur les côtes de Medellín, et dans la nuit il recevait des filles dans sa chambre qui était également celle de Victor. Si elles ne se bousculaient pas devant la porte comme pour Escobar, c'était clair qu'elles raffolaient de son corps et de ses cadeaux, en se glissant dans son lit, elles battaient les cils, remuaient les hanches et pouffaient de rire, oui elles exigeaient qu'il les fourre et qu'il les gâte !

Leur *mamá* feignait de ne rien voir. Elle pouvait bien laisser un peu de liberté à son fils aîné : c'est grâce à lui qu'elle était montée, dans le barème des cinq "strates" socioéconomiques très officiellement établi par le gouvernement, du *estrato uno* au *estrato tres* ! Elle explosait littéralement de fierté chaque dimanche à la messe, se pavanant dans sa nouvelle robe en taffetas, une grande fleur magenta dans les cheveux et un beau garçon à chaque bras.

Victor avait fait seul son premier tour à moto à six ans, appris à démonter et à remonter un flingue à huit, assisté à son premier viol collectif à dix, et tâté du *bazuco* à onze. Que d'initiations grisantes ! Et pour ses quatorze ans, dès qu'il a eu passé le permis, son frère lui a offert une moto.

Ce jour-là, surexcité, il a passé l'après-midi à rouler en vrombissant et en pétaradant. C'était le paradis ! C'est son père qui serait jaloux, son père le nullard, le flemmard, qui s'est connement fait voler et buter en rentrant ivre à la maison un soir de paie. En fin de journée, Victor a voulu se pencher en arrière et tirer fort sur le guidon pour soulever la roue avant de la moto, comme John Wayne sur son étalon dans les vieux westerns que regardait son père à la télé. C'était génial : la roue avant de la moto se levait comme les pattes avant du cheval, le cheval se cabrait, la moto couinait et crachait de la fumée… Hélas, la troisième fois, il a dû lever la roue trop vite et se pencher trop fort en arrière, l'engin a basculé, il a glissé, il est tombé et la moto lui a broyé le pied droit, quinze jours d'hosto, trois interventions chirurgicales ; depuis, il boite.

Ça va bientôt faire dix ans.

Malgré ce handicap, Victor a lutté pour tenir sa place dans le circuit ; la came l'a enrichi. En 2016, dans l'espoir d'améliorer le flux tendu, il a décidé d'accompagner une livraison en Europe... et, un soir à Saint-Ouen, au cours d'un argument un peu vif, un salopard vénézuélien lui a planté un Opinel dans le bide. Affaibli, il a dégringolé les degrés de la hiérarchie pour se retrouver simple vendeur.

Aujourd'hui, il est en colère parce qu'il n'a presque pas fait de ventes. Au bois ça marche mieux en hiver parce que la coke tient chaud. Plus ça caille, plus les putes se cament ; à partir du mois d'avril, elles consomment moins. Mais ça va mal à Paris en ce moment de façon générale : voilà trois ans qu'il fait du surplace. Il est fatigué. Les femmes ne se battent plus pour qu'il les enfile. Il doit payer pour baiser, c'est la honte.

Encore heureux qu'il ait croisé cette bande de Roumaines pendant les vacances de Pâques... Ah ! ça ! il peut leur en montrer, à ces salopes des pays de l'Est ! La seule vue de son membre les laisse bouche bée. *"Gorila"*, elles l'appellent ! Pour elles, c'est un homme sauvage. Il paie, les déchire et les frappe, puis leur ordonne de lui faire un fisting. Se faire chatouiller la prostate par un petit poing roumain, voilà la seule chose qui le remet en selle ces jours-ci : *vroum-vroum*...

À pas inégaux, rageurs, il traverse le bois dont, en ce post-crépuscule du mois de mai, la verdure vire lentement au noir.

# XIV

## Bac

C'est seulement parce qu'Ileana ne comprend pas l'espagnol qu'elle a pu tolérer ce type, se dit Francia. Pour elle, ça a été d'emblée non. À elle, on ne parle pas sur ce ton. Elle, on ne la traite pas comme de la *basura*. *"¡Hasta luego, muchacho!"*

Hormis Carmen et deux ou trois autres amies trans du bois, elle ne fréquente pas de Colombien à Paris. Ça a été ça, le premier choc, avant même les insultes : se trouver face à un compatriote de la pire espèce, justement l'espèce que vomissait son *papá*, un de ces jeunes narcos de Medellín, égoïstes, paresseux et hédonistes, ça se reconnaissait au premier coup d'œil.

Non, ça, c'était déjà le deuxième choc. Le premier a été de voir cet homme avancer vers elle en boitant. La *même* claudication que la sienne, la *même* ! – comme à lui, la vie avait massacré la cheville droite, à elle elle avait pris la gauche, ils étaient en miroir, c'était presque un film comique : un instant, Francia a eu l'impression de s'engager dans une passe avec elle-même. Mais, dès que l'homme a eu pigé que cette métisse géante était la remplaçante improvisée de son *date*, ça a cessé d'être drôle. Il s'est mis à fulminer, de grands jets de caca ont giclé de sa bouche en espagnol et ça a ranimé en Francia ses souvenirs les plus sordides de Bogotá, les dealers infects du Cartucho, les gosses mourant de faim dans tous les coins, les jeunes accros édentés, les viols à ciel ouvert… Grosse, grosse secousse.

Écouter cet homme déblatérer contre les femmes, les homos et les trans lui a soulevé l'estomac, mais elle lui a répondu du tac au tac. Comprenant qu'il avait affaire à une compatriote, l'homme s'est mis à lui envoyer des insultes plus précises encore, de Colombien à Colombienne. Ah ! là, il avait franchement intérêt à ne pas insister, le *muchacho*, sans quoi ce n'était pas dans l'anus qu'il allait le recevoir, son fisting, mais dans la gueule. Ah ? comme ça, il insistait ? Eh ben, tant pis. Ileana perdrait un client, mais ce serait bon débarras. Franchement, on n'a pas à gérer ce genre de mec toxique.

L'homme est reparti en pestant et en saignant, mais il n'irait pas porter plainte car on lui demanderait ce qu'il faisait dans le coin. Pour une fois, se dit Francia, que la loi Hollande tourne à notre avantage !

"De grâce, Dulce Jesús, fais que mes articulations n'enflent pas", murmure-t-elle en passant les doigts sur son chapelet en perles de bois multicolores. (Les vraies perles la rebutent, de même que l'or, l'argent et les pierres précieuses. Elle se dit que leur haute valeur est le reflet très précis des tortures endurées par les mineurs. Elle préfère le bois, la vie des bûcherons lui semblant moins atroce.)

Là, elle vérifie : toujours le même calme plat du côté de la tente de Florica. Non, mais, ils se branlent devant quel film porno, les ambulanciers de Billancourt ? Ça fait au moins cinq minutes depuis son appel. Ah. Ouf. Les voilà.

Elle suit la scène de loin. Inutile d'y ajouter sa présence. La petite s'en tirera cette fois, elle en est sûre, mais elle aura besoin d'aide. Branchant son portable dans le mini-générateur des Roumaines, Francia compose le numéro de Léonora. Coup de bol, elle est disponible. Elle promet de rejoindre la petite dans l'heure qui vient à l'hôpital Ambroise-Paré – tout près, juste à l'orée du bois – et de faire un rapport complet à Francia quand elles se retrouvent chez Marco et Ariane en fin de soirée.

"Maman me dit qu'on va déboucher le champagne vers les vingt-deux heures trente, c'est bon pour toi ?

— C'est plus que bon, Léo, c'est divin ! *¡Mil gracias!* À plus tard !"

Le triple choc de la rencontre avec la Colombie a brutalement réveillé le souvenir de son dernier voyage au pays. C'était en 2017, pour le bac de Xio. Incroyable mais vrai, elle n'y était plus retournée depuis l'enterrement de son père, dix ans plus tôt. Toute une décennie, *Dios* !

Violeta, sa grande petite *hermana*, avait loué une voiture pour venir la chercher à El Dorado. *"Welcome home!"* a-t-elle lancé en voyant Francia franchir les portes battantes des Arrivées.

Il pleuvait des cordes.

"Ça ne t'embête pas si on passe par le centre-ville ?" a demandé Francia.

C'était un détour, mais elle avait envie de passer devant les quartiers de sa folle et douloureuse jeunesse, La Candelaria, le Teatro Colón... elle n'y était jamais retournée. Quand elles descendent l'Avenida Caracas, ses yeux s'arrondissent : un espace vert, plat, moche et géométrique nommé Parque Tercer Milenio est venu recouvrir toute la superficie de l'ancien Cartucho ! Elle pense à la lettre d'Alejandro et se surprend à ressentir un pincement de nostalgie pour cet enfer... Mais Violeta la rassure : la misère n'a pas été chassée de la capitale, elle a simplement glissé quelques rues vers le nord. Aujourd'hui, c'est le quartier adjacent, le Bronx, qui incarne la détresse absolue, les bas-fonds de l'humanité. Enfin, ayant interrogé Francia d'un regard – *C'est bon ? On peut y aller ?* – et obtenu son assentiment, Violeta vire vers l'est et emprunte l'Autopista Sur pour quitter la mégalopole.

Descendre à Girardot, ce jour-là, n'est pas évident. Échouer, faudrait-il dire, plutôt que descendre. Tomber de haut. Dégringoler. Car Bogotá est une ville haut perchée et la route vers Girardot, une chute lente. Très lente, en l'occurrence, à cause de la pluie, des travaux d'élargissement de l'autoroute, et de la passion inextinguible des Colombiens pour les difficultés de toutes sortes. En résumé, un embouteillage de cent vingt kilomètres. Pots d'échappement, poussière, klaxons, cahots : venant après une nuit blanche au bois de Boulogne et dix heures de vol, ce trajet en voiture plonge Francia dans un état d'hébétude.

Au bord de la route, près des stations-services et des villages, des restaurants ont poussé comme des champignons ; Violeta doit piler sans arrêt pour ne pas écraser les rabatteurs qui, arborant de grands faux sourires et agitant des menus, invitent les automobilistes à se garer devant leur établissement. Et ce n'est là qu'un avant-goût des changements qui attendent Francia dans sa ville natale.

En raison de son climat tropical et de sa proximité de la capitale, Girardot a toujours été une destination prisée des Bogotanais des strates supérieures – qui, frigorifiés là-haut dans leurs nuages, apprécient de pouvoir passer de quinze à trente-cinq degrés en l'espace de quelques heures. Gamins, Rubén et ses sœurs se payaient la tête des touristes qui, après s'être acheté de petites figurines religieuses au *mercado central*, retournaient à leur hôtel, s'affalaient au bord de la piscine et se laissaient cramer au soleil. Arrivés rose clair comme des vers de terre, ils repartaient rouges comme des écrevisses.

En 2017 c'est autre chose, les abords de Girardot portent tous les stigmates de la villégiaturisation galopante : parcs d'attractions, stations balnéaires et centres commerciaux. Épouvantée, Francia fronce les sourcils et se recouvre la bouche d'une main. Violeta comprend de travers. "Elle s'est enrichie, hein, notre ville ? Elle a cent mille habitants maintenant !"

Francia se détend un peu quand elles abordent enfin le quartier de la paroisse San Miguel : de ce côté-ci du fleuve, subsistent encore des ruelles dans leur jus. Pans de murs peints en jaune, roux ou vert, escaliers effrités, cactus, taches d'eau et de rouille, verdure envahissante, clôtures de bric et de broc, tôle ondulée, palmiers, pigeons, mendiants, estropiés… et le bruit ! ah ! ce bruit inimitable, incontrôlable de la Colombie des pauvres : motos sans silencieux, musiques déchaînées superposées... Oui, elle est bel et bien chez elle.

Ce voyage représente pour elle de longs mois d'économies et elle est émue à l'idée de retrouver sa famille. Mais le soir dans la masure (agrandie et améliorée à ses frais, ces dernières années), après le bonheur de serrer dans ses bras sa vieille *mamita* et sa plus-que-vieille *abuela*, force lui est de constater que la famille en question n'existe plus. Non seulement le *papá* est mort et enterré, mais, de plus, deux des cinq sœurs n'ont pu se rendre disponibles, deux autres refusent de s'adresser la parole ; quant aux neveux et nièces, brailleurs et surexcités, ils se jettent sur leur riche *tía*, les mains tendues en avant, avides de s'emparer des cadeaux qu'elle leur a apportés de Paris France. Glacée par ces retrouvailles, Francia a du mal à faire honneur au repas avant de se mettre au lit.

Et le pire est à venir.

Le lendemain, au Colegio Liceo Moderno, c'est une Xiomara métamorphosée – grande bringue de fille aux cheveux lisses et au sourire robotique, vêtue de l'uniforme de l'école, T-shirt vert et jupe écossaise – qui, après lui avoir jeté un regard bref et brûlant pour la supplier de la comprendre, passe le reste de l'après-midi à la traiter comme une parfaite inconnue. Il est clair que, gênée par la présence de cette monstresse bijoutée et grimée, plantureuse et claudicante, elle redoute les moqueries de ses camarades de classe.

Loin de la masure familiale, le Colegio Liceo Moderno est situé par contre tout près du cimetière catholique. Dès la fin de la cérémonie proprement dite, avant la séance de rafraîchissements dans la cour, où les parents d'élèves feront connaissance, se féliciteront, s'extasieront devant les bons résultats de leurs rejetons et partageront leurs espoirs pour leur avenir, Francia s'éclipse discrètement pour se rendre sur la tombe de son *papá*. Elle a besoin d'un prétexte pour ses larmes.

Là, aujourd'hui, secouée par la rencontre avec le *muchacho* de Medellín et ce souvenir de sa nièce glaciale, Francia sent revenir ses larmes colombiennes. Elle n'a pas osé le dire à la *mamita* pendant leur Skype mais, même en dehors du problème de l'argent, elle hésite maintenant à retourner au pays.

Elle cherche un araucaria contre lequel s'appuyer. Dans des moments comme celui-ci, tout grand arbre peut devenir le ceiba secourable de son enfance.

Seule, entourée de nuit, elle ferme les yeux, lève le menton et laisse couler ses larmes. Jesús et la Virgen l'enlacent, Marta et Rita la bercent, Dios la rassure : "Ça va aller, Francia, ne t'en fais pas. Ça va aller."

Au bout d'un moment, elle se secoue et retourne à son *cambuche*.

À presque vingt et une heures, même si le soleil s'amuse encore à badigeonner l'horizon de rouge du côté de Saint-Cloud, il fait nuit noire sous la canopée. Encore une heure ou deux à tirer, et elle pourra mettre les pieds sous la table chez Marco et Ariane… avant de recommencer demain matin.

## 14

## Charge

Ouvrant la fenêtre de son appartement au deuxième étage d'un immeuble cossu de la rue Lalo, Henri H. entend ronronner le moteur de la berline en bas. Jacques est ponctuel comme toujours, c'est un chauffeur impeccable. Parfait, mais rien ne presse, Henri a la soirée devant lui. C'est son soixante-seizième anniversaire et, après une journée bien remplie, il a tenu à rester seul pour se faire à lui-même un cadeau.

Il attrape et secoue une clochette en bronze. Jasmine, sa bonne sénégalaise, vient l'aider à ôter sa robe de chambre en satin rouge et à revêtir une élégante veste de velours noir. Nonobstant sa maladie, sa voussure, les rides profondes creusées par l'âge sur son haut front brun et le blanc devenu majoritaire dans sa chevelure, c'est encore un très bel homme. Soixante-seize, ce n'est ni un chiffre rond ni un nombre premier, mais qu'y peut-on, c'est un chiffre, et peut-être bien le dernier. Sa maladie le grignote. Il perd l'usage d'un membre après l'autre et a besoin d'aide pour tout : s'habiller, se déshabiller, se déplacer, manger… et là, peut-être, ce soir, si Dieu le veut, donner du plaisir à son corps.

Jasmine lui tend le gôbi à broderie dorée, couvre-chef sacré qui lui vient de son père, qui l'a hérité de son père à lui, puis la canne fon en bois sculpté où s'affrontent un singe et un chien. "En fait tout est sacré, lui a dit son père, un jour où ils se sont retrouvés seuls côte à côte aux latrines. Les rites nous aident simplement à y prêter attention."

"Je vous accompagne, monsieur ? demande Jasmine.
— Non, merci. Ça va aller."

Il descend précautionneusement les deux étages en s'accrochant à la rampe en fer forgé. Pendant ce temps, Jasmine envoie un SMS au chauffeur. Jacques vient lui ouvrir le lourd portail de l'immeuble, lui glisse une main sous le coude, l'aide à s'installer sur le siège arrière de la berline, vérifie qu'il a bien replié les deux jambes, referme la portière sans la claquer, et s'installe au volant.

"Quelle destination, monsieur ?" Quand Henri lui indique l'allée de la Reine-Marguerite, son visage ne trahit aucune surprise. Il est payé pour être impassible. "Entendu, monsieur.
— Mais je ne suis pas pressé, ajoute Henri. Évitons les grands axes. Après la porte Dauphine, vous pouvez entrer dans le bois par l'allée des Poteaux, puis emprunter l'allée Saint-Denis et la rue de Suresnes.
— Entendu, monsieur", répète Jacques, s'abstenant d'ajouter *Je comprends* pour que son employeur ne puisse le soupçonner d'insolence. Il va sans dire que dans cet emploi, la discrétion est primordiale. Si Henri H., fils du ministre du même nom et grand connaisseur de l'art béninois, défrayait la chronique en raison d'une interpellation nocturne au bois de Boulogne, les retombées seraient catastrophiques.

Un cadeau de soi à soi, se dit Henri.

Son téléphone a sonné tout au long de la journée. Personne n'a oublié son anniversaire, pour la bonne raison que son secrétaire a pris soin de le leur rappeler. Une vraie pluie d'appels, tombée de plusieurs cumulus différents : la parentèle éparpillée entre Cotonou, Bordeaux, Paris, Rome et New York, les anciens camarades du séminaire, les galeristes spécialisés (comme lui) dans l'art africain, les membres de l'Institut chargés de perpétuer le souvenir de son illustre père, sans parler de quelques amis français – non prévenus, eux, juste attentifs.

Tous ces signes d'amitié et de respect l'ont touché, de même que les fleurs envoyées par son secrétaire. Quant à Jasmine, qui travaille pour lui depuis cinq ans, elle lui a gentiment apporté une part de gâteau au chocolat pour son thé de dix-huit heures – mais, après l'avoir posé sur le guéridon doré Louis XVIII, près du canapé où Henri trônait en robe de chambre, elle a décliné son invitation à le partager. "Non, merci, monsieur, je n'ai pas faim, merci beaucoup !" Elle était gênée. Ça ne se faisait pas, de manger avec son employeur. En revanche, quand il a proposé de remplacer le thé par une petite bouteille de prosecco, elle a bien voulu trinquer. Toujours debout, elle a trempé les doigts dans le liquide pétillant et salué les ancêtres en lançant rapidement des gouttes vers les quatre coins de la pièce ; Henri a enchaîné avec un bénédicité à mi-voix, à la fin duquel Jasmine l'a rejoint dans le "Amen"... suite à quoi, renonçant à chercher une troisième formule rituelle, ils ont finalement bu sans trinquer.

La voiture serpente dans les rues sombres et silencieuses du quartier, de jour comme de nuit un des plus calmes de la capitale : grand triangle émaillé d'ambassades (notamment africaines), hérissé de gardiens, de caméras, de systèmes de protection sophistiqués, et serti à l'intérieur de trois avenues dont les noms – Grande-Armée, Amiral-Bruix et Foch – immortalisent de hauts faits militaires. "Pour être plus en sécurité que ça sur la planète Terre, aimait à dire son père, il faudrait se rendre au pôle Sud !"

Henri sait qu'il existe des péripatéticiennes spécialisées dans les clients porteurs de handicap ; depuis quelque temps, ce service figurait même parmi les métiers dits du *care*, et Henri pourrait sans doute en bénéficier de façon légitime. Il ne le fait pas, car à ses yeux sa maladie est moins un handicap que la réaction logique de son corps à la manière dont on l'a traité depuis l'enfance.

Il n'est même pas sûr d'avoir fait caca dans sa culotte étant bébé. Dès tout petit, il a dû revêtir un uniforme scolaire chaque jour de la semaine et un costume sobre pour la messe dominicale. Aussi loin que remontent ses souvenirs, on l'a sommé de veiller à ce que ses habits soient impeccables et sa colonne dorsale droite, de refréner ses élans les plus naturels et ses joies les plus spontanées.

Pour la famille H. de Cotonou, aucune date du calendrier n'était promesse de détente. Plusieurs fois l'an, le pays célébrait en grande pompe les fêtes vaudoues avec battements de tambours, prières élaborées, costumes bariolés, sacrifices sanglants, festins, libations et danses nocturnes ; ces jours-là, la famille H. restait claquemurée chez elle (là aussi, dans le quartier des ambassades et des ministères, près de la Marina). Pour se prouver petit soldat de Jésus, Il importait qu'Henri se contienne, qu'il se démarque de tous ces excès païens. "Attention, lui a-t-on toujours signifié, tu portes un nom illustre et dois t'en montrer digne. La lignée des H. remonte jusqu'aux anciens rois du Dahomey. Elle a suivi… non, elle a *dessiné* l'évolution politique du pays."

Alors que son père avait viré sa cuti dans les maisons closes de Paris avant la guerre, lui n'a eu ni le droit ni surtout la possibilité de virer la sienne. Adolescent beau et soumis, doué et loué, il s'est contenté, pour son plaisir, de compulser dans son lit les volumes paternels de littérature française, en les saupoudrant de généreuses doses d'imagination. Quant aux rythmes instinctifs dont il a hérité en tant que primate supérieur de sexe masculin, il les a écrabouillés au fond de sa moelle épinière ; sa maladie actuelle en est la triste preuve.

Sorti du séminaire à vingt-cinq ans après y avoir brillé, il s'est rendu à Paris pour étudier la théologie à la Sorbonne. On était alors en mai 1968. Dépenaillées et éloquentes, les Françaises du Quartier latin l'ont laissé pantois. Ne sachant où se mettre, il s'est réfugié dans les livres. C'est à la Bibliothèque nationale de la rue de Richelieu que, presque par hasard, il a commencé à s'intéresser à l'art de son pays, plus spécialement aux masques guèlèdé. De toutes les sociétés de masques du continent africain, Guèlèdé est la seule à être dirigée par des femmes. D'origine yoruba-nago, ces masques comportent deux parties : le visage du porteur est recouvert par un calme visage de femme ; sur la tête de celle-ci est placé un plateau où se démènent des personnages.

Au vu de l'argent investi dans son éducation, la mère d'Henri a été contrariée de le voir se retourner vers le passé du pays. Son père, lui, l'a plutôt encouragé : "Tu as raison, mon fils. L'idéal serait d'aider les deux mondes à se rapprocher. Et comment mieux y parvenir qu'en prouvant leur profonde unité spirituelle ?" Telle n'avait pas été spécialement l'optique d'Henri au départ – mais, peu après, on a diagnostiqué à son père un cancer du pancréas et, plus son père glissait vers la mort, plus Henri trouvait sa suggestion intéressante. Il s'est mis à sillonner le pays en tous sens, à visiter les cases, marchés et temples vaudous de villages lointains et à acheter leurs artefacts les plus remarquables. Il était tout particulièrement attiré par les œuvres à "charge", mélange de substances animales, végétales, minérales et humaines auquel on appose un bout de pierre ou de métal à reflets. Placée sur la tête, la poitrine ou le ventre d'un personnage sculpté, la charge lui confère une force magique. Faire transporter ces œuvres à Paris, rédiger pour chacune un cartel détaillé, devenir spécialiste en la matière a permis à Henri d'exister enfin, quoique brièvement, dans le regard de son père.

Après la mort de celui-ci, il a utilisé l'argent de la succession pour acheter un bel espace à Saint-Germain-des-Prés, espace qu'il a transformé en galerie d'art baptisée, justement, La Charge. Dans les années 1990, la cote de l'art africain s'étant brusquement envolée, la galerie a connu un succès foudroyant. Tout en regardant fructifier ses comptes en banque et ses actions en Bourse, Henri s'est senti mal à l'aise. Car, sauf exception, les Français s'intéressaient peu à l'histoire des œuvres qu'ils achetaient. Ils ne tenaient pas à savoir dans quelle situation de détresse on les avait façonnées, pour faire appel à quelle divinité, avec quelle supplique… Non : *grosso modo*, ils voulaient épater leurs amis et s'enrichir. À leurs yeux, ces statuettes hérissées de clous, ou ficelées comme des rôtis, n'étaient pas "chargées" mais "chouettes".

Les jeunes artistes de Cotonou et d'Ouidah se sont mis à produire des guèlèdé exprès pour touristes et collectionneurs européens. Le style BD marchait à fond : paysan en train de faucher, smartphone collé à l'oreille ; corpulent monsieur en costume wax affalé dans un fauteuil de cuir, iPad en mains ; trois hommes s'acharnant sur un quatrième (nu et en érection extrême) pour lui couper le prépuce…

À cinquante-cinq ans, Henri a décidé de jeter l'éponge. Confiant à son assistant la gestion de la galerie, s'enfermant dans l'appartement familial rue Lalo, il s'est mis à travailler comme un moine bénédictin. Jour après jour, il parcourait des revues spécialisées, visionnait des films documentaires, consultait des archives numérisées, approfondissait sa connaissance du vaudou… Les années se sont écoulées sans qu'il se marie ni devienne père.

La controverse a explosé en 2006, dans la foulée de la création du musée du Quai Branly, dit des "arts premiers". Sur tout le continent africain, des voix se sont élevées pour dénoncer le vol par l'Occident des trésors de l'art africain, et exiger que les œuvres sacrées soient restituées à leur pays d'origine. C'est alors qu'Henri a subi les premières atteintes de sa maladie : tremblements, raidissements, trous de mémoire. Il a pris sa retraite. Aujourd'hui sa vie est presque terminée et elle lui semble être passée en un éclair. Mais il se surprend, ces derniers temps, à penser différemment aux œuvres d'art de son pays et à entrer en communication avec elles. Chaque soir après le souper, il écoute des musiques traditionnelles du Bénin ; son sommeil s'en trouve amélioré. Il a l'impression que sa propre chair lui devient enfin audible. Il apprécie de plus en plus la beauté de Jasmine – sans songer, naturellement, à se permettre le moindre mot ou geste, de peur de l'offusquer. Alors il a pensé à ce remède : solliciter l'aide d'une belle et douce professionnelle.

Et peut-être, si Dieu le veut, goûter pour la première fois au plaisir non solitaire.

## XV

### *Abuela*

Ça ne lui arrive pas souvent, mais ce bel Africain âgé, malade, secondé d'un chauffeur, cet homme dont elle a tout de suite capté la finesse, la tristesse et le désir – ah ! le désir, à l'ombre et à l'aune de la grande Faucheuse –, Francia l'a envoyé à Virginia, une Vénézuélienne qui travaille à deux pas de son *cambuche* et vient de prendre son poste. Fraîche et dispose, elle saura lui donner le temps et l'attention dont il a besoin. L'homme est clairement plein aux as : si elle arrive à le rassurer sans lui reprocher sa lenteur, ça devrait lui faire une super passe ; il pourrait bien lui filer un billet de cent. Elle, Francia – distraite, perturbée, épuisée en fait, par son angoisse pour Florica –, ne se sent plus assez disponible. En plus de la remercier avec un sourire chaleureux, le vieil homme lui a gentiment glissé un billet de dix avant de remonter la vitre électrique de sa limousine.

Francia sursaute : son portable vient de sonner. Elle n'aime pas ça, elle le met toujours en silencieux pendant ses heures de travail, seule une poignée de

favoris franchissent le mur du son. Qui donc… ?
À l'écran s'affiche le nom de Cornelia, sa troisième sœur.

"*Hola.*

— Francia…"

Silence. Son cœur tambourine comme si Horacio Hernández en personne était installé dans sa poitrine. Le silence se prolonge. Il s'étire le long de son esprit tel le rideau le long de la scène au Teatro Colón de Bogotá, cachant tout, recouvrant tout. Il n'y a pas de personnages, pas d'action, pas d'intrigue, pas de pièce de théâtre en fait, le monde n'a pas encore commencé, il n'y a rien, rien du tout, rien que le magma originel d'où surgit Wolunka, cette fille de la terre-mère et de la pluie dont lui parlait son *abuela* quand, venu passer la nuit chez elle, Rubén se lovait dans ses bras sur le fauteuil à bascule et qu'en lui lissant les cheveux elle lui racontait l'histoire de Wolunka, seule femme sur la Terre, incapable de concevoir car son vagin était fermé par des dents, alors Kashi la lune a envoyé trois formateurs pour lui tendre un piège… Mais parfois le petit Rubén n'avait pas envie d'entendre la suite, parfois il aimait mieux rester dans l'indistinction, dans la boue primordiale, perdre le langage, ne comprendre ni l'espagnol ni le wayuunaiki, il n'avait même pas envie d'entendre sa scène préférée de l'histoire de Walekerü, où le fil dégouline de la bouche de la belle jeune femme et elle l'utilise pour tisser des *mochilas* à toute vitesse, oui, comme Rubén alors, Francia n'aspire en ce moment qu'à perdre le fil, à laisser filer, elle ne veut ni poser la question ni connaître la réponse, elle ferme les yeux, tout ce qu'elle veut faire c'est se réfugier dans le corps de sa *mamita*, de là, glisser dans celui de l'*abuela*, se forer un passage de vagin en vagin, de tunnel en tunnel, et remonter ainsi, à la manière d'une taupe, à travers les siècles et les millénaires, jusqu'au début des temps.

"Notre *abuela* nous a quittés", dit Cornelia en un chuchotement rauque.

Surgit brusquement dans le ciel de l'esprit de Francia le superbe oiseau rouge que l'*abuela* lui a appris à reconnaître : El Cardenal Guajiro, roi de son peuple et de son imaginaire. Il fond sur elle et vient se nicher dans sa poitrine, comme sur le tablier que l'*abuela* lui a offert lors de son départ pour Paris France, ses plumes sont rouges car il les a trempées dans le fleuve ensanglanté où Wolunka a mis au monde son premier enfant, elles ont la même teinte flamboyante que l'amaryllis, que l'oiseau de paradis, que les foulards accrochés par les TDS au rétroviseur de leur camion, la vie de Francia a été scandée par les apparitions d'El Cardenal Guajiro, c'est son motif à elle, son *kaana*. L'*abuela* le lui a offert, à lui, Rubén, parce que c'est avec lui seul qu'elle pouvait partager les contes et la couture, c'est elle, Ruby, qui était secrètement sa petite-fille, grâce à quoi Francia comprend que le décès de l'*abuelita* n'est pas plus tragique que la disparition du fil sous la surface d'une *mochila* en devenir, ou que le recul d'un brisant sur la plage, ou que le diminuendo après le crescendo dans une aria de Verdi. Les choses montent, elles redescendent et elles remontent, il n'y a pas de rideau en fait : loin d'être un spectacle avec un début, un milieu et une fin, la vie est un chant incessant, un entrelacs d'échanges, une mantille de songes dont la dentelle quitte la nuit en flottant pour entrer en flottant dans le jour, avant de retourner tout doucement dans la nuit.

Chevauchant El Cardenal Guajiro, Francia se retrouve en quelques coups d'ailes à Girardot, où elle pose un baiser flamboyant sur le front ridé de la petite dame qui lui a appris à tisser, à coudre, à prier et à aimer.

"Elle est morte dans la matinée, ajoute Cornelia, pendant que la *mamá* était à la messe. Elle est si légère, Francia ! Elle ne pèse rien ! On dirait du papier, du coton, c'est incroyable ! On a peur qu'elle s'évapore avant qu'on puisse l'enterrer ! La *mamá* te fait dire de ne pas venir. Elle dit, si tu peux nous envoyer un petit peu d'argent pour les obsèques, c'est parfait. Elle dit que notre *abuela* t'aimait plus que tout au monde, plus que sa propre fille, notre *mamá* elle-même. Elle t'a légué sa machine à coudre mais c'est absurde, tu en as sûrement une meilleure à Paris France…"

Francia entend la voix de sa sœur comme de loin car les ailes d'El Cardenal Guajiro battent fort dans son cœur. Non, cet oiseau *est* son cœur, la pulsation même de sa vie orange-rouge, rouge vif.

Que disait l'*abuelita* ? Ah oui… Vieux de trois décennies, le souvenir remonte à la surface : elle disait que quand la *mamita* déposait Rubén devant sa maison, et qu'il courait sur le trottoir en bois jusqu'à sa porte, elle se trompait parfois : en entendant ses pas de *paté'cumbia* faible-fort, faible-fort, elle les prenait pour les battements de son propre cœur !

Après un certain temps, un temps incertain, le temps qu'il faut, Cornelia cesse de parler et prend congé de Francia, *besos, besos, adiós*. La communication est coupée.

Ah… le moment est enfin venu pour Francia de terminer ce petit joint d'*abuela* qu'elle a commencé tout à l'heure.

Éternelle, elle est, l'*abuelita*. Tout simplement éternelle.

15

Gibets

C'est la cinquième fois qu'Armand et sa femme Geneviève se rendent au bois de Boulogne pour faire l'amour. Cinq fois en… un peu moins d'un an et demi…, ce n'est pas déraisonnable. La première fois c'était en janvier 2018, pour fêter les soixante ans d'Armand. Et comme ça s'est bien passé, ils viennent toujours voir la même, Magda elle s'appelle, une métisse baraquée et gentille. Ils trouvent rassurant le côté routinier de la chose : comme ça, pas de mauvaise surprise.

Armand est touché de constater qu'après trente ans de mariage, Geneviève l'aime encore si fort qu'elle est prête à rémunérer un tiers pour les aider à jouir. Il a de la chance, il n'y a pas à dire. La première fois, elle lui a expliqué en chuchotant comment cette idée lui était venue : "Parce qu'au fond, mon ange, c'est super quand tu me caresses avec la langue, oui j'adore, mais ce qui m'excite, moi, c'est aussi beaucoup ton excitation à toi, alors si tu me lèches mais que t'es mou j'ai du mal à toucher le sommet, tu comprends ?" Si une professionnelle pouvait les aider à obtenir cet effet grâce à différents talents et techniques glanés au cours de vingt ans de métier, pourquoi ne pas en profiter de temps à autre ? Gêné, Armand n'avait pu qu'opiner du chef. Le raisonnement lui avait paru irréfutable.

Elle est banale, leur situation, presque un cliché. Mais bon, un cliché ça ne surgit pas de nulle part : comme son nom l'indique, c'est une photo, une image fidèle de la réalité. Même si personne n'aime à se dire que sa vie est banale, il faut bien reconnaître que le seul corps dont on dispose est fabriqué selon un modèle assez répandu. Qu'on le veuille ou non, il est banal de naître, banal de mourir et banal, pour un homme, entre les deux, d'avoir, selon l'âge, trop ou trop peu d'érections.

Voilà une vingtaine d'années, lui et Geneviève trouvaient drôle de s'exclamer pendant les dîners d'amis : "Ah ! on est tout de même vernis, nous autres boomers ! Pile au moment où on a été prêts à baiser, la science a inventé la pilule ; après de belles explorations, on était casés et monogames quand le sida s'est déclaré ; et là, au moment où on commence à flancher, débarque le Viagra !"

Depuis quelque temps ils ont cessé de ressortir cette blague car elle tombait trop souvent à plat. Leur fille Jessica, vingt et un ans, leur a sèchement fait remarquer que les premières pilules contraceptives avaient fait de gros dégâts sur la santé des femmes, que le sida était une maladie hautement politique, et que le Viagra renflouait les caisses des Big Pharma les plus criminels de la planète. Du reste, Geneviève n'avait jamais apprécié la petite pilule bleue, trouvant qu'elle imprimait au désir de son époux un caractère mécanique et impersonnel.

Armand au volant, ils s'éloignent de leur quartier de Rueil-Malmaison, les Gibets. Oh mais c'est chic d'habiter aux Gibets ! se dit-il pour la dix millième fois de sa vie. C'est chic d'envoyer ses mômes au Centre de loisirs maternel du Moulin des Gibets ! C'est chouette, l'humanité, au fond ! Non, sérieusement, il n'était venu à l'idée de personne de changer ce toponyme ?

Armand a fait toute sa carrière comme prof de lettres à Nanterre, et là, en pensant aux Gibets, des vers de *La Légende des siècles* se mettent à lui trotter dans la tête. *"Les poteaux ont pour toit le vide ; le degré / Aboutit à l'échelle et l'échelle aux ténèbres ; / Le crépuscule passe à travers des vertèbres / Et montre dans la nuit des pieds aux doigts ouverts"*...

C'est fou ce que Victor Hugo pouvait être attiré par le macabre, se dit-il. Surtout après la mort de sa fille, il a tenu à s'y pencher de près, de plus en plus près, à poser dessus la loupe de son talent. Imbattables dans le genre : ses vers sur le gibet de Montfaucon dans l'Est de Paris, où, pendant des siècles, les rois de France ont fait accrocher leurs ennemis morts ou vivants, les laissant pendouiller jusqu'à disparition complète.

Glorieuse histoire, glorieuse histoire, se dit Armand, tout en écoutant distraitement son épouse.

Toujours un peu nerveuse donc hyper loquace à l'approche de leurs ébats avec Magda, Geneviève commente en ce moment les manifestations des Gilets jaunes aux ronds-points, les déprédations commises sur les Champs-Élysées le 16 mars, et la répression policière. "Leurs revendications sont légitimes, on est d'accord ! dit-elle. Toutes ces régions délaissées, cette société à deux vitesses, oui. Mais leurs modes d'action sont trop violents et ça rend leur message inaudible. C'est dommage."

*"Et ces morts sans repos, où fourmille le ver / Plus que l'abeille d'or dans le creux des yeuses, / Cette agitation d'ombres mystérieuses"*... Dans la tête d'Armand, les vers de Victor Hugo défilent au milieu des phrases

de sa femme. *"L'affreux balancement de ces spectres hagards, / Ces crânes sans cheveux, ces sourcils sans regards… / Entre les vieux piliers, de moisissure verts, / Blêmes quand les rayons de lune s'y répandent"*…

"Ils se feraient mieux entendre, poursuit Geneviève, s'ils prenaient la parole normalement, au lieu de fracasser des vitrines et de renverser des présentoirs."

*"Là-haut, des larves vont et viennent, des morts pendent, / Et la fouine a rongé leur crâne et leur fémur, / Et leur ventre effrayant se fend comme un fruit mûr"*…
Bizarre, se dit Armand. Pourquoi je récite des vers gore en me dirigeant vers une partie de plaisir avec ma femme ?

C'est Geneviève qui est née à Rueil et y a grandi. Ils se sont rencontrés là tout jeunes, à dix-neuf ans, dans un bistrot où elle avait trouvé un emploi d'été comme serveuse. Armand y est venu boire une bière pour fêter la fin de son service militaire.

Glorieuse histoire, glorieuse histoire, se dit-il à nouveau, contournant le mont Valérien par la rue de Garches. Là, sur la gauche, c'est la rue de Verdun, qui descend le boulevard Washington et longe le cimetière américain. Décidément, la guerre est la grande affaire de l'humanité. Dès 1840, devançant d'un siècle les architectes militaires états-uniens, on a donné la forme d'un pentagone à la forteresse du Mont-Valérien pour symboliser sa puissance tous azimuts. Lors du soulèvement de la Commune, la forteresse a donné son nom à une sublime pièce d'artillerie : la Valérie. Une bite, se dit Armand. Une bite, de façon flagrante, tout comme les canons, fusils, révolvers, bombes, chars et lance-missiles inventés par la gent masculine au long des millénaires.

Bite plutôt grosse pour l'époque (elle pesait quatorze tonnes), la Valérie a envoyé sur les lignes prussiennes pas moins de trente-cinq projectiles de cent quarante kilos en l'espace de deux mois ! Ça n'a pas empêché les Prussiens de gagner la guerre, et ils ont ramené la Valérie chez eux comme trophée. Sortie victorieuse de la Grande Guerre, la France les a sommés de la lui rendre en 1921 et ils ont dû obtempérer. Lors de l'occupation de Paris par la Wehrmacht en 1940, ils l'ont emportée derechef en Allemagne. Suite à la défaite des armées hitlériennes en 1946, la bite voyageuse est de nouveau revenue en France, et on a fini par la ranger définitivement aux Invalides.

Ouf. "Jusqu'à la prochaine fois", comme dirait l'ami Boris.

Adolescent, Armand agaçait sa mère soumise et son père saint-cyrien en chantant à tue-tête *Le Déserteur* de Vian. Il avait beau chercher, il ne trouvait pas en lui le désir de perpétuer l'héroïque tradition militaire des hommes de sa famille. Son papi avait fait la Grande Guerre, et son paternel – trop jeune, à son grand dam, pour s'engager dans la Résistance – avait rejoint les paras en Algérie en 1957, dès ses dix-huit ans révolus. Au bled, cette année-là, la torture s'est généralisée, il faudrait presque dire universalisée : ah ! elle n'était pas regardante, l'armée française ! Se servant de techniques variées mais avec une nette préférence pour l'électricité, elle ratissait large, torturant femmes et hommes, Français et Algériens à égalité : expérience inoubliable pour le père d'Armand. Du coup, il considère les hommes de la génération suivante comme des enfants gâtés. "On peut faire son service militaire, dit-il à Armand, apprendre les exercices, les courses, les cris, le maniement d'armes... Tant qu'on n'a pas reçu dans la figure des bouts de cervelle de son meilleur ami, on n'a rien pigé à la guerre."

Il n'a pas tort, se dit Armand… et de sentir un petit frémissement dans les testicules. Depuis la nuit des temps, c'est grâce à l'horreur que les hommes font sens de leur vie. Le grand problème, c'est que ce sens n'est pas transmissible. Dès que l'horreur recule un tant soit peu dans le passé, dès qu'on ne l'a plus, effective et sanglante, sous les yeux, les oreilles et le nez, elle se transforme en récit, en légende, en cinéma, et on n'y croit plus. Pour moi, la guerre de Verdun n'était pas réelle, celle d'Algérie non plus. Mes vioques me saoulaient avec ça, c'était fatigant. Chaque fois qu'ils se lançaient dans leur numéro d'anciens combattants, je poussais un soupir. Allez-y, leur disais-je, à part moi. Ne vous gênez pas, je ferai semblant de vous écouter. Racontez-nous, une fois de plus, vos hauts faits dans les tranchées ou au bled… et je pensais à autre chose.

Tu partages une clope avec un camarade, il rigole, te lance une vanne, au milieu d'une phrase il reçoit un éclat d'obus et terminato, barbaque. La dépouille d'un homme se comporte exactement comme celle d'une vache. Tu peux le débiter en tranches, nulle part tu n'y décèleras une âme. C'est ça, notre stupéfaction suprême : le fait d'être surgis du néant et de devoir y retourner. Tout monument sera un jour poussière, tout ordre chaos, tout vivant, mort. Terreur sacrée. Source de toutes les religions, de toutes les philosophies, de toutes les œuvres d'art. Mais chaque génération doit apprendre pour elle-même cette vérité brute et brutale. Chaque génération doit avoir sa guerre à elle, ses ruines et ses cadavres à elle.

"En plus, insiste Geneviève, tous leurs porte-parole sont des garçons ! Quand on les écoute s'égosiller à la télé, on voit bien que c'est des petits machos !"

En opinant du chef, Armand constate qu'il a déjà un assez bon début d'érection. Il n'a pourtant rien d'un nécrophile mais, ayant capté l'odeur de la mort dans ses pensées, son corps se demande, de son propre chef, comme ça bêtement, mécaniquement, s'il n'y aurait pas dans les parages une petite possibilité de se reproduire.

"C'est dommage, insiste Geneviève, parce que quand on voit tout ça, le pillage, les boutiques éventrées, les vitres cassées, les scènes de chaos sur les Champs, on n'a juste aucune envie de les soutenir !"

Mais c'est ainsi que l'homme se pense divin ! se dit Armand à part lui. Non seulement par la création, mais aussi, au moins autant, par la destruction. Colère, hurlements, flingues, coups de pied…

"Ahhh… fait Geneviève en hochant la tête, je suis contente de savoir Jessica loin de tout ça."

Leur fille poursuit à Vienne, dans le cadre d'une année dite Erasmus, de tranquilles études d'histoire de l'art. Elle se spécialise justement dans l'École de la Sécession de Vienne : Klimt, Schiele, Kokoschka. Oh, oui, une si jolie petite capitale fleurie ! se dit Armand. On peut s'y planquer en toute confiance, à condition de ne pas être juif en 1938…

Deviendrais-je cynique ? s'inquiète-t-il soudain. Mais non, voyons. Je continue de jouer le jeu. En attendant de prendre ma retraite dans deux ans, je débarque à vélo à la fac de Nanterre quatre fois par semaine, déballe le contenu de ma serviette, contemple la cinquantaine de garçons, filles, et autres créatures qui m'attendent, assis derrière leur pupitre dans l'amphithéâtre. Ils ont déjà allumé leur MacBook Air pour y transcrire mes cours, afin qu'une partie de mon savoir glisse de mon cerveau dans le leur, dans l'espoir d'obtenir une bonne note aux examens de fin de semestre, note qui les autorisera à entamer un nouveau cycle d'études et à postuler à un emploi (dit "débouché"), de préférence un CDI et non un CDD, qui leur permettra à leur tour d'enseigner, de toucher un salaire médiocre et d'accumuler des points, afin de pouvoir prétendre à une bonne retraite après trente-cinq ou quarante années de cotisations... tout en sachant pertinemment que, d'ici quarante ans, la planète aura une tout autre gueule, et que ni la poésie de Victor Hugo ni la peinture d'Egon Schiele ne vont nous aider à gérer ce qui nous pend au nez : coulées de boue, tempêtes et incendies, radioactivité et pollution, millions de migrants de la faim, de la sécheresse et de l'irradiation atomique.

Comparé à cet avenir proche, se dit Armand, l'*Inferno* de Dante est un pique-nique. Tous, nous allons crouler sous les cadavres. Mais tu as sûrement raison, ma chérie : nous n'avons d'autre choix que de vivre au jour le jour en essayant de rendre l'existence aussi douce que possible pour ceux qui nous entourent.

"Tiens, on a de la chance, s'exclame Geneviève ! Regarde ! Elle est là, Magda ! Elle est libre !"

# XVI

## Mafapu

Quel couple attachant. Enlacés, ils s'éloignent à pas lents et reprennent leur voiture. Si gentils, si amoureux : de tous ses clients réguliers, c'est peut-être ceux que Francia préfère. C'est en désirant l'époux qu'elle arrive à baiser l'épouse, et ils sont si reconnaissants à la fin que ça lui fait chaud au cœur. Peu importe comment ça marche, du moment que tout le monde y trouve son compte.

À nouveau son téléphone sonne.

Merde.

Ah ! C'est Léonora. Elle doit être arrivée à Ambroise-Paré, et vouloir lui donner des nouvelles de la petite Roumaine en overdose.

"Léo !

— Francia."

Une bonne octave plus basse que d'habitude, la voix de Léonora la choque. À partir de là, spontanément, sans réfléchir, Francia parle pour empêcher Léo de parler.

"T'es à l'hosto ? Tu la trouves pas ? Elle doit y être pourtant, ça fait plus d'une demi-heure qu'ils sont partis... T'es aux urgences ? On a dû la monter en réa déjà, t'as posé la question ?

— Francia, reprend Léo. On a pas réussi.

— Réussi quoi ? À l'amener là-bas ? à l'identifier ? Elle a sûrement des faux papiers, ou peut-être pas de papiers du tout, les vampires lui auront tout piqué quand ils l'ont amenée à Saint-Denis, pour qu'elle cherche pas à se sauver.

— À la ranimer.

— Quoi ?

— À la ranimer.

— Quoi ? Comment ça ?

— Elle a pas tenu le coup, la petite. Quant à la grande, celle qui l'accompagnait...

— Ileana ?

— Oui, c'est ça, Ileana... elle est devenue hystérique et les toubibs ont dû lui faire une piqûre pour la calmer. Là, elle est dans le cirage. Je crois qu'ils vont la garder pour la nuit. Je me suis dit que leurs amies devaient s'inquiéter. Tu veux bien passer les voir, leur toucher un mot avant de partir ? Ça t'embête pas ?

— Toucher un mot de quoi ?" La voix de Francia monte dans les aigus. Sa prof d'orthophonie, comment elle s'appelait, déjà ?, serait fière d'elle. Elle a toujours dit qu'avec un peu de travail, Francia ferait une haute-contre extraordinaire. Catalina, c'est ça, elle s'appelait Catalina, elle lui disait qu'il fallait essayer de chanter tous les jours. "Toucher un mot de quoi, Léo ? répète-t-elle en retenant son souffle. Qu'est-ce qui se passe ?

— Ben, c'était trop. Il a pas tenu, son cœur. La petite avait perdu trop de poids et elle a pris une dose trop forte. Je suis désolée, Francia. C'est fini.

Faudrait que quelqu'un vienne identifier le corps demain matin, et... et... prévenir sa famille. Tu penses que tu peux faire ça ?"

La voix de Francia n'existe plus. Elle fait non de la tête, tout en sachant que Léo ne peut pas la voir. Non, non et non. Les parents de Florica, qui habitent les montagnes du Maramures près de la frontière moldave, n'ont pas les moyens de venir à Paris France pour récupérer le cadavre de leur fille. S'ils avaient eu ces moyens, Florica ne serait pas partie à la recherche d'un emploi à l'âge de seize ans, elle ne serait pas tombée entre les mains des vampires, elle n'aurait pas été déflorée par le viol, droguée, transportée avec dix autres adolescentes crédules à l'arrière d'un camion, et trimbalée de Berlin à Zurich, de là à Genève, de là à Dijon, de là à Paris... C'est en rougissant de sa propre naïveté que Florica, un soir autour d'une tasse de thé dans la camionnette Magdalena, avait raconté à Francia ce périple infernal.

"Francia ? tu es là ? dit Léonora. Tu veux bien prévenir les autres Roumaines ?

— Elles sont déjà parties, dit Francia enfin, sans savoir si elle dit vrai. J'irai leur apporter la nouvelle demain matin. On se retrouve toujours chez tes parents pour le souper ?

— Carrément. Moi j'y vais direct. J'ai besoin d'un *hug* de ma maman. Je t'avouerai que cette histoire m'a pas mal fracassée.

— OK. Je te rejoins là-bas. À tout de suite."

Léo raccroche et Francia regarde les arbres qui l'entourent.

Vous n'êtes pas divisés en strates sociales, *vosotros*, leur dit-elle. Voilà en quoi vous n'êtes pas humains.

Tout comme les paramilitaires colombiens des années 2000, les vampires roumains s'en prennent aux pauvres. Et pour la même raison : vu qu'ils cuisent déjà dans la honte et l'insécurité de leur état, les pauvres osent rarement porter plainte. Les parents de Ferdinand, par exemple, n'ont pas osé porter plainte.

Ferdinand, le mari de sa sœur Antonia, a été victime de l'opération dite des faux positifs. Un positif, à l'époque, c'était un trophée militaire, un guerillero mort, un point gagné pour l'armée. Et comme il n'était pas facile de dénicher un vrai guerillero, les paramilitaires engagés par le président Uribe raflaient des gamins des bidonvilles. "Il me faut deux moutons pour faire un barbecue", annonçait un gradé. L'ordre était donné. Les soldats partaient les mains vides et revenaient avec deux jeunes hommes innocents qui se débattaient, affolés. Après leur avoir mis une balle dans la tête, on les déshabillait, on les rhabillait du camouflage révolutionnaire et on les présentait comme positifs pour avoir un point. Ferdinand est un des milliers de jeunes hommes à avoir perdu la vie ainsi. Impunité garantie car, presque toujours, les pauvres acceptent leur destinée – de crainte que, s'ils protestent, elle n'empire.

Voici quelques années s'est créée une association nommée Mafapo, pour Madres de falsos positivos, de mères exigeant qu'on les aide à retrouver les restes de leur fils. À quand, se demande Francia, une association Mafapu, Madres de falsas putas ? Car l'immense majorité des gamines des pays de l'Est, comme des Nigérianes, n'a jamais choisi le sexe comme métier, encore moins comme vocation. Pour elles, c'est juste l'enfer.

Deux mortes en une demi-heure.

Là, Francia n'a envie ni de pleurer, ni de prier, ni même de se réfugier dans les volutes apaisantes de l'*abuela*. Il lui faut une consolation plus puissante. S'élançant sur la route de la Vierge-aux-Berceaux, elle dépasse le monument des Fusillés de la Cascade, arrive à la Grande Cascade. Là, ahanant, échevelée, tanguant comme une folle, elle arrache ses habits, balance ses godasses et se jette à l'eau. Elle est redevenue le petit garçon qui, au bout d'une heure de pêche nocturne avec son père, suggérait timidement une baignade dans le Magdalena. Père et fils se dénudaient ensemble, la lune les contemplait avec mansuétude, l'eau les enveloppait de ses bras tièdes, Rubén pataugeait et rigolait et le *papá* lui lançait : "Hé ! fais attention, bonhomme ! Je veux pas te perdre !"

# 16

## Infidèle

"Je sors. OK salut, bonne promenade. À tout à l'heure ! À tout à l'heure."

C'est pour lui seul que Gérard G. lance ces phrases à la cantonade. N'ayant pas encore pris l'habitude du célibat, il se parle à lui-même pour se tenir compagnie. À cinquante-cinq ans, c'est la première fois depuis ses années estudiantines qu'il habite seul ; et là, après s'être tapé vingt minutes de porno sans réussir à se finir, il s'est résigné à faire un tour au bois. Par bonheur, c'est à deux pas. Son app prétend qu'il en a pour trente-trois minutes, mais il couvre souvent la distance en trente et une ou trente-deux. Pourvu que la Colombienne soit là ce soir, comment elle s'appelle déjà, Marta, Maggie, quelque chose comme ça... Elle arrive toujours à le finir, et en plus elle est plutôt propre, elle prend au moins la peine d'escamoter les capotes des clients précédents, on ne peut pas en dire autant de toutes, c'est parfois franchement glauque.

Là, il a vraiment besoin de se défouler. Il a passé la journée à compulser le dossier des Gilets jaunes, à analyser les chiffres et les mots d'ordre des manifs, à spéculer sur l'évolution du mouvement, à évaluer les dégâts, à préparer ses suggestions pour le ministre et à rédiger pour le lendemain le plan de son discours. Oui, il lui a mâché le travail, on peut le dire, il l'a mâché et remâché à en avoir des haut-le-cœur. Pendant ce temps, le ministre lui-même s'envoie sûrement trois gazelles à la fois dans son riad à Marrakech.

Gérard a du mal, désormais, à mettre les jeunettes dans son pieu. Les tempes grisonnantes, passe encore, mais quand les cheveux se font non seulement blancs mais rares, les sourcils broussailleux, le dos des mains tavelé et le bide proéminent, les gonzesses ne regardent plus que ton portefeuille et te plantent dès qu'elles en trouvent un mieux fourni. Au mois de mars, Sarah, sa quatrième épouse, de vingt-cinq ans sa cadette, lui a annoncé qu'elle le quittait pour un producteur de cinéma ; il a reçu un appel de son avocate pas plus tard qu'hier. Ça va cogner. C'est son quatrième divorce. Ça se passe toujours au tribunal de la place Dauphine, dans le dos du Palais de Justice, comme pour dire que le divorce est la face honteuse du mariage. Mais, à la différence de ses trois autres ex, Sarah a refusé de prendre un verre avec lui sur cette jolie "place des Divorcés". Elle ne veut plus le voir. Elle le déteste. Tant pis : lui aussi la déteste, et si elle espère toucher une pension de réversion pour services rendus pendant la cohabitation, elle se fourre le doigt dans l'œil jusqu'au coude. Comment a-t-il pu se laisser berner par cette pouffiasse ?

C'est de loin la pire des quatre. Encore heureux qu'ils n'aient pas eu de gosse ! Elle l'a tanné pour qu'il lui en fasse un, bien sûr, mais cette fois il a tenu bon. Non, et merde. Trois, c'est plus qu'assez. Il en a fait un avec chacune des épouses précédentes, et aucun mariage n'a tenu plus d'une décennie. Toujours le même scénario : au bout de deux ou trois ans, bien que comblée par la maternité, l'épouse s'aperçoit qu'il la trompe et, à partir de là, les choses dégénèrent. Putain, se dit Gérard. La seule erreur c'est le *mariage*, c'est pourtant évident ! Les mecs sont pas faits pour la fidélité, les biologistes s'épuisent à nous le démontrer ! On va le piger quand ?

Il sort de l'immeuble où habite sa famille depuis des générations, descend à vive allure l'avenue Henri-Martin et arrive place de la Colombie. Ça l'amuse à chaque fois, de traverser cette place en se disant que dans un quart d'heure il sera dans le cul d'une Colombienne. Comment s'appelle-t-elle déjà ? Megane ? Maria ? Elle a carrément refusé de dîner avec lui. Ça ne lui était jamais arrivé. La plupart des trans adorent sortir avec un homme qu'elles ont vu à la télé, affublé d'un costume Hugo Boss et de chaussures Bexley. Un soir, il a invité au Pavillon de la Cascade une jeune Équatorienne, en fait un joli garçon à la perruque rousse et au maquillage discret. Elle venait de se lancer dans le métier et n'avait pas encore ses seins d'hormones. En attendant, sa poitrine était un savant agencement de papier toilette et de chaussettes roulées en boule. On voyait encore le garçon derrière la fille. Elle s'appelait Diaz dans la journée et Giovanna le soir. Pour Gérard, c'était moins une femme trans qu'un pédé, mais un pédé langoureux et amoureux, sorte de Bovary des Tropiques qui éveillait ses instincts sadiques. Un soir, il l'a fait saigner en la pénétrant trop brutalement ; la semaine d'après, pour se faire pardonner, il l'a invitée au Pavillon de la Cascade. Elle a accepté avec joie, mais quand le serveur leur a apporté le tourteau de Bretagne et les gambas crousti-fondantes, elle a à peine touché à son assiette. "T'as plus faim ? a demandé Gérard, et la réponse de la petite a été cash. – Chéri, je dois encore bosser ce soir. – Je vois pas le rapport… ? – Ben, je porte une gaine. – Et… ? – Si je mange, ben… à la prochaine pipe, je risque de vomir."

À ce souvenir, Gérard ne peut s'empêcher de rire tout haut.

Il descend l'avenue de Saint-Cloud jusqu'au chemin de Ceinture-du-Lac-Inférieur en marchant le plus vite possible. Il a fait un mini-infarctus l'an dernier et il ne tient pas à savoir à quoi ressemblerait un maxi. Son médecin dit qu'il faut faire dix mille pas par jour pour garder la forme, or il doit à tout prix garder la forme car les manifs sont hard en ce moment. Les annonces du président n'ont pas réussi à calmer cette racaille. Étudiant à Sciences Po, Gérard a compris que l'histoire française est scandée de façon quasi métronomique par des épisodes de chienlit provoqués par les gueux, ces mauvaises herbes qui cherchent à étouffer les belles plantes de la République, ces Lumpen qui, au lieu de relever les vrais défis de la vie – s'éduquer, travailler, mériter les récompenses –, préfèrent semer la pagaille.

Ses deux fils, Philippe et Arthur, seize et vingt-deux ans, défendent avec ardeur les Gilets jaunes. Sans aller jusqu'à se rendre aux ronds-points, ils lui envoient vingt re-tweets par jour sur les excès de la répression policière, les déclarations inadmissibles du ministre et l'hypocrisie du chef de l'État. Gérard a cessé de leur répondre. Ils sont encore logés et nourris à ses frais ; pour l'aîné, ça commence à suffire. Au lieu de piauler comme des oies, tous ces jeunes gens feraient mieux de se chercher un boulot. Il leur a pourtant donné l'exemple ! Lui, il bosse même le dimanche, putain ! Un pays, c'est pas un truc qu'on t'apporte sur un plateau avec le caviar et le champagne ! Un pays, ça se construit ! Peut-être que s'ils sortaient le nez de la chatte de leur copine de temps en temps, ils s'en rendraient compte !

Quant à sa fille Lola, dix-neuf ans, dès qu'elle a eu décroché son bac de lettres, elle est partie à Berlin pour une *année de césure* ; peu après, elle a annoncé par mail à ses parents son intention de bosser dans un Eros Center. Tout était déjà en place : elle avait répondu à une annonce, rencontré la gérante, envoyé photos et mensurations… "Ça me fera de l'expérience, leur a-t-elle tranquillement écrit. Et en plus, un petit pécule avant d'entrer à la fac l'année prochaine."

Joanie, la mère de Lola, une Américaine, a appelé Gérard aussi sec : "J'espère que t'es content ! Un père qui va aux putes aura une fille pute. Quoi de plus normal ?"

Gérard a trouvé cet angle d'attaque nettement antipathique.

Et Joanie de poursuivre, ajoutant des décibels et régressant à sa langue maternelle : *"GET ON A FUCKING PLANE FOR BERLIN RIGHT THIS MINUTE AND BRING MY DAUGHTER BACK TO PARIS, OR*…*

— *Or what?* a dit Gérard.

— *OR I'LL TELL THE MINISTER YOU'VE BEEN SHTUPPING HIS WIFE FOR THE PAST SIX MONTHS, HE'LL FIRE YOU AND THEN YOU CAN HAVE FUN TRYING TO BALANCE YOUR FUCKING BANK ACCOUNT, YOU ASSHOLE**!"*

Gérard s'est rendu à Berlin.

---

* "Tu prends un putain de vol pour Berlin dans la minute et tu me ramènes ma fille à Paris, ou bien…"
** "Ou bien je dirai au ministre que tu te tapes son épouse depuis six mois, il te saquera et ensuite tu pourras t'amuser à essayer d'équilibrer tes comptes bancaires, espèce d'enculé !"

Il était sûr de son ascendant sur la petite. Elle avait toujours été en adoration devant lui. Pour ne pas se retrouver dans un café à se regarder en chiens de faïence, il a suggéré qu'ils se baladent ensemble à Wedding, le quartier largement turc où elle a élu domicile.

Après avoir marché un quart d'heure en silence, il a pris le bras de sa fille. "Ma chérie, je peux tout à fait t'entretenir cette année encore, tu n'es pas obligée de faire ce genre de travail. Franchement, ce n'est pas à la hauteur de tes talents.

— Mais non, papounet. Garde ton fric pour les putes du bois. Pas de souci ! Moi, je prendrai le fric d'autres papas !"

La gifle est partie toute seule.

D'accord, elle était majeure, mais il y avait des limites.

Sans qu'ils aient fait exprès, leurs pas les avaient conduits à Urnenfriedhof, un étrange bout de cimetière dans la Gerichtstrasse. Soudain attentifs, fronçant les sourcils, ils remarquent à leurs pieds des dizaines de tombes d'enfants serrées les unes contre les autres. Posés sur et entre ces tombes par leurs parents en deuil : des cœurs, des anges, des petits moulins en plastique, des rubans, des croix, des libellules, des lapins, des ballons, des étoiles, des hiboux, des fleurs, de petits vélos, des coquillages, des nains, des papillons, des poèmes...

Gérard chavire. Il vient de basculer dans le souvenir d'une scène lointaine au cimetière de Passy : sa mère effondrée, sanglotant sur la tombe de sa petite sœur – et sa conviction à lui, à l'âge de huit ans, qu'il ne saurait jamais la rendre heureuse, conviction qui s'est ensuite généralisée à toutes les femmes.

Mais là, c'est sa fille qui lui hurle dessus, sur le même ton que Joanie la veille, quoique en français :

"Qu'est-ce qu'il y a, papa ? Ça te bouleverse, les bébés morts ? Tiens ? Mais t'étais *où* pendant que maman tuait tes enfants ? Hein ? T'en as semé combien, de par le monde ? Et tu viens me faire la morale, à moi ? Toi qui baises tout ce qui bouge ? Ah non, je t'emmerde ! Laisse-moi violer quelques bons petits pères de famille à mon tour. Laisse-moi prendre ma revanche tout en me faisant payer ! T'es lamentable, tu sais ? Pauvre type ! Ne me touche pas ! Tu me touches encore une fois et j'appelle la police !"

En rentrant à Paris, Gérard a dû appeler Joanie pour lui avouer platement l'échec de sa mission berlinoise… après quoi, il s'est aboli de nouveau dans le travail. Il n'a pas revu Lola depuis ; ça fera bientôt un an. Il ne sait pas ce qu'elle pense du mouvement des Gilets jaunes.

Toujours est-il que le rapport pour le ministre lui semble solide… et que, là, il a drôlement besoin de se défouler.

# XVII

## *Velitas*

Onze minutes, cinquante balles. Le type ne lui revenait pas, peu importe, c'était quand même une bonne passe. Ils savent pas à quel point ils sont ridicules, les petits coqs comme ça, à quel point leur jeu est transparent. On les laisse gagner, comme les adultes laissent gagner les enfants aux cartes, à ceci près que les enfants progressent et les machos, non. Ils ressortent toujours le même jeu nase : Mets-toi là, c'est moi le boss, et que je te file des claques sur les fesses et patati et patata…

Pendant que le client faisait son cinéma, Francia a poussé de petits cris mécaniques tout en pensant à la disparition, aujourd'hui, en l'espace de quelques heures, de sa grand-mère adorée et de la jeune Roumaine. D'abord la coïncidence lui a semblé insensée mais, à bien y réfléchir, ça ne l'est pas tant que ça : ce même jour, le Seigneur a dû faire naître des millions de personnes et mourir des millions d'autres. Qui sait ? Peut-être que Florica et l'*abuelita* vont se croiser au paradis et passer de bons moments ensemble. Francia commence à connaître pas mal de monde, là-haut. Pas le *papá*, bien sûr, lui est parti dans l'autre sens, mais plusieurs de ses voisins de Montmartre et bon nombre (ou mauvais nombre, plutôt, car trop élevé) de ses copines du bois, pas seulement Vanesa Campos mais toute une pléiade de filles épatantes : Dona qui buvait trop, retrouvée la tête dans le caniveau, Susanna écrasée sous les roues d'une voiture parce qu'un habitant de Boulogne a décidé de faire marche arrière, la grosse Ekaterina qu'on a retrouvée brûlée vive, la belle Iulia poignardée parce qu'elle a refusé la passe *sin* capote, d'autres copines étranglées par des clients psychotiques, d'autres encore ravagées par l'alcool, la coke ou le sida… et aussi… et aussi… mais… mon Dieu… quel est ce visage dont les traits se précisent peu à peu dans la grande tapisserie du paradis que tisse en ce moment le cerveau de Francia, brièvement assoupie après le départ du pervers ridicule ? Qui ? Qui est-ce ?… Non… *Vivian ?* Sa plus jeune sœur ? La mère de Xio ? Elle serait morte ? Comment est-ce possible ?… Oui, Vivian aussi est morte mais Francia ne le sait que dans son sommeil. Le reste du temps elle ne le sait pas ; elle a bloqué ce savoir à l'instant même où il est survenu. S'il lui avait fallu faire face à cette chose-là, elle aurait eu peur de ne plus pouvoir continuer.

Lors du dernier retour de Francia en Colombie en 2017, Vivian était l'une des sœurs n'ayant pu se libérer pour assister à la cérémonie de fin d'études de Xio. L'autre absente, Begonia, avait un prétexte faible : en vacances avec sa famille à Cartagena, elle avait eu la flemme de faire le déplacement (enfin, flemme, façon de parler : ayant épousé un riche restaurateur et s'étant hissée grâce à lui jusqu'au *estrato tres*, elle snobait depuis quelque temps sa parentèle vulgaire, qui pataugeait encore dans le *estrato uno*). Vivian, au contraire, avait un prétexte fort pour son absence : elle était morte depuis sept ans.

    Aucune de ses sœurs n'a eu le courage d'appeler Francia cette fois-là ; seule la mère avait le droit et le devoir de le faire. La *mamita* a prononcé trois phrases avant de raccrocher, et les rêves de Francia ont pris aussitôt le relais. À la manière de Walekerü l'araignée mystique, ils se sont mis à tisser frénétiquement le motif de la mort de sa sœur, et à l'entourer de signes et de symboles pour l'empêcher de déborder de son cadre. Nuit après nuit, les forces occultes de son esprit lui racontaient l'histoire ; jour après jour elle l'oubliait. Oui, c'est seulement endormie qu'elle pouvait laisser circuler dans son âme l'image de Vivian qui, voyant Xiomara grandir et devenir jolie comme un cœur, a eu peur pour elle, très peur des mains et des mots sur elle des garçons et des hommes, et s'est mise à faire des journées doubles dans le rutilant hôtel où elle était employée comme femme de ménage, pour sortir Xio du quartier et l'envoyer au Colegio Liceo Moderno où elle serait à l'abri des plaies de la pauvreté – à l'abri, surtout, de ces hommes qui tournent autour des bidonvilles tels les vautours autour des poubelles, avides d'attraper les gamines les plus mignonnes pour les amener en hélicoptère dans de lointaines plantations de coca et les déposer devant des cabanes de fortune où, plusieurs heures par jour, elles assouviront les besoins des centaines d'hommes seuls venus faire la récolte. Mais ce à quoi Vivian n'avait pas pensé, et que les rêves de Francia lui ont révélé au fil du temps, c'est à la première communion de Xiomara.

Toutes les mères colombiennes accompagnent leurs enfants dans les préparatifs pour cette cérémonie : elles surveillent les cours de catéchisme et, à l'approche du grand jour, leur achètent habits blancs et souliers neufs. Mais Vivian, voyant sa fille prononcer les mêmes mots et faire les mêmes gestes qu'elle à l'âge de dix ans, est devenue blême et diaphane, tremblante et transparente. Elle n'arrivait plus à se défendre contre le réveil du souvenir du *papá* qui, le soir de sa première communion, est venu la rejoindre sur le balconnet où elle dormait dans son hamac, et, s'emparant de son corps de gamine, lui arrachant sans un mot sa chemise de nuit, la plaquant sur le sol où il a étalé au préalable une serviette, la retournant sur le ventre, s'allongeant sur elle de tout son poids d'homme, lui recouvrant la bouche d'une main, la déchirant de sa dureté, la bâillonnant toujours de sa grande main qui sentait la sueur, étouffant dans ses cheveux de gamine ses râles d'homme mûr, a consommé ce fruit de sa propre chair et de son propre sang, après quoi, toujours dans le silence, il a replié la serviette et s'est éclipsé.

Et à la suite de cette première fois il y en a eu d'autres, beaucoup d'autres.

Se réveillant dans la grisaille parisienne, Francia s'efforce parfois de se rappeler son rêve mais il s'effiloche à toute vitesse pour ne revenir que quelques jours ou quelques mois plus tard, auquel moment, renouant avec le fil du récit, l'araignée Walekerü lui raconte comment, le 9 décembre, au lendemain de la fête des *Velitas* et la première communion de sa fille Xiomara, jour anniversaire de sa propre défloration-déflagration, Vivian est sortie de sa chambre à trois heures du matin pour se glisser dans la courette derrière la masure familiale, là où on mettait le linge à sécher et les avocats à mûrir, au milieu des poules, des crottes de chien et des sacs-poubelles, comment elle a dénoué la corde à linge pour se l'enrouler autour du cou, puis a grimpé dans l'arbre bicentenaire qui jouxtait la maison, le grand ceiba aux feuilles toujours dansantes et scintillantes dont l'ombre avait protégé tant de *siestas* et de *fiestas* familiales, dont le tronc solide avait donné à Rubén tant de réconfort, et dont les racines venaient de fissurer le trottoir en ciment.

Incapable d'intégrer ce motif-là à la *susu* de sa vie, l'esprit de Francia l'a relégué à la nuit, et, le jour, a continué de faire comme si Vivian prenait normalement de l'âge, l'incluant dans ses prières chaque matin et donnant souvent de ses nouvelles à Léonore, à Marco ou à Ariane. Impossible d'amputer la liste des noms de ses sœurs ! Antonia-Begonia-Cornelia-Violeta-Vivian est aussi inéluctable qu'Ave-Maria-pleine-de-grâce. Dans leurs Skype dominicaux, jamais elle ni la *mamita* ne prononcent le nom de la cadette, même si, tout au fond d'elle-même, Francia se doute que c'est cette tragédie qui a foré les premiers trous dans la mémoire maternelle.

Bon. Elle a l'estomac dans les talons. Peut-être que ça suffit pour aujourd'hui. Le moment est venu de démonter son *cambuche*, de changer de chaussures, de remballer ses affaires et de sauter dans un taxi pour connaître la réponse à la question cruciale qu'elle se pose depuis plusieurs heures : si, oui ou non, le plat mijoté par Marco pour le repas de ce soir est le tajine aux fèves dont elle raffole.

# 17

## *Busking*

D'un soupir, William W. souffle la bougie à l'arôme de bois de santal et se met debout. Sa décision est prise. Il va essayer de réveiller son corps. Voilà trois ans et demi qu'elle est partie, Erin sa chérie aux cheveux roux, sa merveilleuse elfe irlandaise, et il lui a fait la promesse solennelle de ne pas renoncer à la joie sous prétexte qu'elle, Erin, était morte.

Il ne s'habitue toujours pas à son absence. Litote. Il en bave. Chaque matin au réveil, il oublie qu'elle n'est plus là. Il croit qu'il va retrouver, près de lui dans le lit, le corps blanc, mince, chaud, souple et musclé de sa bien-aimée, qu'elle viendra se presser contre lui, et que, comme ils l'ont fait des milliers de fois au cours de leurs vingt-trois années d'amour, ils se caresseront tout en se taquinant et en se léchant puis en se chevauchant, jusqu'à ce que le souffle et les cris aient totalement remplacé les paroles. "Quand tu me fais jouir, lui a-t-elle dit une fois, les bras m'en tombent – littéralement ! Tu sais ? C'est comme si toute l'énergie de mon corps était concentrée dans le tronc chauffé à blanc, et qu'il ne restait rien pour les membres !"

William a encore dans les oreilles le rire clair de son épouse. Il ne peut s'empêcher de croire qu'ils vont prendre le petit-déj' ensemble, puis chercher des billets de train pas chers, hors saison, et repartir, passer quelques jours chez leurs amis à Banon dans le Sud ou à Douarnenez dans l'Ouest ou à Lille dans le Nord ou à Lignières dans le Centre... Et, chaque jour, Erin est morte à nouveau. Son absence l'attaque, le brûle, le vrille, et il doit lutter pour émerger parce qu'il lui a promis de vivre et qu'entre eux les promesses étaient sacrées.

Fermant à clef la porte palière de leur studio au sixième étage d'un vieil immeuble rue des Rosiers, William dégringole la belle spirale de l'escalier. Dieu sait quand il déménagera, peut-être jamais. Le propriétaire du studio s'abstient par amitié d'augmenter le loyer, devenu absurdement bas pour le quartier. Peut-être qu'à soixante-dix piges, à quatre-vingts piges, il sera encore là à gravir et à dégringoler les six étages sans ascenseur ! Mais bon, point de vue souffle, la quarantaine n'est déjà pas comme la vingtaine, qu'est-ce que ça va être dans la vieillesse ? Il devrait cesser de fumer.

Le Marais a changé du tout au tout depuis que William et Erin ont pris cette location dans les années 1990. Encore presque populaire à l'époque, le quartier juif ou *Plätzl* est devenu chic et choc, victime de la cupidité capitaliste qui transforme tous les centres-villes de la planète en clones les uns des autres. De prétentieuses boutiques aux noms de marques ronflants ont remplacé les falafels et les rugelach d'antan... ce qui n'empêche pas William de croiser un souvenir d'Erin à chaque pas et d'en recevoir comme un poignard dans le cœur. Il trouve doux d'être ainsi poignardé, car son chagrin est à la mesure de son amour : ce sont des jumeaux siamois, géants. N'empêche, il y a des jours où il craint de devenir accro à sa propre souffrance au point de vouloir quitter la vie. Erin lui dirait sans ambages de se secouer : d'où, ce soir, la bougie au bois de santal ; d'où, aussi, l'idée de cette sortie.

Deux gamins fraîchement débarqués à Paris, lui de Londres, elle de Belfast, parlant mal le français, artistes en herbe n'ayant pas encore franchi la barre de leurs vingt ans, ils se sont rencontrés sous terre, dans un couloir de la station Châtelet, abdomen de cette grosse araignée multicolore qu'est le métro parisien, où l'un et l'autre faisaient du *busking*.

Époustouflante elle était, la petite Erin à la crinière flamme ! Elle construisait son décor, écrivait ses pièces, fabriquait ses marionnettes, montait en trente secondes son théâtre dans la rame et jouait tous les rôles. Lui n'était que guitariste, mais un guitariste déchaîné qui, puisant son inspiration tant dans le classique que dans le rock, le flamenco ou le gospel, ébahissait les sombres foules du souterrain.

S'étant vus, plu et entendus, ils ont échangé leurs coordonnées et découvert à leur surprise qu'ils étaient déjà voisins, installés à deux pas l'un de l'autre dans le Marais. Ils ont commencé à s'inviter. Pendant que l'un testait sa nouvelle prestation, l'autre faisait la cuisine, ou alors ils récitaient tout haut les poèmes de leurs auteurs préférés : D. M. Thomas, Brendan Behan, Thomas Hardy. C'est tout naturellement que certains de ces textes se sont intégrés à leur cérémonie de mariage, sacre profane qu'ils ont célébré dans leur espace vert préféré du quartier, le square Roger-Priou-Valjean, en la compagnie bariolée de leur bande d'amis, une trentaine de comédiens, jazzmen, peintres, poètes et saltimbanques, doués et dévoués, qui vivotaient en s'entraidant.

Presque tous ces amis étaient des expatriés comme eux, venus s'installer à Paris depuis l'Afrique du Sud, le Chili, le Canada ou la Pologne... Pas une fois en vingt-trois ans ils n'ont eu la velléité de rédiger une cérémonie de divorce.

Rue de Rivoli, le dôme de l'église Saint-Paul se découpe en silhouette sur un ciel noir-violet aux étoiles invisibles. William se dirige vers l'entrée du métro, autour de laquelle on a récemment construit un grand îlot pour ralentir ou empêcher la circulation automobile. Ce n'était pas comme ça dans le temps, il en est sûr, mais il a du mal à se rappeler comment c'était. Tout ce qui est arrivé depuis le 13 novembre 2015 lui semble irréel.

Ce soir-là, Erin et lui avaient rendez-vous avec des amis dans le 10$^e$ pour mettre au point le programme d'une grande journée de soutien à la Syrie. Vers vingt-deux heures, ils étaient cinq ou six à la terrasse du Carillon à se chamailler tranquillement, à boire des spritz et à fumer des Marlboro. Il faisait très doux. En l'espace de quelques secondes, l'univers a basculé. Tel un capitaine dont le navire tangue sous l'effet d'une houle violente, le cerveau de William a dû déployer un effort inouï pour garder le cap en s'occupant de plusieurs postes à la fois : remettre le plafond en haut et le sol en bas, analyser mille bruits (coups de feu, cris de terreur et de colère, hurlements de douleur, fracas de verre, sirènes de police et d'ambulance), chercher son amoureuse des yeux, tenter de se rappeler une prière. Tous deux ont été touchés : William au bras, à l'épaule et dans le dos, Erin, au poumon gauche.

Transférés à l'hôpital Saint-Antoine dans le 12$^e$, ils se perdent de vue pendant quinze jours. Après plusieurs chirurgies, William a pu quitter l'hôpital mais il y revenait chaque jour passer l'après-midi au chevet de sa femme. Il trouvait Erin tantôt souriante et cohérente, tantôt vaseuse sous l'effet de la morphine. Ensemble, ils cherchaient à reconstituer le film de la soirée, mais la violence avait laissé leurs souvenirs en miettes. À voix basse, ils comparaient ces actes terroristes à ceux de l'IRA qui ont marqué leur enfance en Grande-Bretagne.

Puis est venu le jour – une journée d'une beauté incroyable, soleil intense, ciel bleu cristal, juste avant Noël – où les Parques, après avoir tergiversé quatre semaines durant – pile, elle vit, face, elle meurt –, ont décidé qu'en fin de compte, celle-là, là, la petite rouquine, c'est face.

De Saint-Paul à Sablons c'est direct par la ligne 1 ; tout au long du trajet, William regarde la vie. Tout comme le Marais, les stations du métro parisien ont énormément changé depuis l'époque où lui et Erin y faisaient leur cirque respectif. Dans les années 1990, on pouvait encore y fumer, et les clochards pouvaient encore roupiller sur des bancs en bois installés le long des murs. Aujourd'hui, tout est nickel. Plus de mégots, plus de crachats. Quant aux bancs, étroits et métalliques, penchés en avant, ils ne permettent qu'une pause brève et inconfortable. Sur cette ligne les rames elles-mêmes sont sans conducteur ; c'est automatiquement que leurs portes s'ouvrent et se referment.

N'empêche, ce soir comme tous les soirs, de nombreux marginaux circulent d'un wagon à l'autre. La plupart sont des étrangers, comme jadis la bande d'amis de William et Erin, mais la géographie de leur exil est autre. Il y a des mères tziganes et des pères syriens, des camés de vingt ans et des fous de quarante, des Russes en errance et des Libyens en déshérence, des

Africains-Américains et des Africains tout court. D'aucuns jouent approximativement d'un instrument de musique, d'autres sortent un boniment, s'excusent, s'expliquent, supplient, tendent la main, vendent un journal de rue ou proposent des cahiers de dessin pour les petits. Tous font valoir le caractère impérieux de leur besoin : ils ont des enfants, n'ont pas mangé depuis trois jours, n'ont pas où dormir, ont perdu leurs papiers, savent que les voyageurs en ont marre, en appellent à leur bon cœur. Les yeux braqués sur leur portable ou dans le vide, quasiment tous les voyageurs font semblant de n'être pas là ; quelques-uns font "non" de la tête d'un air gêné ; un par wagon, deux tout au plus, sortent leur porte-monnaie pour en extraire une petite aumône. William, lui, a toujours les poches remplies de pièces. Il ne sait pas ne pas donner.

Dieu qu'elle lui manque, Erin ! Dieu qu'il l'a aimée, cette femme ! Il voudrait qu'elle soit là, à ses côtés, tout de suite, et qu'ils se remettent à discuter. Il adorait discuter avec elle ; jamais il ne retrouverait pareille complicité. Tous deux étaient protestants, de milieu modeste, élevés (comme ils aimaient à le dire) dans l'esprit du christianisme primitif. Leurs parents leur avaient inculqué les vraies valeurs de Jésus : générosité, écoute, partage, souci des moins fortunés que soi. La famille de chacun avait accueilli l'autre comme une évidence. Ils n'ont pas eu d'enfant, trop attachés à la liberté que leur conférait la bohème, à leur marginalité, à leur exil, cet état hybride où ils se sentaient enracinés. Mode de vie certes épuisant par moments, mais qu'ils préféraient, tant au retour chez soi, qu'ils eussent vécu comme une régression ou un échec, qu'à l'intégration dans la société française, avec son système scolaire psychorigide, ses débats politiques saoulants, ses campagnes électorales inénarrables et sa morgue inamovible. Leur idéal était leur réel : dîners en musique avec leurs amis transfuges et les enfants de ceux-ci, fêtes improvisées de Halloween ou de carnaval – et, à Noël ou à Pâques, la surprise du rideau de larmes lorsque, debout à l'église américaine, ils chantaient à tue-tête les cantiques de leur enfance épaule contre épaule.

Tandis que le métro plonge vers l'ouest à travers la noirceur du tunnel, des images d'Erin la Rousse surgissent à chaque arrêt.

Erin au Châtelet, l'embrassant fougueusement dans le petit parc qui enserre la tour Saint-Jacques, point de départ du pèlerinage de Compostelle qu'ils n'ont jamais trouvé le temps de faire.

Erin au Louvre, lui roulant une pelle dans les toilettes hommes après s'être extasiée, une fois de plus, devant les momies égyptiennes.

Erin aux Tuileries, insistant pour qu'ils fassent vingt tours sur le petit manège, comme des gosses de cinq ans, avant d'aller à l'Orangerie s'imprégner des *Nymphéas*.

Erin à Franklin-Roosevelt, le retrouvant à la sortie de l'école de commerce où elle enseigne l'anglais, et déambulant ensuite à ses côtés sur les Champs-Élysées, singeant les airs que se donnent les riches : femmes en vison blanc, botoxées à mort, avançant en titubant sur des talons aiguilles ; hommes d'affaires obèses et rubiconds ; galeristes maniérés qui vendent de la merde à prix d'or ; touristes en manque d'étoiles Michelin… Que des gens pressés, obsédés par leur statut, leurs actions, leurs yachts, leurs plans baise, leurs cartes de crédit, leurs employés de maison et de bureau.

Erin à Charles-de-Gaulle-Étoile, presque aussi souple et espiègle à quarante ans qu'à vingt, lui sautant sur le dos, lui nouant les jambes autour de la taille et le lançant au galop en direction de l'Arc de Triomphe.

Erin et William, William et Erin, partout dans la ville, trinquant avec leurs tasses en polystyrène remplies de thé à la menthe à la santé de leur mère respective ou courant pour le simple plaisir de courir, depuis la rue des Rosiers jusqu'à la place des Vosges, main dans la main. Oiseaux sur la branche.

Personne ne pourrait remplacer Erin dans la vie de William. Et le pire, c'est le corps. Le jour, il arrive plus ou moins à se perdre dans la musique, le cinéma, les déjeuners amicaux, les courses dans le quartier. Mais la nuit… ah, la nuit est terrible.

"Je t'aime je t'aime je t'aime je t'aime je t'aime, lui a murmuré Erin sur son lit d'hôpital. Et tu sais, Willy, tout l'amour qu'on a fait ensemble, tu dois pas le garder pour toi, ce serait trop *selfish*. Tu dois absolument le partager, d'accord ? Tu me le promets ?"

Elle aurait voulu… non pas que William l'oublie, c'est impossible, mais qu'il aime à nouveau. Que son corps se remette à vivre. Qu'il en aime d'autres, d'abord, et, peu à peu… oui, cela aussi devrait peut-être pouvoir s'envisager un jour… qu'il en aime *une* autre.

## Épilogue

Surgissant juste au moment où Francia fermait boutique, captant son regard, cet Anglais lui a fait pitié. Avec ses grandes belles mains, sa queue de cheval gris-blond, ses lunettes d'intello et son air tristounet, il était si émouvant que, pour finir, elle lui a consacré presque une heure. Il fallait bien ça pour rassurer le monsieur, l'amener *pasito a pasito* vers le plaisir. Sa gratitude en a valu la peine. Oui, ce dernier client lui a fait du bien, tout comme le billet de banque qu'il lui a filé. À la fin, il a même pleuré dans ses bras, et elle en a profité pour attraper un peu de consolation elle-même. D'où qu'elle vienne, la consolation est toujours bonne à prendre.

Certes, ça l'a mise en retard pour le repas chez Ariane et Marco, mais elle sait que personne ne lui en tiendra rigueur. Alors qu'elle est sur le point d'appeler un taxi, une voiture approche en klaxonnant doucement... Tiens ! c'est Ariane, justement. "On s'inquiétait un peu, lance-t-elle en baissant sa vitre, alors je suis venue voir où tu en étais.

— Désolée ! Mon dernier client était un peu lent et j'avais pas envie de le bousculer.

— Pas de souci ! Ça va ? T'es prête ?"

Francia pose son barda dans le coffre, Ariane allume une cigarette et redémarre. Elles avancent à petite vitesse dans l'allée de la Reine-Marguerite, où les copines de la nuit ont déjà pris leur poste.

"Léo m'a dit, pour Florica, soupire Ariane en expirant la fumée. C'est terrible.

— Que Dieu ait son âme. Elle ne souffre plus, la petite. C'est sa *mamá* que je plains. Ses parents à Cluj, c'est pour eux que ça va être dur."

Avant de poursuivre, Francia hésite.

Elle est sur le point d'ajouter *Mon* abuela *aussi, elle est partie aujourd'hui retrouver son Créateur*, mais elle connaît mot pour mot le dialogue qui s'ensuivrait. Ariane s'exclamerait *Non !* Francia se hâterait de préciser *Mais c'est différent, elle était très vieille, son heure était venue*, et Ariane insisterait *Quand même, deux morts dans la même journée, ça fait beaucoup*, ajoutant, pour être polie, *Tu penses rentrer à Bogotá pour les obsèques ?* et Francia serait un peu vexée parce que, depuis toutes ces années qu'elles se connaissent, son amie n'a toujours pas intégré le fait qu'elle n'est pas bogotanaise. Pour Ariane comme pour la plupart des Français, la Colombie c'est Bogotá, Medellín, plantations de coca, *full stop*. Mais elle ne relèverait pas l'erreur : s'il fallait que les exilés rectifient tous les malentendus au sujet de leur identité, ils n'auraient pas le temps de vivre. À la place elle dirait *Je sais pas encore. J'appellerai la* mamá *demain et on en discutera. Je pense que l'*abuelita *voudrait être enterrée dans le Nord, près du village du Guajira où elle est née... mais c'est impossible. Elle était triste ces dernières années parce que des milliers de gens de son ethnie sont morts, elle entendait leurs histoires à la radio et ça lui brisait* le cœur. Les Blancs savent pas que les arbres nous protègent, alors ils enlèvent les forêts, creusent le sol et envoient les hommes wayúu travailler dans les mines. Quand vient la sécheresse, les arbres ne sont plus là, du coup rien ne pousse et les gens meurent de faim… Les Wayúu sont de plus en plus pauvres. Beaucoup ont été déplacés de force, ils meurent loin de chez eux… Et Ariane dirait *Ah bon ? je ne savais pas*, mais un peu distraitement, car tout cela est trop éloigné de sa vie pour qu'elle y trouve vraiment de l'intérêt. Alors, se disant que ce n'est pas la peine d'avoir des conversations dont on connaît les répliques à l'avance, Francia garde le silence.

Ariane s'arrête à un stop, balance son mégot par la fenêtre et coule un regard en biais vers son amie. Voyant une larme lui glisser sur la joue, elle lui serre la main et allume la radio. France Musique passe *La Flûte enchantée* ; en ce moment, Papageno et Papagena se déclarent mutuellement leur amour en balbutiant : *"Pa-pa-pa-pa-pa-pa-geno ! Pa-pa-pa-pa-pa-pa-gena !"*

Francia connaît ce duo par cœur et il lui ramène le sourire.

Les phares de la voiture balayent les ténèbres du bois de Boulogne, cette forêt créée de toutes pièces au sortir de la guerre de Cent Ans pour que les rois puissent se livrer tranquillement à la chasse. Fatiguée, Francia se demande qui, à part Léonora et elle-même, viendra dîner ce soir chez Marco et Ariane. Eux quatre, c'est déjà beaucoup, avec tout ce qu'ils trimbalent dans la mémoire et les cellules, mais elle pressent qu'il y aura d'autres invités. Son *abuela* sera là sans aucun doute, accompagnée d'El Cardenal Guajiro… La *mamita*, bien sûr : pas une seconde de sa vie elle n'a délaissé Francia... Le *papá* aussi, tellement plus présent aujourd'hui que d'habitude, en raison de son cauchemar matinal... suivi des cinq *hermanitas*, les vivantes et la morte, et de tous les neveux et nièces, à commencer par Xiomara... Il n'est pas impossible que le grand ceiba lui-même, auquel Vivian s'est pendue, ait accepté de faire le déplacement. Les gens parleront tous en même temps et en plusieurs langues mais en se comprenant malgré tout, et, même si cela fait beaucoup de monde, les voisins ne se plaindront pas, ne songeront même pas à appeler la police, du reste celle-ci est déjà sur place, pas mal de policiers colombiens et parisiens ont décidé que ça les tentait de faire un tour chez Ariane et Marco ce soir, notamment le flic dont l'arme de service a tué Vanesa Campos, et Vanesa elle-même, grande, blonde, et très en colère, et son bel ami sénégalais qui a voulu l'aider en surveillant les affaires de ses clients. Les présidents Hollande et Sarkozy auront accepté l'invitation : ayant enfin compris que leurs lois pourrissaient la vie des TDS depuis quinze ans, ils s'excuseront en promettant de lutter en faveur de la déréglementation.

Trinqueront avec Francia par dizaines les pauvres hères qui fumaient et mouraient dans le quartier du Cartucho il y a trente ans, et Pépé, le crocodile qui mangeait leurs restes. Ses quatorze clients de la journée seront là, et les milliers d'autres qui, à Paris ou à Bogotá au long des années, sont venus à elle avec leur demande, leur besoin, leur espoir, leur rage ou leur tendresse, les vieux et les jeunes, les pauvres et les riches, les sous- et les sur-éduqués, les sympas et les cons, les autistes et les grégaires, les obèses et les malingres, les tordus et les tristes, oui, même Xavier, qui l'a tant fait souffrir. Défileront en costume les personnages d'opéra qu'elle aime depuis si longtemps : Aïda, Norma et Violetta, Papageno, Papagena et la sublime Reine de la Nuit, Don Giovanni et Othello, Falstaff et Rigoletto ! Florica aussi a accepté l'invitation, de même que les autres TDS roumaines, bulgares, moldaves et ukrainiennes, mais aussi les macs roumains, les voleurs égyptiens et tous les dealers de la Colombie, Pablo Escobar en tête, ainsi que des membres du FARC et du M-19. Pour entrer chez Ariane et Marco tous ont accepté de déposer leurs armes au vestiaire, car le moment est venu de faire la fête.

Les papillons seront présents en grand nombre à cette soirée, les serpents aussi ; grouillant dans les coins seront les lézards et les libellules, les poissons de l'océan Atlantique et du fleuve Magdalena, les mammifères petits et grands de la forêt colombienne, sans parler de ses mille espèces d'oiseaux, y compris les vautours qui tournent encore dans les airs au-dessus du *mercado central* de Girardot. Seront présents, par ailleurs, el Buen Dios, son fils Nuestro Señor Jesús Cristo, la Virgen, la Magdalena, et la longue procession de saints et de saintes qui aident Francia et les autres TDS à survivre, avec une mention spéciale pour Rita, la sainte patronne des causes désespérées. Les copines bogotanaises de Francia seront venues sabrer le champagne avec elle, de même que celles de Paris France, Carmencita en tête. Les araignées tisseront leurs toiles, la *mamita* malaxera la pâte pour les *arepas* et mettra de l'*aguapanela* à bouillir sur la cuisinière, le vieux monsieur qui a salué Francia ce matin sur le boulevard de Clichy sera présent, de même que l'homme qui lui a vendu les *empanadas* à l'entrée du métro. Cristóbal Colón viendra, qui a donné son nom à l'architecture coloniale comme au théâtre de Bogotá, Alejandro l'amour de sa vie sera là... oh ! et son épouse aussi, pourquoi pas ? et même leurs enfants. La fête, c'est l'occasion d'oublier les différends, de pardonner les offenses. Oui, Ariane et Marco auront convoqué à leur table ce soir tous ceux que Francia contient, et on ne peut s'empêcher de constater que ce sont tous des *zambas* comme elle, des bâtards des hybrides des chimères des cagneux des boiteux et des impurs, mélange de ceci et de cela, du passé et du présent, du bien et du mal... Moi aussi je viendrai, cela va sans dire, moi la Griffonne, et je me ferai fort de rassurer les lecteurs de ce livre, je leur dirai de ne pas s'inquiéter car tout cela n'existe pas dans le monde réel, non, non, ce n'est pas vrai, n'ayez crainte, les gens ne se comportent pas ainsi, rien de tout cela n'a eu lieu, ce n'est qu'un conte à dormir debout...

Francia dort à poings fermés.

# Références

P. 70 : Michel Leiris, *L'Afrique fantôme*, 23 décembre 1932.

P. 89-90 : Les citations de Jean Maillard proviennent d'Antoinette Gimaret, *Louise du Néant, une sainteté problématique*, https://journals.openedition.org/acrh/135

P. 155 : Dava Sobel, *La Fille de Galilée*, Odile Jacob, 2001, p. 134.

P. 159 : "Sublime passivité" vient de mon recueil de poèmes *Erosongs*, avec des images de Guy Oberson, Les éditions du Chemin de fer, 2015.

P. 188 : Kateb Yacine est cité dans Marion Thiba et Gislaine David, "Une vie, une œuvre : Kateb Yacine, le poète errant", France Culture, 19 mars 1998.

# Remerciements

Proches ou lointaines, anonymes ou célèbres, innombrables sont les Ariane m'ayant tendu des pelotes de fil pour m'aider à trouver mon chemin dans le labyrinthe de ce roman. Je les remercie toutes du fond du cœur.

Parmi les vivantes, je tiens à mentionner plus particulièrement Chloe Baker, Antonella Bichara, Chantal Briet, Nicolás Buenaventura Vidal, Jorge Cachiotis, John Cárdenas, Janneth Châtrassant, Claude Drexel, Nicolas Éveillard, Cecilia María Medina Gómez, Julián/María Paz, Mylène Juste, Corinne Leconte, Patrick Le Mauff, Pilar López, Manuela Beltrán Marulanda, Oskar Marulanda, Catalina Mesa, Bruno Paccard, Padre Jean-Claude, Yeimy Pachón Forero, Y. Aloys L. Robellaz, Geneviève Saltet, Catherine Sart, Michel Sart, Igor Schimek, Meyby Ríos, Ximena Vargas et Coralie Zahonero.

*Mil gracias* aussi à Amina Meddeb et à l'Institut français du Maroc pour la résidence d'écriture dont j'ai bénéficié en février 2023 à Dmina, près de Tanger.

# Table

| | | |
|---|---|---|
| Prologue | | 11 |

| | | | | | |
|---|---|---|---|---|---|
| 0. | Silicone | 17 | | | |
| I. | Anniversaire | 24 | 1. | Normal | 32 |
| II. | Fleuve | 40 | 2. | Fatigue | 49 |
| III. | Maraude | 57 | 3. | Source | 67 |
| IV. | Cordes | 76 | 4. | Science | 85 |
| V. | Débuts | 94 | 5. | Orange | 103 |
| VI. | Cartucho | 112 | 6. | L'autre | 120 |
| VII. | Déboires | 126 | 7. | Obélisque | 135 |
| VIII. | Alejandro | 141 | 8. | Baskets | 152 |
| IX. | Bizet | 158 | 9. | Fruste | 166 |
| X. | *Mamita* | 173 | 10. | Immortel | 180 |
| XI. | Xavier | 190 | 11. | Ill | 197 |
| XII. | *"¡Todas!"* | 203 | 12. | Marlboro | 210 |
| XIII. | Bernache | 216 | 13. | Vroum | 220 |
| XIV. | Bac | 225 | 14. | Charge | 232 |
| XV. | *Abuela* | 239 | 15. | Gibets | 244 |
| XVI. | Mafapu | 252 | 16. | Infidèle | 257 |
| XVII. | *Velitas* | 264 | 17. | *Busking* | 269 |

| | |
|---|---|
| Épilogue | 277 |
| Références | 283 |
| Remerciements | 285 |

# DE LA MÊME AUTRICE

Romans, récits, nouvelles
LES VARIATIONS GOLDBERG, romance, Seuil, 1981 ; Babel n° 101.
HISTOIRE D'OMAYA, Seuil, 1985 ; Babel n° 338.
TROIS FOIS SEPTEMBRE, Seuil, 1989 ; Babel n° 388.
CANTIQUE DES PLAINES (prix du Gouverneur général du Canada, prix Canada-Suisse), Actes Sud/Leméac, 1993 ; "Les Inépuisables", 2013 ; Babel n° 142.
LA VIREVOLTE (prix Louis Hémon), Actes Sud/Leméac, 1994 ; Babel n° 212.
INSTRUMENTS DES TÉNÈBRES (prix Goncourt des lycéens, prix du Livre Inter), Actes Sud/Leméac, 1996 ; Babel n° 304.
L'EMPREINTE DE L'ANGE (prix des libraries du Québec, grand prix des lectrices de Elle), Actes Sud/Leméac, 1998 ; Babel n° 431.
PRODIGE, Actes Sud/Leméac, 1999 ; Babel n° 515.
LIMBES/LIMBO, Actes Sud/Leméac, 2000.
DOLCE AGONIA (prix Odyssée), Actes Sud/Leméac, 2001 ; Babel n° 548.
UNE ADORATION, Actes Sud/Leméac, 2003 ; Babel n° 650.
LIGNES DE FAILLE (prix Femina, prix France Télévisions), Actes Sud/Leméac, 2006 ; Babel n° 841.
INFRAROUGE, Actes Sud/Leméac, 2010 ; Babel n° 1112.
DANSE NOIRE, Actes Sud/Leméac, 2013 ; Babel n° 1316.
BAD GIRL. CLASSES DE LITTÉRATURE, Actes Sud/Leméac, 2014 ; Babel n° 1379.
LE CLUB DES MIRACLES RELATIFS, Actes Sud/Leméac, 2016 ; Babel n° 1495.
SENSATIONS FORTES, Actes Sud/Leméac, "Essences", 2017.
LÈVRES DE PIERRE. NOUVELLES CLASSES DE LITTÉRATURE (prix *Transfuge* du meilleur roman français), Actes Sud/Leméac, 2018 ; Babel n° 1689.
RIEN D'AUTRE QUE CETTE FÉLICITÉ, Leméac, 2019, Éditions Parole, 2020.
ARBRE DE L'OUBLI, Actes Sud/Leméac, 2021 ; Babel n° 1860.

Poésie
CHOSES DITES, L'Iconoclaste, 2023.

Livres pour le jeune public
VÉRA VEUT LA VÉRITÉ (avec Léa), École des loisirs, 1992.
DORA DEMANDE DES DÉTAILS (avec Léa), École des loisirs, 1993 ; réédité en un volume avec le précédent, 2013.
LES SOULIERS D'OR, Gallimard, "Page blanche", 1998.

*ULTRAVIOLET*, Thierry Magnier, 2011.
*PLUS DE SAISONS !*, Thierry Magnier, 2014.

CD-Livres

*PÉRÉGRINATIONS GOLDBERG* (avec Freddy Eichelberger et Michel Godard), Naïve, 2001.
*LE MÂLE ENTENDU* (avec Édouard Ferlet, Fabrice Morel et Jean-Philippe Viret), Mélisse, 2011.
*ULTRAVIOLET* (avec Claude Barthélémy), Thierry Magnier, 2013.
*ANIMA LAÏQUE : RITES ET RYTHMES POUR UNE EXISTENCE HORS-RELIGION* (avec Quentin Sirjacq), Actes Sud, 2017.
*PLUS DE SAISONS !* (avec la Quintette Alliance), Le Cercle Alliance, 2020.

Essais

*JOUER AU PAPA ET À L'AMANT*, Ramsay, 1979.
*DIRE ET INTERDIRE. ÉLÉMENTS DE JUROLOGIE*, Payot, 1980 ; Petite bibliothèque Payot, 2020.
*MOSAÏQUE DE LA PORNOGRAPHIE*, Denoël, 1982 ; Payot, 2004.
*À L'AMOUR COMME À LA GUERRE. CORRESPONDANCE* (en collaboration avec Samuel Kinser), Seuil, 1984.
*LETTRES PARISIENNES. AUTOPSIE DE L'EXIL* (en collaboration avec Leïla Sebbar), Bernard Barrault, 1986 ; J'ai lu n° 5394.
*JOURNAL DE LA CRÉATION*, Seuil, 1990 ; Babel n° 470.
*TOMBEAU DE ROMAIN GARY*, Actes Sud/Leméac, 1995 ; Babel n° 363.
*DÉSIRS ET RÉALITÉS. TEXTES CHOISIS 1978-1994*, Leméac/Actes Sud, 1995 ; Babel n° 498.
*NORD PERDU* suivi de *DOUZE FRANCE*, Actes Sud/Leméac, 1999 ; Babel n° 637.
*ÂMES ET CORPS. TEXTES CHOISIS 1981-2003*, Leméac/Actes Sud, 2004 ; Babel n° 975.
*PROFESSEURS DE DÉSESPOIR*, Leméac/Actes Sud, 2004 ; Babel n° 715.
*PASSIONS D'ANNIE LECLERC*, Actes Sud/Leméac, 2007.
*L'ESPÈCE FABULATRICE*, Actes Sud/Leméac, 2008 ; Babel n° 1009.
*REFLETS DANS UN ŒIL D'HOMME*, Actes Sud/Leméac, 2012 ; Babel n° 1200.
*CARNETS DE L'INCARNATION*, Leméac/Actes Sud, 2016.
*SOIS FORT* suivi de *SOIS BELLE*, Éditions Parole, 2016.
*NAISSANCE D'UNE JUNGLE*, L'Aube, 2017.
*VIRILITÉS VRILLÉES*, Afterlivres, 2019.
*LEÇONS D'INDIFFÉRENCE*, Éditions Parole, 2020.
*JE SUIS PARCE QUE NOUS SOMMES : CHRONIQUES ANACHRONIQUES*

(avec des lavis d'Edmund Alleyn), Leméac, 2020 ; Les éditions du Chemin de fer, 2021.
*REINE DU RÉEL. LETTRE À GRISÉLIDIS RÉAL*, Nil, "Les Affranchis", 2022.

Théâtre
*ANGELA ET MARINA* (en collaboration avec Valérie Grail), Actes Sud-Papiers/Leméac, 2002.
*UNE ADORATION* (adaptation théâtrale de Lorraine Pintal), Leméac, 2006.
*MASCARADE* (avec Sacha), Actes Sud Junior, 2008.
*JOCASTE REINE*, Actes Sud/Leméac, 2009.
*KLATCH AVANT LE CIEL*, Actes Sud-Papiers/Leméac, 2011.

Livres en collaboration avec des artistes
*TU ES MON AMOUR DEPUIS TANT D'ANNÉES* (avec des dessins de Rachid Koraïchi), Thierry Magnier, 2001.
*VISAGES DE L'AUBE* (avec des photographies de Valérie Winckler), Actes Sud/Leméac, 2001.
*LE CHANT DU BOCAGE* (en collaboration avec Tzvetan Todorov, avec des photographies de Jean-Jacques Cournut), Actes Sud, 2005.
*LES BRACONNIERS D'HISTOIRES* (avec des dessins de Chloé Poizat), Thierry Magnier, 2007.
*LISIÈRES* (avec des photographies de Mihai Mangiulea), Biro Éditeur, 2008.
*DÉMONS QUOTIDIENS* (avec des dessins de Ralph Petty), L'Iconoclaste/Leméac, 2011.
*EDMUND ALLEYN OU LE DÉTACHEMENT* (avec des lavis d'Edmund Alleyn), Leméac/Simon Blais, 2011.
*TERRESTRES* (avec des reproductions d'œuvres de Guy Oberson), Actes Sud/Leméac, 2014.
*LA FILLE POILUE* (avec des aquarelles et des dessins de Guy Oberson), Les éditions du Chemin de fer, 2016.
*POSER NUE* (avec des aquarelles et des dessins de Guy Oberson), Les éditions du Chemin de fer, 2017.
*EROSONGS* (avec des photographies de Guy Oberson), Les éditions du Chemin de fer, 2018.
*IN DEO* (avec des aquarelles et des pierres noires de Guy Oberson), Les éditions du Chemin de fer, 2019.
*MATER EARTH* (avec des reproductions des sculptures de Prune Nourry), Actes Sud, 2023.

Traductions

Jane Lazarre, *SPLENDEUR (ET MISÈRES) DE LA MATERNITÉ*, L'Aube, 2001 (d'abord paru sous le titre Le Nœud maternel, 1994).

Eva Figes, *SPECTRES*, Actes Sud/Leméac, 1996.

Ethel Gorham, *MY TAILOR IS RICH*, Actes Sud, 1998.

Göran Tunström, *UN PROSATEUR À NEW YORK*, Actes Sud/Leméac, 2000.

Göran Tunström, *CHANTS DE JALOUSIE* (poèmes traduits en collaboration avec Lena Grumbach), Actes Sud/Leméac, 2007.

Karen Mulhallen, *CODE ORANGE*, poèmes, édition bilingue, Black Moss (Toronto), 2015.

Chris Hedges, *LA GUERRE EST UNE FORCE QUI NOUS OCTROIE DU SENS*, Actes Sud, 2016.

OUVRAGE RÉALISÉ
PAR SOFT OFFICE
À EYBENS
REPRODUIT ET ACHEVÉ D'IMPRIMER
EN FÉVRIER 2024
PAR NORMANDIE ROTO IMPRESSION S.A.S.
À LONRAI
POUR LE COMPTE DES ÉDITIONS
ACTES SUD
LE MÉJAN
PLACE NINA-BERBEROVA
13200 ARLES